乡村文化振兴研究

刘军汉◎著

线装書局

图书在版编目（ＣＩＰ）数据

乡村文化振兴研究 / 刘军汉著. -- 北京：线装书局, 2023.8
ISBN 978-7-5120-5641-1

I.①乡… II.①刘… III.①农村文化－文化事业－建设－研究－中国 IV.①G127

中国国家版本馆CIP数据核字(2023)第163053号

乡村文化振兴研究

XIANGCUN WENHUA ZHENXING YANJIU

作　　者：	刘军汉
责任编辑：	白　晨
出版发行：	**线装書局**
地　　址：	北京市丰台区方庄日月天地大厦 B 座 17 层（100078）
电　　话：	010-58077126（发行部）010-58076938（总编室）
网　　址：	www.zgxzsj.com
经　　销：	新华书店
印　　制：	三河市腾飞印务有限公司
开　　本：	787mm×1092mm　　　　1/16
印　　张：	14.5
字　　数：	340 千字
印　　次：	2024 年 7 月第 1 版第 1 次印刷

线装书局官方微信

定　　价：68.00 元

前　言

　　乡村文化振兴是乡村振兴的铸魂工程，发挥着基础性、引领性作用。乡村文化振兴作为乡村振兴战略的重要任务之一，为农业、农村和农民的发展提供了内生动力和精神源泉，它承载着传承和发扬中华优秀传统文化的使命，是乡村经济建设、政治建设、人才建设的精神保障，是促进乡村文化振兴进而推进乡村社会治理的重要举措和关键任务。

　　乡村文化振兴是决胜全面建成小康社会，全面建设社会主义现代化强国的重大历史任务，是新时代做好乡村精神文明建设的重要组成部分。乡村振兴战略中，农村文化建设必不可少，经过 70 年耕耘与蜕变，农民群众的文化生活发生了根本性的改变，为进一步满足农民群众对美好生活的新期待，基层文化工作者应积极宣传思想工作会议精神，多种方式提升农村群众文化素养，塑造中国优秀传统文化和谐、向上、健康、文明的精神风貌。

　　乡村文化振兴是重塑乡村文化自信的内在需求，是满足村民美好精神文化生活需求的必然要求，是加快推进农业农村现代化的必由之路。目前，乡村文化振兴过程中存在着内生动力不足，外在推力不强，文化传承介体缺失等问题。基于此，要坚持盘活文化资源与凝练文化内涵相统一，赓续文化根脉与文化传承创新相协同，业态融合与产业提质升级相协调，党建引领与汇聚多元合力相结合，探索新时代乡村文化振兴的新路径。

　　本书共分为八章。第一章绪论，介绍了乡村文化建设的相关概念界定及内涵、文化建设的作用、文化振兴的重要内容及意义。第二章介绍了乡村文化振兴的理论基础，包括文化振兴的理论前提、指导思想及现实基础。第三章分析了乡村文化振兴的现状，包括乡村文化振兴的显著成就、存在的问题及对问题的分析。第四章研究了农耕文化的振兴。第五章研究了淡水渔文化的振兴。第六章研究了重要农业文化遗产的保护。第七章介绍了新时代乡村文化振兴的路径，包括提高乡村文化主体的综合素质、开展乡村社区文化建设、健全乡村文化市场体系、完善乡村文化建设的制度保障、创新文化管理体制的工作机制、新时代中国乡村文化振兴的对策建议。第八章展望了新时代乡村文化振兴的未来发展。

　　加快乡村文化建设，不仅关系到乡村的全面发展，更是推动乡村振兴的一项重大举措。文化是乡村发展的根本，有了牢固的根基，才能得到更好的发展。乡村文化能够为乡村治理提供文化力量，规范社会成员的行为，满足乡村美好生活需要，增强乡村文化自信，焕发乡风文明新气象。因此，加快乡村文化建设，推动乡村文化全面振兴，对建设美丽乡村有很大帮助，是一项十分必要的工作。

内容简介

　　乡村文化振兴作为全面推进乡村振兴的重要内容之一，能够夯实乡村精神文明建设的同时，为乡村物质文明发展提供精神动力和智力支持，不断满足农民群众对美好生活的需要，是乡村振兴的铸魂养根之基、引路领航之舵、内生动力之源，也是实现社会主义文化强国、推进中华民族伟大复兴的必由之路。我们必须以马克思主义的立场、观点和方法结合中国特色社会主义的具体实际来分析乡村文化振兴，把握其理论和现实逻辑，分析其成就与问题，提出科学合理的对策建议，推动乡村文化振兴在全面建设社会主义现代化强国的新征程上不断取得新进展。

目　录

第一章　绪论

建设中国乡村文化是一项继往开来的伟大事业。在构建农村的和谐社会过程中，经济发展是根本，文化建设是要害。我国正处于经济转型的关键时期，相对于高速发展的经济和人们日益增长的物质生活需求，乡村文化建设和发展则显得较为滞后，无法适应全面建设小康社会、实现和谐社会的要求。加强乡村文化建设，不仅是实现农村、农业、农民持续健康科学发展的必然要求，也是构建农村和谐社会的重要组成部分。大力建设乡村文化对于社会主义新农村建设具有重大的现实意义和历史意义。要充分认识乡村文化建设的价值，首先要准确把握乡村文化建设的涵义。

第一节　乡村文化建设的相关概念界定及内涵

乡村是一个社区的概念，是居住地的名称。在本论著中，乡村是指由农民聚居而成的社区。文化是一个涵义广泛的概念，仁者见仁，智者见智。我们做一详细解释。"乡村"一词与"农村"通用，是与城市这种社区相对的。因此，我们需要对相关概念加以界定。

一、乡村文化建设的相关概念界定

（一）文化

中国古代对"文化"一词的记载，最早可追溯到《周易》。在《周易》贲卦《彖传》中曰："观乎天文，以察时变；观乎人文，以化成天下。"这大概是中国古典文献中关于"文化"最早的记载。但这里的"文""化"并未作为一个词语来用，而是分别来用的。西汉时期，刘向在《说苑·指武》中指出，"凡武之兴，为不服也，文化不改，然后加诛"。这里的"文化"与武力征服相对，是指国家通过一定的道德、礼乐教化人民。

关于"文化"的概念，从古至今都是仁者见仁，智者见智的。从学科角度讲，文化有不同的诠释。从研究角度讲，文化也有不同的解释。在不同的历史时期，人们对文化的理解也有所不同。在《现代汉语词典》中，文化的定义是"人类在社会历史发展过程中所创造的物质和精神财富的总和"，特指精神财富，如文学、艺术、教育、科学等。著名人类学学者泰勒给文化的定义是"文化或者文明就是由作为社会成员的人所获得的，包括知识、信念、艺术、道德法则、法律、风俗以及其他能力和习惯的复杂整体。就对其可以作一般原理的研究的意义上说，在不同社会中的文化条件是一个适于对人类思想和活动法则进行研究的主题"。

总体来说，文化分为广义的文化和狭义的文化。广义的文化简单地说就是"人化"，凡是人类不是靠生物本能做出来的任何事物，都可以认为是文化，它包括物质层面、制度层面和精神（观念）层面。而狭义的文化则特指人类精神（观念）层面的活动，包括知识、信念、艺术、道德、风俗等。

英国人类学家爱德华·泰勒给文化下的定义是"从广义的人种论的意义上说，文化或文明是一个复杂的整体，它包括知识、信仰、艺术、道德、法律、风俗以及作为社会成员的人所具有的其他一切能力和习惯"。

1982年，在墨西哥城举行的第二届世界文化政策大会上，联合国教科文组织成员国给文化下了这样的定义："文化在今天应被视为一个社会和社会集团的精神和物质、知识和情感的所有与众不同显著特色的集合总体。除了艺术和文学，它还包括生活方式、人权、价值体系、传统以及信仰。"

中国近代著名学者梁漱溟认为，"文化，就是吾人生活所依靠之一切。……文化之本义，应在经济、政治，乃至一切无所不包"。

《中国大百科全书》（哲学卷）中对文化的定义是"文化（culture）即人类在社会实践过程中所获得的能力和创造的成果"，并将文化分为广义上的文化和狭义上的文化，"广义的文化总括人类物质生产和精神生产的能力、物质和精神的全部产品"。狭义的文化是指精神能力和精神产品，包括一切社会意识形态，有时又专指教育、科学、艺术、卫生、体育等方面的知识和设施，以与世界观、政治思想、道德等与意识形态相区别。

《辞海》给文化下的定义则是"从广义上来说，是指人类社会历史实践过程中所创造的物质财富和精神财富的总和。从狭义上来说，是指社会意识形态，以及与之相适应的制度和组织结构"。

本论著对乡村文化进行的研究主要是从狭义文化的角度进行的，所涉及的文化范围包括精神能力和精神产品，认为文化是源于客观世界又反作用于客观世界的一定的行为方式、价值观念、社会心理以及由此创造的精神产品的总和。

（二）文明与精神文明

文明与文化是紧密联系在一起的，但是文明与文化又属于不同的概念。文明是人类社会发展到一定阶段的产物，而文化则是伴随人类社会的产生而产生的。文化是文明的外在表现形式，而文明是文化的内在价值核心。

著名政治学家塞缪尔·亨廷顿指出，文明是人类文化最高层次的组合，也是人类文化认同的最广领域：再要推广就是人类与禽兽的分别了。它一方面由语言、历史、宗教、风俗、制度等共同客观因素决定，另一方面也有个人主观认同的因素。

《中国大百科全书》中对文明的定义是，"文化中的积极成果作为人类进步和开化状态的标志，便是文明。文明是人类改造世界的物质和精神成果的总和、社会进步和人类开化状态的标志。文明包括精神文明和物质文明"。

从马克思主义的观点来看，所谓的文明，就是人类社会生活呈现出的进步状态。从静态角度讲，文明是人类社会创造的一切进步成果；从动态角度讲，文明是人类社会进化发展的一个具体过程。因此，文明包含着两层含义：一是文明的形式总是进步的；二是文明的本质总是与时俱进的。进步发展是文明的外在表现，与时俱进则是文明的内在要求。

物质文明指的是人类改造自然的物质成果。它具体表现为物质生产的进步和物质生活的改善。物质文明是精神文明的物质基础，对于精神文明特别是其中的文化建设起决定性作用。物质文明的性质是由生产方式所决定的。精神文明指的是人们主观世界的改造、社会的精神生产和精神生活得到发展的成果，具体表现为教育、科学、文化知识的发达和人们思想、政治、道德水平的提高。它包括知识文化和思想道德两大方面，又包括个人和社会两个范围。从个人的文化修养、科学修养、政治修养、道德修养、审美修养、精神境界，到社会的精神生产、精神生活和风俗习惯，都属于精神文明的范畴。本文所涉及的农村文明包括农村社会的物质文明和精神文明两方面的成果。

（三）乡村文化

所谓乡村文化，从狭义的角度看，是指在一定的社会经济条件下形成的以农民为载体的文化。它是农民的文化水平、思想观念以及在漫长的农耕实践中形成并积淀下来的认知方式、思维模式、价值观念、情感状态、处世态度、人生追求、生活方式等深层心理结构的反映，它表达的是农民的心灵世界、人格特征以及文明开化程度。

从广义的角度看，乡村文化是指在乡村社会中，以农民为主体、以农村社会生产方式为基础的文化，是乡村社会的价值观念、社会心理、行为方式的表现。

乡村文化以农村社会的生产方式为依据，是农村社会发展状况的反映，所以乡村文化是变迁的。在传统社会中，乡村文化在社会中占主流地位，与之相对应的是农业文明。经历了几千年相对静止的变迁，到1949年新中国成立，中国社会的生产方式及经济基础发生了翻天覆地的变化，打破了原有的乡村文化秩序，产生了社会主义的集体主义文化。在新中国建立到改革开放前这段时期，随着"三大改造"的进行，社会主义集体经济在农村社会中取得了主导地位，农村社会的文化和政治生活紧紧结合在一起。这一时期，农村社会基本不存在独立、明显的文化生活。即使有文化生活，也与政治紧密联系，受到政治生活的指导，并为政治服务。农村意识形态在农村社会有较强的控制力，农村社会基本处于静止状态，人员流动较少。这一时期，农村社会的文化生活很不正常，偏离了文化发展应有的轨道。

改革开放之后，农村实行家庭联产承包责任制，农村社会开始转变突出政治的现象，农村社会的重心由政治转向经济，从而造成农村的意识形态控制逐渐弱化和乡村文化生活缺失。由于失去了政治的支持，原本发展就不平衡的乡村文化生活更得不到人们的重视，被丢弃在被人遗忘的角落。

（四）乡村文化建设

乡村的文化建设与农村文明是统一的整体。在加强乡村文化建设上，一个普遍的观点是加强农村公共文化服务体系建设和文化基础设施建设。农村建设视阈中的乡村文化建设，是指在广大农村建设和谐、生态、文明、科学、现代的乡村文化和乡村文化形态，满足广大农民文化需求的多样性，保障农民文化权益，缔造新的乡村精神和乡村理想。因此，加强公共文化服务体系建设和基础设施建设不是文化建设的最终目的，而是必要的手段和主要途径。同时，农民是建设和创新乡村文化的主体，因而乡村文化建设的一项重要工作就是激发和唤起农民的文化自觉。

二、乡村文化建设的内涵

文化是一个民族的根和灵魂，它具有凝聚、整合、同化、规范社会群体行为和心理的功能。而乡村文化建设的目的是要建设一种包涵价值观、文化认知、交往方式以及生产生活方式等在内的新的乡村文化形态。因此，需要做好以下五个方面，以较为全面、科学地理解当下乡村文化建设的内涵：

（一）乡村文化建设是属于乡村和农民的文化

乡村的文化建设，归根到底就是要建设一种属于乡村和农民的新乡村文化，而不是别的。在未来相当长的一段时期内,我国仍有数亿人口在农村生活,所以中国传统文化植根于广大乡村,民族文化的发展、繁荣离不开乡村文化的滋养。乡村文化包括三个层面:乡村的物质文化、精神文化和制度文化。乡村文化是在广大乡村区域共同体基础上长期传承累积而形成的,受特定的地理环境和经济基础制约的,包括生产生活方式、价值观念、认知方式、风俗习惯、宗教信仰、语言符号、行为规范、知识技能、组织结构、劳动创造等在内的文化累积的总和与文化特质。我们要构建的乡村文化形态就是乡村价值观、文化认知、交往方式、心理习俗、生产生活方式以及乡村精神的创新与重塑,至少应包含以下几方面内涵:能够适应新农村建设需要并能提高农村发展能力的文化;能够满足广大农民日益增长的精神文化需求和公民文化权益的文化;能够塑造新式农民的文化;能够保存、延续、创新传统文化精髓并融会现代文化精神的文化;是一种存在于村民之间、流荡在村庄社区内部的互助合作的文化等。乡村文化是一种和谐的、民族的、现代的、创新的、生态的乡村文化形态,它不但承载着乡村文化的精神,而且是促进乡村社区人际关系重建、凝聚农民情感和心灵的纽带。因此,乡村文化建设是以公共文化服务体系和公共文化空间的构建为基础,以培育和激发农民的文化自觉为主体,包括设施、内容、服务、产业等在内的全方位、立体、有内容、有主体的乡村文化形态的建设。乡村文化建设的核心,是要通过构建公共文化体系、培育公共文化空间,最终形成广大农民的文化自觉和新的乡村文化形态。广大农民是新农村建设和乡村文化创新的主体,因此这一乡村文化是属于乡村和农民的文化。只有激发和培育农民的文化意识与主体性作用,充分"调动农民的积极性,发挥农民的主体作用","大力培育和扶持农民创办自娱自乐的文化组织,支持农民自办文化",不断"研究探索扶持农民自办文化的机制",才能使广大乡村民众真正成为新的乡村文化的创造者,使乡村真正成为新的乡村文化创新的源泉和土壤。

(二) 乡村文化建设是传统文化与现代文化的融合

弘扬、传承中华民族传统文化并与现代文明融合,是乡村文化建设的基本要求。乡村文化建设是广大乡村中传统民族民间文化与现代文化进行融会、碰撞与创新的过程。具体来讲,乡村文化的建设过程就是对旧的乡土文化进行挖掘、改造,进行新的乡土文化培育,推动新的乡土文化形态重构的过程,以构筑具有现代意识、科学精神、人文理念的乡村公共文化空间,推动先进文化创新和发展,提高农村发展能力,培育新式农民。中华文化深深植根于民间这块土壤上,广大乡村蕴藏、沉淀着比较完整的中国传统。改革开放为城乡文化的互相融汇提供了更加广阔的舞台。城乡文化交融虽然是由人的迁徙、商贸流通等带动的,存在一定的不对称性，但是它毕竟打破了城乡间的体制性壁垒。因此，新农村建设中的乡村文化建设不仅是对农村和农民提出的命题，而且是中国传统文化与现代文化在全球化境遇中进行碰撞、交融、对话的命题，也是现代社会如何接纳传统价值的命题，更是如何弘扬中华文化、建设中华民族共有的精神家园的命题。因此，我们要科学看待民间蕴藏着的丰富的民族文化资源、文化传统借此机遇的提升、创新对全球化下民族传统保存的巨大意义，以及现代都市文化建设和整个中华民族和谐文化构建的重要作用。

（三）乡村文化建设是"农民的建设"

乡村文化建设说到底是"人的建设"。农民是乡村生产生活的主体，是乡村文化建设的参与主体、创新主体和受惠主体。新农村建设的目的是建设一个"生产发展、生活宽裕、乡风文明、村容整洁、管理民主"的新农村，但它最终要靠生活在农村的农民来完成。因此，在新农村建设中科学构建关注民生、培育民智、增强民力的机制，并通过不断努力进行切实可行的文化建设，培育和造就"有文化、懂技术、会经营"且同时具有新素质、新观念、新精神的新式农民，是"建设社会主义新农村最本质、最核心的内容和最为迫切的要求"。如果"忽略了新农民这个主体，再好的硬件条件、再美的优良环境，也将失去它们建设和存在的最终意义"。所以，说到底，乡村文化建设还是"人的建设"。乡村建设的历史实践也证明了这一点。20世纪30年代，晏阳初、梁漱溟等倡导乡村建设运动，力图通过这一运动来建设一种新的乡村文化和乡村文明，治愚治穷，最终实现"人的建设"。针对旧中国道德崩坏、农村破败的现实，梁漱溟结合儒家伦理和西方的"民主""科学"的理念，倡导"建设新礼俗"这一"新的社会组织构造"，试图以此来重新构建民族文化。一是在乡规民约的基础上重建礼俗；二是通过乡学、村学这一政教合一的组织形式和其他生产、销售的合作组织，组织、动员乡民，培育乡民的"人生向上之意"，力图唤起广大乡民的主体意识。晏阳初针对旧中国农民身上存在的"愚、穷、弱、私"，提出"以文艺教育攻愚、以生计教育治穷、以卫生教育扶弱、以公民教育克私"的综合解决方案。他认为乡村建设首要的任务是"人的建设"和教育，是培养乡村的"元气"。他在河北定县实践十年，通过文化教育、民主教育、艺术教育、卫生教育、生计教育等，一直在"探索一种活的、能真正改造民众生活的教育，一种有力量的教育"。那个时期并不仅仅存在梁漱溟、晏阳初等人的乡村建设实践。从"五四"开始，知识分子就在进行建设中国道路的探索，而土地革命是中国共产党人最终选择的实现人的解放和民族解放的道路。20世纪二三十年代的乡村建设实践的推动主体是知识分子、社群组织和政府，但总体上以知识分子为主。当前的新农村建设已经上升到国策的高度，是建设和谐社会与全面建设小康社会的一个组成部分，是实施以人为本的科学发展观、实现中国梦这一国家战略的要求。这一乡村建设运动是由国家力量来推动、以广大乡村农民为主体、全社会来参与的，无论在范围、力度还是在影响、效果上都是前所未有的。毋庸置疑，"人的建设"在乡村文化建设中，既是历史任务和最终目的，也是一个必然的历史过程。

第二节　当代乡村文化建设的作用

文化是一个民族的根和灵魂。对于社会主义新农村建设来说，文化具有的凝聚、整合、同化、规范社会群体行为和心理的功能，是其他社会要素无法取代的。因此，农村必须建立起一种适合于新农村建设的文化观念，以实现加快经济发展、改善自然和社会环境的目的。一旦这种文化观念能够形成并深入人心，就能够广泛而持久地影响人们的思维方式和行为习惯。当前中国进行现代化建设，不能只把重点放在农村经济建设方面，而是要实现农村社会全面发展，尤其是要把乡村文化建设放在一个更加重要的位置。

中国自古以来就是一个农业大国，几千年来形成的小农经济生产方式对农民的思想产生了巨大影响，现代还有许多农民残留着小农意识。中国的封建主义影响也是很深刻的，腐朽的封建主义思想对农民的影响仍然存在。农村社会中相信迷信、不信科学的现象仍然存在，对于红白喜事大操大办，农村中赌博成风，这些都极大阻碍了农村社会的发展。所以，提高农民素质是当前加强乡村文化建设、消除农村社会中不良习俗和风气的一项重要工作。

一、乡村文化建设是社会主义先进文化建设的重要组成部分

先进文化是人类社会文明进步的先导和旗帜。先进文化在人类历史发展中代表时代前进方向，体现时代精神。当代中国的先进文化就是体现当代精神的、与现有先进生产力相适应的中国现代的新文化，即中国共产党第十六次全国代表大会政治报告里强调指出的"面向现代化、面向世界、面向未来的，民族的科学的大众的社会主义文化"。这种先进文化是中华民族几千年优秀传统文化的凝聚，是中国共产党和人民长期革命和建设实践及经验的总结，是中国特色社会主义的先进文化。

由于我国大部分居民生活在农村，乡村文化便构成了文化事业的基础，乡村文化建设是我国社会主义文化建设的重要组成部分乡村文化建设水平对于整个社会的文化发展有至关重要的作用。在市场经济和知识经济的背景下，农民要想致富，农村要实现发展，必须要有先进的文化理论做指导。社会主义先进文化就是

适应当前社会发展需要的新文化。因此，乡村文化建设必须要以社会主义先进文化为主要内容，用先进文化教育覆盖农村教育阵地，体现乡村文化建设的时代性和科学性，建立现代化的农村文明。

二、乡村文化建设是乡村社会现代化的必然要求

没有乡村的现代化，就没有我国的现代化。乡村社会现代化是中国社会主义现代化事业的重要组成部分。乡村社会实现了现代化，必然会推动中国社会主义现代化事业顺利进行。同样，没有乡村文化的现代化，就没有乡村的现代化。因此，实现乡村社会现代化，就必须加强乡村文化建设。根据马克思主义经济基础决定上层建筑的原理，一定社会的经济生产方式决定社会的政治、文化，而政治、文化又反作用社会的经济。先进文化能够促进社会经济的发展，而落后文化则制约社会经济的发展。所以，必须加强乡村文化建设以推动乡村社会经济和政治的发展，让先进文化成为乡村社会发展的助推器。

美国著名经济学家西奥多·W.舒尔茨认为，人们普遍认为国家的贫穷是因为资本的缺乏，相信资本的追加能换来经济的高效增长。这是一种误解，如果人的能力未能与物质资本齐头并进，那么资本的追加反而会成为经济增长的限制性因素，因而采取有效利用先进生产技术所需要的知识技术，使我们能够对发展中国家提供的最有效的帮助，也是发展中国家最需要的帮助。"这就说明，人力资本的开发利用、人的发展水平是经济与社会发展的关键因素。"因此，乡村文化建设是乡村社会现代化的关键，通过乡村文化建设提高农民的文化素质，增加乡村社会发展的人力资本投入，为乡村社会现代化提供精神动力和智力支持。

乡村文化建设的核心内容就是要创建"乡风文明"，在乡村社会形成文明之风。这主要包括重新制定一些村规民约，改进一些民俗习惯以及规范的宗教信仰，能够起到规范乡民行为方式的作用，使之具有现代化的特点。

乡村文化建设，不仅要从行为上规范农民的行为，更重要的是从法制上保障农民的合法权益。在乡村社会进行法制建设，提高农民的法律意识，从法制上规范乡村社会，是乡村社会现代化的一个重要方面。

三、乡村文化建设是增强乡村社会凝聚力的重要途径

改革开放以来，乡村社会重经济轻组织的现象，导致乡村社会的向心力、凝聚力逐渐减弱。在乡村政治改革方面，虽然已经有许多成功的案例，但是通过对这些政治改革比较成功的地区进行分析后发现，它们中大部分地区的经济都比较发达，而且这些地区基本都是经济、政治、文化同步发展、共同进步的典型。

尤其是在当前市场经济条件下，计划经济时代建立起来的以政治为本位的文

化价值体系逐步解体，但是新的文化价值体系还未建立起来，导致当前乡村社会中部分农民信仰缺失和精神失落。因此，要通过乡村文化建设，立足于乡村现代文化改造乡村传统文化，重塑乡村社会价值体系，增强社会主义意识形态的吸引力和凝聚力，从而增强乡村社会的整合力和凝聚力。

四、乡村文化建设是提高农民素质的根本措施

农民是进行社会主义新农村建设的主体，也是进行乡村文化建设的主体。通过各种途径，多渠道、全方位地提高农民的素质，培养"有文化、懂技术、会经营"的新型农民，文化建设是一条根本措施。中国共产党第十四届中央委员会第六次全体会议通过了《中共中央关于加强社会主义精神文明建设若干重要问题的决议》，决议中指出，"根据党在社会主义初级阶段的历史任务，根据新中国成立以来特别是改革开放以来的历史经验，我国社会主义精神文明建设，必须以马克思列宁主义、毛泽东思想和邓小平建设有中国特色社会主义理论为指导，坚持党的基本路线和基本方针，加强思想道德建设，发展教育科学文化，以科学的理论武装人，以正确的舆论引导人，以高尚的精神塑造人，以优秀的作品鼓舞人，培育有理想、有道德、有文化、有纪律的社会主义公民，提高全民族的思想道德素质和科学文化素质"。乡村文化建设是社会主义精神文明建设的重要组成部分，因此乡村文化建设也要以提高农民素质、培养"四有"农民为主要任务。在当前新形势下，乡村文化建设提高农民素质的具体任务如下：根据现代社会和市场经济发展的要求，引导农民适应传统农业向现代化农业的转变，逐步培养农民开拓进取的精神和开放的精神，培养农民具备主体意识、竞争意识和法制意识，培养农民具备诚信品质和创新的素质，使农民成为"有文化、懂技术、会经营"的适应现代化要求的新型农民。

五、加强乡村文化建设是开发乡村人力资源的重要途径

农民是新农村建设的主体，因此培育新型农民、提高农民素质是建设社会主义新农村最核心的内容。正如《中央关于推进社会主义新农村建设的若干意见》所指出的："提高农民整体素质，培养造就有文化、懂技术、会经营的新型农民，是建设社会主义新农村的迫切需要。"农村机械化程度的提高和产业结构的调整，对农民的文化素质提出了越来越高的要求。在当代发展农业和振兴农村，不能仅仅依靠简单劳动力和有限的农业资源，更重要的是知识经济的支撑。现阶段我国农村人力资源的特点主要表现为受教育程度低，科技素质整体水平低，社会心理素质差；农村劳动力整体素质低下，接受新事物、新技术、新工艺的能力差、时间长，与现代高科技农业对高素质劳动力需求的矛盾愈来愈突出，严重阻碍了农

村经济的快速发展，不利于农业可持续发展。而乡村文化建设可以提高农民的知识和技能水平，通过提升农民的智力推动经济的发展。乡村文化建设的一项重要作用，就是通过文化熏陶和教育的方式，从根本上改变农民传统的生产生活方式和价值观念，把他们打造成新型农民。这也是新农村再造的关键所在。为此，必须花大力气办好农村基础教育和职业教育，大力发展成人教育，通过卫星、广播、电视等多种形式，提高农民的科学文化素质，把科技兴农落到实处。

六、加强乡村文化建设是推动农村经济快速发展的根本路径

文化是经济的内核，文化的繁荣能够推动经济发展。在我国许多农村地区，只有因地制宜，改变观念，充分发挥民族民间文化资源的优势，利用文化服务、文化旅游、民俗风情展演、民间工艺加工等来发展乡村文化产业，调整产业结构，才能达到帮助广大农民脱贫致富的目的，同时也能够推动农村的精神文明建设。文化与经济是紧密结合在一起的。在知识经济时代，文化是生产力的一个重要因素，是生产力大系统中一个不可缺少的重要环节。在当今市场经济条件下，经济与文化互相融合，文化已不仅仅是服务于经济发展的手段。

在一些农村地区，文化产业已经成了农村发展、农业增产、农民增收的重要途径。开发传统乡村社会文化资源，正在成为许多地方农村经济新的增长方式。近年来，一些农村地区大力开发古村落旅游、农家乐、观光农业园、生态文明村等农家旅游，给当地农民带来了可观的经济效益，为农民找到了一条既符合地域特色又节能环保的致富之路。

七、乡村文化建设是突破传统文化中的家族阈限的最佳手段

中国农村是典型的以血缘、宗族为中枢的社会运行模式，非常强调"打虎不离亲兄弟""上阵父子兵"等观念，普遍以家庭为背景进行农业生产。这种模式虽然在一定历史时期内，可以促进以血缘为纽带的家族式经济的发展，但在社会化大生产条件下，这种以一种社会性的"个体"因素存在于社会经济生活之中的家族式的经济模式就成为一种阻碍。因此，加强乡村文化建设，发展乡村先进文化，转变中国农民传统的思维方式，关注农村集体利益，从而形成团结一致、齐心协力发展社会经济的合力，提高参与经济建设的热情与活力，大力促进形成建设社会主义新农村的创新精神，不断增强农村发展的内在驱动力和发展活力。

八、乡村文化建设是农村发展的精神动力

当代先进文化建设的一个重要方面就是为社会发展提供精神动力。由于传统文化的落后造成了一定的不良影响，农民小富即安，在经济上表现出不思进取；

在日常生活中，封建迷信沉渣泛起，赌博现象随处可见等。因此，发展社会主义新农村的先进文化建设，在农村建立新的生活方式方面必须得到足够的重视。除陈去旧，革除弊端，消除愚昧迷信思想，以先进的思想为指导，用科学的理性思维改造农民的头脑，从而抵制腐朽文化的侵蚀与传播，增强农民进行农村建设的精神动力，促使农村发展紧紧跟随现代化发展的潮流，变传统意义上的旧式农民为现代意义上的新式农民。

九、乡村文化建设是农村发展智力支持的必要条件

农村发展的关键在于农民，而农民的发展关键是提高自身的素质。当前我国农民不仅教育水平比较低，而且缺乏对科学教育基础性地位的认识。他们认为自己一辈子都离不开土地，就得靠山吃山、靠水吃水，只要风调雨顺就会取得好收成，因此不屑于对科学知识的学习、运用与创造。而当今社会是个高速发展的科技社会，科学技术日新月异，科技运用所产生的巨大效用也是有目共睹的，世界的农业生产已经步入规模化、集约化的生产模式。如果中国的农民依旧不改变陈旧落后的观念，就难以适应现代化农业的发展。因此，我们要以乡村先进文化建设为契机，促进农村教育的发展，丰富农民进行现代农业生产的科技知识、管理知识和适应市场经济发展要求的经济知识，培养能够适应现代化发展要求的新型农民。

第三节　乡村文化振兴的重要内容及其重要意义

一、乡村文化振兴的重要内容

乡村文化振兴是乡村振兴的有机组成部分，在2018年中央一号文件中，对乡村文化振兴的内容作了整体要求，在此之后，2019～2022年中央一号文件，均在此基础上针对乡村文化发展的不同环节和领域进行了补充和完善。

（一）加强乡村思想道德建设

乡村是乡村文化振兴的主阵地，广大村民则是乡村文化振兴的主力军。因而，乡村思想道德建设状况、村民思想道德水平对于乡村文化振兴的实践开展和发展状况具有显著影响。乡村文化振兴需要着力优化乡村的道德标准，提升村民的思想品德水平。首先，着力优化乡村的道德标准，需要加强对村民的教育引导，帮助村民养成正确的思想习惯，同时为加强乡村思想道德建设提供有力的制度保障。但在实践过程中需要注意方式方法，应根据乡村实际情况与特点，采取符合乡村

实际的切实有效方式，不断推进理论教育，使乡村地区不断学习领会民族精神和时代精神的内在底蕴。同时要充分运用现代化的信息平台，提升农村思想道德教育的质量与有效性。其次，深入推进和巩固加强乡村地区思想文化阵地的建设和发展，将爱国主义、集体主义的相关教育理念深入人心，筑牢民族团结进步这一重要精神内核，进一步深化民族团结进步教育，坚守好、建设好乡村思想文化阵地。再次，筑牢公民道德建设的基础，切实推进传统道德教育与现代化教育理念融汇发展，使二者在乡村文化建设中互为依托，共同发展。最后，要加强诚信建设力度，通过线上线下宣传教育，不断巩固和提升农村地区的社会责任意识、规则意识、集体意识、主人翁意识等。

（二）继承发展乡村优秀传统文化

中华文化博大精深，在数千年的历史发展中，无数文化瑰宝在历史长河中熠熠生辉，其中不乏众多农村优秀传统文化。中国自古以来便是农业大国，一代又一代华夏儿女在乡村的这片土地上辛勤耕耘的同时，也创造了众多优秀文化。如今，在乡村文化振兴的进程中，乡村优秀传统文化同样需要继承与弘扬。其一，要坚持继承和借鉴相结合，稳固发扬兼具乡村优良传统和乡土特色的优秀传统文化，并善于吸纳其他优秀文化的精髓，持续推进当地文化创新、文化升级。为乡村优秀传统文化持续灌注鲜活的时代意蕴，为其紧跟社会发展与时代发展的步伐提供可靠保障。其二，要对农耕文化实行"保护+利用"的双效传承模式，将农耕文化遗产运用到生产实践中来，并依据实践需要进行创新改良，将监测机制贯穿到全过程当中。其三，坚持挖掘与弘扬并驾齐驱，使当地优秀传统文化所囊括的质朴精神与优良品质等闪耀精神光辉，使乡村民心愈加凝聚，村民思想日益升华，乡村民风愈加淳朴。其四，全方位传承和保护乡村地区的历史文化，对乡村本土文物古迹、特色村落和本土建筑实施重点保护，对于传统农业灌溉工程遗址和建筑遗迹实施科学化的补救式保护。最后，大力支持乡村地区的传统艺术的发展，让优秀戏曲曲艺、少数民族特色文化、民间文化以及民间传统工艺等获得充分地传承弘扬的契机。

（三）加强乡村公共文化建设

加快推进乡村地区公共文化服务体系的规范化、标准化、信息化，提升人才服务能力和水平。首先，加强县区一级公共文化机构的建设，加强新时代文明中心、各级融媒体中心建设，使其充分发挥作用，扩大覆盖范围，由县区到乡镇，加强公共文化机构建设的渗透性、综合性、有效性，将公共文化服务在乡村地区全面推广。其次，提升文化资源的管理利用水平以及相关设施的建设成效，使广大村民获得切实的文化利益，为乡村提供高质量的乡村公共文化产品。再次，支持鼓励乡村文化创造，鼓励以乡村和乡村振兴为主要题材的文化创造，让描写乡村真实生活和反映乡村精神风貌的优秀文化作品活跃在文化市场。最后，努力构建乡村文化人才队伍，不仅要培育挖掘乡村文化本土人才，还要积极招贤纳士，吸引动员社会各界精英投身乡村文化事业的建设与发展中。此外，文化市场的合理化、秩序化发展也将为乡村文化发展提供了合理载体。文化市场是宣传推广乡村文化的重要载体，是乡村文化实现其经济价值的重要载体。因此要切实完善文化市场的监管水平，维护文化市场秩序。

（四）开展移风易俗行动

在乡村开展移风易俗行动十分重要，当前乡村成为了腐朽糟粕文化的寄居地，推动乡村文化振兴需要开展移风易俗行动，铲除这些腐朽糟粕文化的消极影响。一者，加强乡村精神文明创建活动，在乡村广泛举办文明村镇、星级文明户、文明家庭等先进评选活动，树立模范榜样，激励广大群众学习模范，努力提升自我。二者，消除乡村陈旧规定，遏制乡村落后习俗，摒弃和消除乡村地区婚丧陋习，消除乡村地区攀比心理，展现新的乡村地区精神风貌，使乡风文明建设在一个良好、积极向上的环境中不断发展。再者，加强乡村无神论宣传教育，提升村民精神文化素养和科学文化素质，培养村民自觉抵御封建迷信和外来宗教文化侵蚀的能力。新时代、新力量、新面貌，通过不断规范乡村风俗，引导广大村民形成正确的价值观、人生观，提高自我要求、自我标准，不断规范乡村社会风气，丰富乡村生活，彰显新时代乡村的新力量和新风貌。因此，移风易俗是实现乡村振兴前提下更好实现社会治理的手段和方式，为乡村社会治理提供强有力的支撑，共同为全面推进乡村振兴战略作出应有的贡献。

二、乡村文化振兴的重要意义

乡村文化振兴既有利于推动优秀乡村文化的传承创新，也有利于强化乡村振兴的灵魂支撑，更有利于优化乡村治理的实际效果，也是更好地满足村民的美好生活需要的重要推手。

（一）乡村文化振兴是推动优秀乡村文化传承与创新的重要途径

乡村文化振兴是增强信心和精神动力的内在源泉。将传承和发展相结合，不断丰富和深化乡村地区的精神面貌，指引村民高效合理地进行文化传承和创新，保持文化传承与文化创新之间的适度张力。乡村文化为身处异乡的乡村人凝聚力量，为在城市中奋斗中的乡村人口提供心灵寄托，不断充盈着人们的精神血液。作为农业大国的中国，有着深厚的农耕文明底蕴，中华文明根源于农耕文明，乡村是众多中华优秀文化的诞生地。在乡村这片沃土之中，埋藏着世代中华儿女在数千年的生产生活实践中所创造的优秀文化。在乡村大地上，诞生了刀耕火种、石器耕锄与铁犁牛耕的农耕文化，孕育了农民起义、农村暴动与农村包围城市的革命文化，见证了井田制、私有制与家庭联产承包制的改革文化。乡村有着丰富而优秀的文化资源，而这些优秀的乡村文化有待深入发掘。这些优秀文化资源的利用有助于我们充分挖掘乡村中蕴含的优秀的传统文化和优秀的现代文化，在每一个历史时期做到保护、传承和发扬全面推进。在挖掘并整合乡村的优秀文化的同时，乡村固有的糟粕文化也将被筛除，在完成"清淤"工作的基础上结合时代特征构筑富有乡土性、符合时代性的先进文化，使优秀文化在乡村充分"涌流"。因而，乡村文化振兴有其深刻的必要性，有助于推动优秀乡村文化的传承与创新工作有效开展。

（二）乡村文化振兴是强化乡村振兴灵魂支撑的重要手段

乡村文化的发展为乡村振兴注入精神动力，因此，要不断加强乡村文化振兴，丰富乡村文化内涵。一方面，有利于通过提高村民的科学文化素养、思想道德水平并夯实乡村振兴的智力之基。广大村民的科学文化素养、思想道德水平等对乡村振兴战略的推进实施具有重大的影响。乡村文化振兴的实施有利于加强对村民的科学文化教育，使村民认识到科学文化知识的重要性，提升村民的文化水平与科学素养，使村民有能力接受、适应并掌握新知识与新事物，转变旧思路，旧理念，旧文化，树立起新的精神面貌，不断融入新的发展理想，激发内生动力，引导并帮助村民获得长足和全面的发展与进步，使乡村的发展实现更新升级。使他们更好的为乡村振兴服务，强化乡村振兴主体的智力支持。另一方面，有利于通过强化文化共鸣引发乡村振兴的灵魂共振。文化兴则地域兴，文化强则地域强，乡村文化是以浓缩的形式包含着广大村民的行为方式、理想追求与价值判断，是广大村民的情感寄托所在，亦是乡村振兴的灵魂共振所在。因此，乡村文化振兴有利于进一步强化这一灵魂支持。乡村文化振兴将进一步激发情感共鸣，唤醒灵魂共振，打造意蕴丰富且内涵厚重的乡村思想文化体系，充裕乡村地区的精神面貌，不断加固深厚的人文情怀，改善乡村的精气神，充分激发乡村地区的生机与活力，不但提高村民的生活质量，振奋精神，而且还让村庄环境美起来，乡村风尚靓起来。乡村文化的发展为乡村振兴注入精神动力，打造灵魂支撑。

（三）乡村文化振兴是优化乡村治理实际效果的重要助力

乡村治理离不开民主、法治与德治，优化乡村治理的实际效果需要在乡村营造良好的民主政治氛围、法治氛围与道德氛围，而这三种氛围的营造都离不开乡村文化振兴。首先，有利于塑造充盈民主政治氛围的文化环境。乡村文化振兴是提升广大村民政治素养与参政水平的重要手段。当前，村民自治制度在乡村已经发展成熟，已经为村民参与自治搭建了良好平台。因此，村民需要进一步提升主体意识与参与意识，而乡村文化振兴则能够夯实村民的文化基础，丰富村民的基本政治知识，激发广大村民参与乡村事务管理的信心与热情，从而更好的执行村民自治制度。其次，有利于塑造充盈法治氛围的文化环境。一方面，乡村文化振兴为乡村法治宣传教育"疏通道路"。乡村虽然是众多优秀文化的发源地，但是也有许多腐朽落后文化在乡村有所流传，这些腐朽落后文化严重阻碍着乡村法治建设。随着乡村文化振兴的有序推进，有碍乡村发展的腐朽落后文化将被彻底清除，也为乡村法治宣传教育铺平道路。另一方面，乡村文化振兴为乡村法律宣传教育提供了便利，为乡村法律宣传教育提供了平台，借助公共文化服务平台，改进乡村法律宣传教育形式，提升乡村法律宣传教育质量，使法治文化和法治观念深入人心，使广大村民真正做到学法、懂法和用法。最后，乡村文化振兴有利于在乡村营造良好的道德氛围。道德是乡村治理所不可或缺的重要因素，在乡村治理中具有重要作用。乡村文化振兴有利于进一步挖掘并合理利用乡村优秀传统道德文化资源，在新时期开拓创新以适应新的发展需要，使广大村民在潜移默化中接受符合时代要求的道德涵育，提高村民的思想道德觉悟。用符合时代要求的道德标准引领村民积极上进，向好向善。由此可见，乡村文化振兴在一定程度上提升了乡村治理的现实成效。

（四）乡村文化振兴是更好地满足村民的美好生活需要的重要推手

更好地满足村民的美好生活需要是乡村振兴的应有之义，随着乡村地区健康发展的稳步推进，村民生活需要向更高级别的转变，表明村民的关注点已经不单单是基本的物质生活需要，文化生活需要、精神生活需要等美好生活的需要将会渐渐成为村民的关注点，而这就需要充分发挥乡村文化振兴的推手作用。推动乡村文化振兴，是为了用先进的文化的力量发展、建设乡村。同时，先进的文化在助力乡村振兴的同时，也会逐渐在乡村这片土地中生根发芽。文化润万物于无形，先进文化植根于乡村，不仅有利于涵育文明乡风，还有利于进一步丰富村民的文化生活。随着时间的推移，在文化学习中，广大村民逐渐增强对科学知识的掌握与理解；在文化熏陶中，村民逐渐养成优秀的意志品质与行为习惯；在文化传承中，村民逐渐领会优秀文化的内涵与精髓；在文化创造中，村民逐渐提升思维水平和实践能力……在先进文化的影响下，文明乡风逐渐形成，乡村环境逐渐改善，以特色乡村文化为代表的乡村文化产业逐步发展，村民的文化生活需要和精神生活需要等美好生活需要将日益得到满足。由此可见，乡村文化振兴为村民的美好生活提供了坚实的精神保障。

第二章　乡村文化振兴的理论基础

新时代中国乡村文化振兴的提出与发展有深刻的基础，主要包括其概念内涵的确定、理论基础的溯源、指导思想的明确和现实基础的归纳等方面。对于这些方面的探究，有助于理解新时代中国乡村文化振兴是为何物、因何而生以及从何而来等问题。

第一节　新时代中国乡村文化振兴的理论前提

习近平总书记强调："要坚持用大历史观来看待农业、农村、农民问题，只有深刻理解了'三农'问题，才能更好理解我们这个党、这个国家、这个民族。"从理论维度看，新时代中国乡村文化振兴的思想理论，是在继承和发展马克思列宁主义的文化观点和农村发展理论、十八大以前中国共产党农村文化建设的思想理论的前提下形成的。

一、马克思主义经典作家的相关思想理论

马克思主义经典作家的相关思想理论是新时代中国乡村文化振兴的重要理论来源和基础，主要包括马克思、恩格斯的文化观和农村发展思想，以及列宁对于乡村文化建设的思想理论。

（一）马克思、恩格斯的相关思想论述

马克思主义的诞生，是科学社会主义理论形成的标志，也意味着无产阶级文化观的初步创立。马克思、恩格斯虽未对乡村文化的建设发展作出过专门论述，但在其著作中却蕴含着丰富的与文化建设、农村发展相关的思想理论，是中国共产党的建党以来进行乡村文化建设的重要理论来源。

　　首先是关于文化的本质与作用的思想理论。马克思、恩格斯未曾明确界定"文化"这一概念，但从其对"精神生活""精神生产""社会意识"等内容的阐述中可以梳理其对于文化的本质与作用的看法。马克思、恩格斯曾将生产力划分为物质生产力与精神生产力两种，并指出"宗教、家庭、国家、法、道德、艺术等，都不过是生产的一些特殊的方式，并且受生产的普遍规律的支配"。同时，他们从生产力与生产关系的角度出发，认为"每一历史时代的经济生产以及必然由此产生的社会结构，是该时代政治的和精神的历史的基础"，"精神生产随着物质生产的改造而改造"。在马克思和恩格斯看来，文化既是一种精神生产力，通过人的创造性的实践活动能够为社会发展带来精神动力；同样也能够作为上层建筑的一种表现形式，需要经济活动的支撑，以一定时期的生产力与生产关系为基础并与之相匹配，是客观物质现实的基本反映，并且对经济基础具有反作用。关于文化的价值作用，马克思、恩格斯曾指出"任何一个时代的统治思想始终都不过是统治阶级的思想"，以此表明文化所具备的鲜明阶级属性。不同社会形态、不同阶级产生不同的思想文化，为不同的统治阶级服务谋利。除此之外，马克思、恩格斯所指出的"思想的闪电一旦彻底击中这块素朴的人民园地，德国人就会解放成为人""理论一经掌握群众，也会变成物质力量"等观点，表明先进的思想文化能够通过被群众掌握而转变成强大的物质力量，而落后的思想文化如果不铲除，也会变为制约社会进步的锁链，从而充分证明了思想文化在促进人的发展、推动社会进步中的巨大力量。

　　其次是关于无产阶级文化建设的思想理论。马克思、恩格斯同样未曾明确提出如何加强无产阶级文化建设，但其思想理论中却散落着关于无产阶级文化建设的目的和方式手段的相关论述。在马克思与恩格斯所构想的未来社会联合体里，"每个人的自由发展是一切人的自由发展的条件"，而"文化上的每一个进步，都是迈向自由的一步"。在他们看来，无产阶级文化建设的目的就是为了不断让人具有尽可能丰富的属性和联系，改变人民的愚昧落后，从而实现人的自身解放和全面自由发展。立足文化的阶级属性，马克思、恩格斯在无产阶级文化建设的手段方面着重阐述了实施教育和掌握无产阶级文化领导权等方面的理论内容。他们指出，资产阶级的教育"对绝大多数人来说是把人训练成机器"，而无产阶级则是要使教育摆脱统治阶级的影响，消除文化教育的阶级差别。他们重视文化教育，提出一系列教育措施，如"对所有儿童实行公共的和免费的教育。……把教育同物质生产结合起来"，希望以此来提高国民的文化素质和思想水平。同时，马克思、恩格斯明确指出："共产党一分钟也不忽视教育工人尽可能明确地意识到资产阶级和无产阶级敌对的对立。"不仅表明文化教育和思想理论武装对于无产阶级的重要性，更强调要牢牢把握无产阶级的文化领导权，从而保障人民群众在思想和行动上对无产阶级的认同和支持，以取得无产阶级革命的胜利。除此之外，他们站在辩证唯物主义立场，指出要善于扬弃人类的一切优秀思想文化成果，以及重视人在文化发展中的重要主体作用等文化建设相关的观点。

最后是关于农村发展的思想理论。对于农村的发展，马克思、恩格斯主要从农村与城市的关系问题中进行分析，并总结出城乡的"分离－对立－融合"这一发展历程。在他们看来，在原始社会中，城乡是统一体；奴隶社会中，农业在社会生产中的主要地位使得农村在城乡关系中占据主导地位；在封建社会，随着社会生产力水平不断提高，"某一民族内部的分工，首先引起工商业劳动和农业劳动的分离，从而也引起城乡的分离和城乡利益的对立"。在谈到城乡分离时，马克思和恩格斯认为："物质劳动和精神劳动的最大的一次分工。"这也表明城乡间的关系不仅是物质经济层面的关系，也包含精神文化方面的关系。伴随资本主义的产生发展，城乡的分离与对立程度日益加深，大机器工厂扎根城市使得城市的生产力大幅提升，而农村则依然以少数手工工场和小工厂为生产方式，大量的乡村劳动力涌入城市，乡村屈服于城市的统治。虽然资本主义的发展能够"使得一部分居民脱离了乡村生活的愚昧状态"，但更多的是加深了城乡间的矛盾，造成城市的无节制发展与乡村的凋敝没落。马克思与恩格斯直言"城乡之间的对立只有在私有制的范围内才能存在"，而这种对立无疑阻碍了社会生产力的进一步发展。针对这一点，马克思同恩格斯提出"城乡融合"的概念，指出："只有通过城市和乡村的融合，现在的空气、水和土地的污毒才能排除。"而关于如何推动城乡融合，马克思、恩格斯除了提出推动人口平均分布、大工业平衡分布等构想，还包括文化层面的提高农民文化教育水平，从而"使农村人口从他们数千年来几乎一成不变地在其中受煎熬的那种与世隔绝的和愚昧无知的状态中挣脱出来"，最终彻底消除资本主义私有制，走向城乡融合。

（二）列宁的相关思想论述

列宁继承了马克思主义的文化建设、农村发展思想，并结合俄国的具体实际进一步对其丰富发展，在建立了世界上第一个社会主义国家后，列宁在长期的实践中探索出了一条在社会主义国家进行农村文化建设的道路。

一方面，列宁对无产阶级文化建设的重视程度有所提升，并提出了一系列方法手段。在《论国民教育部的政策问题》这一著作中，列宁清醒地意识到俄国的文化落后状态，面对俄国仅有五分之一的学龄儿童接受教育的现状，他指出"人民群众这样被剥夺了接受教育、获得光明、求取知识的权利的野蛮的国家，在欧洲除了俄国以外，再没有第二个"，并且强调"在一个文盲的国家里是不能建成共产主义社会的"。而后，在面对建设社会主义国家的任务中，进一步指出"着手执行的任务之巨大同物质、文化之贫乏这两者极不协调",文化力量是无产阶级及其先锋队缺乏的重要力量。

对于如何进行文化建设,一是要继承和发展马克思主义的世界观。列宁认为,"无产阶级文化应当是人类在资本主义社会、地主社会和官僚社会压迫下创造出来的全部知识合乎规律的发展","只有马克思主义的世界观才正确地反映了革命无产阶级的利益、观点和文化",因为"马克思主义吸收和改造了两千多年来人类思想和文化发展中一切有价值的东西",因此进行无产阶级不需要创造新的无产阶级文化,"而是根据马克思主义世界观和无产阶级在其专政时代的生活与斗争的条件的观点,发扬现有文化的优秀的典范、传统和成果"。二是要将文化建设与政治建设紧密联系起来。列宁通过对资本主义的研究发现,"一切资产阶级国家的教育同政治机构的联系都非常密切……同时,资产阶级社会通过教会和整个私有制来影响群众",因而提出无产阶级的基本任务之一就是通过教育用我们的真话来揭穿资产阶级的谎言,就是"帮助培养和教育劳动群众,使他们克服旧制度遗留下来的旧习惯、旧风气"。他尤其提到要以无产阶级的精神意识和无产阶级政党的组织建设来推动文化建设,认为整个文化教育事业都必须贯彻无产阶级阶级斗争的精神,以消灭一切人剥削人的现象为目的,无产阶级文化协会的一切组织也必须将自己文化教育的任务当作无产阶级专政任务的一部分来完成,文学和艺术应当与社会民主主义工人运动紧密联系。

另一方面,列宁具体分析了如何在农村进行文化建设。一是高度重视农村文化工作,提出文化革命。在列宁看来,正是"由于农奴主地主在我国的无限权力,俄国的落后和野蛮已经到了令人难以置信的地步"。俄国文化落后、文盲极多的原因与俄国农奴制的国家制度和地主政权的愚民政策是分不开的,因此农村文化的建设具有重要作用。1923年,为了实现俄国的社会主义合作化,促进俄国合作社的发展,列宁提出当前的工作重心转到了和平的"文化"组织工作上来了,而当前的两个主要任务之一就是要"在农民中进行文化工作",为此他提出"文化革命"的构想,指出"只要实现了这个文化革命,我们的国家就能成为完全社会主义的国家了",并且强调要实现文化革命对于需要纯粹文化和物质生产两个方面的丰厚基础。二是强调发挥城市在农村文化发展中的重要作用。列宁认为"应当从建立城乡联系开始,搞文化交流,而不是盲目的、过早的向农村推进共产主义目标",并希望通过城市先进文化的引导,来带动农村文化的发展。而城市引导农村文化发展的具体方式,除了提供物质财政支持以鼓励城市文化下农村,列宁提出要通过在工厂工人中组织各类帮助农村发展文化的团体,搭建起城市工人与农村雇工之间的联系,从而"利用我们的政权使城市工人真正成为在农村无产阶级中传播共产主义思想的人"。他还提出建立起一种城市党支部与农村党支部相对应的帮扶模式，将城市支部分配给对应农村支部，从而使工人支部利用一切机会来满足农村支部的文化需求。三是注重对农民的教育。除了开办教育机构、进行扫盲运动等教育方法手段外，列宁着重强调了提高国民教师的地位和物质生活水平，从而更好地教育和争取农民，"使农民脱离同资产阶级的联盟而同无产阶级结成联盟"。此外，列宁看到科学技术的应用在一定程度上能够促进乡村文化的发展，认为通过现代技术在城乡结合的基础上组织生产，"就能消除城乡对立，提高农村的文化水平，甚至消除穷乡僻壤那种落后、愚昧、粗野、贫困、疾病丛生的状态"。

二、十八大以前中国共产党农村文化建设的思想理论

中国共产党在带领中华民族和中国人民进行革命、建设和改革的过程中深刻认识到了农村文化建设的重要性，并以马克思主义为指导，结合中国的具体实际，在不同的历史时期形成了立足当下实际的农村文化建设思想理论。

（一）毛泽东关于农村文化建设的思想理论

毛泽东关于乡村文化建设的思想理论是毛泽东思想的重要组成部分，为新民主主义革命的胜利提供方向，并在社会主义革命和建设时期进一步发展，主要包括以下方面：

首先深刻阐述了文化建设在不同时期的重要意义和目的。毛泽东继承了马克思主义的文化观，指出：一定形态的政治和经济是首先决定那一定形态的文化的；然后，那一定形态的文化又才给予影响和作用于一定形态的政治和经济"，明确地表达了文化对于政治、经济的反作用。面对新民主主义革命时期帝国主义与其反动同盟军长期占据中国中心城市、进攻农村的斗争情形，以及"中国有百分之九十未受文化教育的人民，这个里面，最大多数是农民"的农村文化现状，他认为"必须把落后的农村造成先进的巩固的根据地，造成军事上、政治上、经济上、文化上的伟大的革命阵地"，从而才能在长期的战斗中逐步取得革命的胜利。而在构想新中国的建设时，毛泽东指出："在这个新社会和新国家中，不但有新政治、新经济，而且有新文化……要把一个被旧文化统治因而愚昧落后的中国，变为一个被新文化统治因而文明先进的中国。"所谓新文化，毛泽东也进行了明确的阐述和解释，即："民族的科学的大众的文化，就是人民大众反帝反封建的文化，就是新民主主义的文化，就是中华民族的新文化。"新中国成立前夕，毛泽东在中国人民政治协商会议上宣布，中央人民政府"将领导全国人民克服一切困难，进行大规模的经济建设和文化建设，扫除旧中国所留下来的贫困与愚昧，逐步地改善人民的物质生活和提高人民的文化生活"。农村地区是我国相对落后和愚昧的地区，农村文化建设作为我国文化建设的重要内容，无疑也是为了扫除旧社会留下来的封

建文化和帝国主义文化、建立中华民族的新文化而努力。

其次强调农村文化工作必须由中国共产党领导，以马克思主义理论为指导。毛泽东指出："在'五四'以后，中国产生了完全崭新的文化主力军，这就是中国共产党人所领导的共产主义的文化思想，即共产主义的宇宙观和社会革命论。"正是因为中国无产阶级和中国共产党登上了政治舞台，才使这一文化生力军以新的姿态、新的武器和力量出现，并向帝国主义、官僚主义和封建主义的思想文化进行猛烈进攻，获得极大发展。面对整个国民文化的现状，毛泽东指出："居于指导地位的是共产主义的思想，并且我们应当努力在工人阶级中宣传社会主义和共产主义，并适当地有步骤地用社会主义教育农民及其他群众。"共产主义的思想就是马克思主义的思想，用社会主义教育农民首先要用马克思主义的理论教育农民。要在农村建设新民主主义的文化，"只能由无产阶级的文化思想即共产主义思想去领导"，也必须由无产阶级的政党即中国共产党来领导。

再次认为在农村文化建设中要以农民的精神需求为中心。在文化、文艺是为什么人服务的问题上，毛泽东强调无产阶级的思想文化目的是人民大众，并将群众实际上的需要、群众的自愿作为农民群众思想文化教育工作中的两条原则。面对新民主主义革命时期广大农民正在与敌人进行残酷斗争，以及他们自身长期受剥削压迫造成的不识字、文化水平低的具体情况，毛泽东在农村文化建设中提出了"普及"和"提高"两阶段的工作。在当前一时期应以普及工作为主，工农兵们"迫切要求一个普遍的启蒙运动，迫切要求得到他们所急需的和容易接受的文化知识和文艺作品，去提高他们的斗争热情和胜利信心，加强他们的团结，便于他们同心同德地去和敌人作斗争"。随着人民群众文化水平的提升，提高工作要适时适当进行。通过考察研究，他看到农村教育的现实情况与农民实际的文化需求之间的矛盾，指出："乡村小学校的教材，完全说些城里的东西，不合农村的需要。"为此，在实施教育工作时，他提出："不但要有集中的正规的小学、中学，而且要有分散的不正规的村学、读报组和识字组。不但要有新式学校，而且要利用旧的村塾加以改造。"在引进优秀先进的教育方式和内容的同时，根据农民普遍受教程度不高、居住相对分散等具体情况，继承和创新旧的教育方式。社会主义改造时期，毛泽东与时俱进地提出"农村文化教育规划要包括办小学、办适合农村需要的中学，中学里面增加一点农业课程，出版适合农民需要的通俗读物和书籍，发展农村广播网、电影放映队、组织农村文化娱乐等等"，更加注意到新的时代背景下农民在科学文化方面和精神娱乐方面的更高层次的需求，对农村文艺创作、公共文化服务和基础设施作出相应部署。

最后推动多方主体在农村文化建设中发挥作用。而在这一过程中，首先要保证农民自身力量的发挥，早在《湖南农民运动考察报告》中毛泽东就强调："菩萨要农民自己去丢，烈女祠、节孝坊要农民自己去摧毁。"而后，在《文化工作中的统一战线》中他进一步强调："我们必须告诉群众，自己起来同自己的文盲、迷信和不卫生的习惯作斗争。"在此基础上，毛泽东提出构建文化工作的统一战线，将一切对农民文化建设、对新中国文化建设有益的力量吸收进来。在坚持党的领导下，他着重强调知识分子在农村文化建设中的重要作用，强调"共产党必须善于吸收知识分子，才能组织伟大的抗战力量，组织千百万农民群众，发展革命的文化运动和发展革命的统一战线"，并鼓励工农干部向其学习，从而促进工农干部的知识分子化以及知识分子的工农群众化。此外，毛泽东还指出要联合一切可用的旧艺人、旧医生等，以帮助、感化和改造他们，从而为农民群众破除迷信、提高文化水平提供助力。并对文化工作者、出版业者等作出明确要求和指示，以充分发挥其作用，为农村文化建设做出贡献。

（二）邓小平关于农村文化建设的思想理论

邓小平在继承马克思主义和毛泽东思想的基础上，顺应时代的发展，在改革开放和社会主义现代化建设的现实背景下，形成了新的乡村文化建设思想理论。

一方面，邓小平明确强调了在新的时代背景下农村文化建设的重要性。他看到农民占据我国人民群众中的绝大多数，在社会建设和国家发展中具有重要地位和作用，指出："我国百分之八十的人口是农民。农民没有积极性，国家就发展不起来。"在如何激发农民积极性的问题上，除了以经济建设为中心，通过大力发展生产力推动经济的快速发展以改善农民群众的物质生活条件，邓小平也注意到物质文明快速发展的同时，精神文化方面的问题逐渐凸显，从而强调指出："要在建设高度物质文明的同时，提高全民族的科学文化水平，发展高尚的丰富多彩的文化生活，建设高度的社会主义精神文明。"在他看来，农村工作要物质文明与精神文明两手抓，二者相互促进、共同发展。

另一方面，邓小平深入分析了农村文化建设的现状，并提出了农村精神文明建设的基本内容。1980年，邓小平在《关于农村政策问题》中指出："现在农村工作中的主要问题还是思想不够解放。"因此，他在推进农村文化建设的工作中始终贯彻着"解放思想，实事求是"的马克思主义方法论，并在实际工作的开展中强调："从当地具体条件和群众意愿出发。"对于乡村文化建设的具体内容，主要在邓小平对精神文明的阐述中可以有所了解。他指出："所谓精神文明，不但是指教育、科学、文化，而且是指共产主义的思想、理想、信念、道德、纪律、革命的立场和原则，人与人的同志式关系。"因此，在农村文化建设中，不仅要注意对农民的科学文化水平进行教育提高，更要注重农民思想政治素养的提升。此外，邓小平注重发挥教育在农村文化建设中的作用，提出"应该考虑各级各类学校发展的比例，特别是扩大农业中学、各种中等专业学校、技工学校的比例"。同时指出"要提高教师的质量，在提高教师的政治地位和社会地位的同时，各级党委和党组织也要帮助人民教师们取得思想政治上的进步，树立起无产阶级的世界观。而推进农村精神文明建设的目的"，最根本的是"要使广大人民有共产主义的理想，有道德，有文化，守纪律"，使广大农民能够自觉抵制封建主义、资本主义的腐朽思想，反对各种不良社会风气，更加积极地推动社会主义现代化，从而把我国农村建设成为富裕的、文明的、社会主义的新农村。

（三）江泽民关于农村文化建设的思想理论

面对社会主义市场经济深入发展带来的人们思想观念、价值取向和社会风气的变化，以及在国际层面上文化越来越成为各国综合国力竞争的重要因素，江泽民根据新的时代发展趋势，对乡村文化建设提出了新的理论观点。

第一，进一步提高对农村文化建设工作的重视程度，强调必须加强农村精神文明建设。江泽民深刻认识到"三农"问题在我国现代化建设中的重要性，指出："农业是国民经济的基础，农村稳定是整个社会稳定的基础，农民问题始终是我国革命、建设、改革的根本问题。"对于如何开展"三农"工作，他继承了邓小平"两手抓、两手都要硬"的理论观点，强调既要不断推进农村物质文明建设，又要重视和加强农村精神文明建设，认为这是推动农村经济繁荣、促进农村社会全面进步和稳定的必由之路，"只有两个文明都搞好，经济社会协调发展，才是有中国特色社会主义新农村"。

第二，着重强调在党的领导下用无产阶级的思想建设农村思想文化阵地。江泽民指出："农村的思想文化阵地，先进的正确的思想和优良社会风尚不去占领，落后的错误的思想和不良社会风气就必然会去占领。"为此，他强调中国共产党始终代表着中国先进文化的前进方向，必须坚持党对农村文化建设的领导，必须始终坚持以马克思列宁主义、毛泽东思想、邓小平理论为指导，并且突出强调"要重视对农民特别是青年农民进行爱国主义、集体主义、社会主义思想教育"，用马克思主义、无产阶级的思想来占领农村思想文化的高地。

第三，提出了一系列进行农村文化建设的基本原则和具体措施。在《高度重视农业、农村、农民问题》中，他指出："各地农村自然条件和经济文化发展水平很不平衡，存在这样那样的差别，做工作一定要从实际出发，实行分类指导。"除了立足实际，江泽民还指出农村工作的开展要根据农民群众的需求、遵循农民群众的意愿。在具体措施方面，江泽民突出强调要高度重视发展农村教育事业，他指出："广大农村人口能否接受良好的教育，是一个直接关系到农村实现小康和现代化的大问题。"在农村教育的物质保障方面，江泽民提出各级政府要确保并且不断加大对于农村教育的投入，并对贫困地区发展农村义务教育进行必要资助。在教育的内容方面，除了提高思想政治教育与科学文化教育的质量，他根据农村发展的现实情况提出"对于不能进入高等教育行列进行学习的城乡学生和其他群众，应该通过大办各级各类职业技术学校，广泛吸收他们学习和掌握一门或几门生产技术和管理、服务方面的技能"，充分发挥农民自身的创造性。

（四）胡锦涛关于农村文化建设的思想理论

进入新世纪，胡锦涛立足全面建设小康社会和构建社会主义和谐社会的必然要求，在我国经济社会日益发展、农村生产力持续提高、农村经营体制不断完善的新形势下进一步明确提出建设社会主义新农村，并系统地阐释了农村文化建设的主要内容。

一方面，将乡村文化建设作为党和国家各项重大任务的应有之义。胡锦涛在党的十六届四中全会明确提出了构建社会主义和谐社会的重大任务，而后指出"要积极推进文化事业全面繁荣和文化产业快速发展，大力提高基层特别是农村教育、科技、文化、卫生、体育服务能力"，以满足人民群众日益增长的精神文化需要。党的十六届五中全会强调建设社会主义新农村，将乡风文明作为总体要求之一，强调："加强农村社会主义精神文明建设，积极培育造就有文化、懂技术、会经营的新型农民，为建设社会主义新农村提供思想保证、精神动力、智力支持。"自十六大到十八大以来，胡锦涛先后提出发展社会主义和谐文化、建设社会主义核心价值体系、提升国家文化软实力等命题和任务，这些内容的提出对乡村文化建设提供了相应的指引。

另一方面，在"以人为本"为核心的科学发展观下，充分诠释推进乡村文化建设的各项举措。针对乡村文化建设，胡锦涛多次在重要场合明确提出要加强农村精神文明建设，并从加快发展农村教育事业、繁荣农村文化事业、倡导健康文明新风尚三个方面对提高农民文化素质、形成健康文明的农村新风貌做出了具体部署。同时，胡锦涛着重强调贫困地区的文化建设，针对新阶段的扶贫开发工作，提出贫困农村地区在文化教育、公共服务方面要有突破，要保证"贫困地区基本普及学前教育，义务教育水平进一步提高，普及高中阶段教育……基本实现每个国家扶贫开发工作重点县有图书馆、文化馆，乡镇有综合文化站，行政村有文化活动室"，并强调在扶贫攻坚中要开展科技扶贫、发展教育文化事业。此外，对于乡村文化建设，他还提出"要坚持工业反哺农业、城市支持农村和多予少取放活方针"，充分发挥城市对农村的带动作用。

第二节　新时代中国乡村文化振兴的指导思想

进入新时代，习近平总书记站在全面建成小康社会、开启全面建设社会主义现代化强国新征程的历史方位上，将马克思主义基本原理同新时代中国"三农"工作的具体实际相结合、同中华优秀传统文化相结合，在继承和发展毛泽东思想、邓小平理论、"三个代表"重要思想、科学发展观的基础上提出了一系列乡村文化振兴的重要论述，为新时代中国乡村文化振兴提供了明确的指导思想。

一、习近平关于乡村文化振兴总体要求的重要论述

习近平总书记立足新的历史方位，把握乡村文化现状，提出了乡村文化振兴的总体要求，具体包括"产业兴旺、生态宜居、乡风文明、治理有效、生活富裕"的宏观要求和"文明乡风、良好家风、淳朴民风"的具体要求两个方面。

（一）"产业兴旺、生态宜居、乡风文明、治理有效、生活富裕"的宏观要求

习近平总书记在十九大报告中针对实施乡村振兴战略提出了"产业兴旺、生态宜居、乡风文明、治理有效、生活富裕"的总要求，这一要求是根据在新时代的历史方位下解决"三农"问题、实现农业农村现代化的根本目标而提出的，涉及乡村振兴的五个方面，是国家"五位一体"总体布局在乡村振兴中的具体化呈现，同时又构成一个相互联系、相辅相成的有机整体。

"乡风文明"是主要针对乡村文化振兴提出的要求，延续了十六届五中全会对建设社会主义新农村的要求中"乡风文明"的提法，但在实现农业农村现代化、推进中华民族伟大复兴的视域下更加突出其中国特色社会主义属性，在方法和手段上强调"社会主义核心价值观为引领，以传承发展中华优秀传统文化为核心，以乡村公共文化服务体系建设为载体"。在目标要求上强调"培育文明乡风、良好家风、淳朴民风，改善农民精神风貌，提高乡村社会文明程度，焕发乡村文明新气象"。"产业兴旺、生态宜居、治理有效、生活富裕"虽不是单独针对文化领域提出的具体要求，但也蕴含了总体期望。乡村振兴的五个方面是紧密联系、互相促进的整体，乡村文化振兴能够与其他振兴紧密结合，为推进全面乡村振兴提供思想保障、精神动力和智力支持，并在实际中转换成有效途径。如文化振兴与产业振兴相融合，发展乡村特色文化产业，推动乡村产业兴旺；文化振兴与生态振兴相结合，弘扬生态文化理念，促进乡村生态宜居；文化振兴与组织、人才振兴相连接，培育优秀人才，凝聚乡民人心，推进乡村治理有效，不断满足乡村居民

物质生活和精神生活的双重需要，实现乡村生活富裕。

（二）"文明乡风、良好家风、淳朴民风"的具体要求

习近平总书记曾指出："乡村振兴，既要塑形，也要铸魂，要形成文明乡风、良好家风、淳朴民风，焕发文明新气象。"对"乡风文明"做出了有层次性的具体解释，对乡村文化振兴提出了社会文明方面的具体要求。

"淳朴民风"立足个人方面，不仅要提高农民的科学文化素养，更突出强调农民的思想道德建设。乡村社会是中华传统美德的发源地，有着深厚的传统道德基础，但一方面受外部不良思想文化侵蚀，存在着不同程度的道德失范现象；另一方面一些传统道德的发展与新的时代需求不相符，从而成为阻碍个人发展进步、对社会有不良影响的糟粕。因此，要推进农民的个人品德建设，使传统美德在新时代的农民身上重放光彩，在乡村形成淳朴民风。

"良好家风"注目于乡村家庭，在注重个人道德修养的基础上，强调家庭家教家风建设。家庭是个人的集合体，也是乡村社会的基本细胞，家风是社会风气的重要组成部分，以好家风支撑起乡村社会的好风气是当前农村家庭的神圣使命和责任担当。推进乡村文化振兴，需要在乡村建设好家庭、涵养好家教、培育好家风、凝聚家力量，使家庭家教家风建设在乡村基层社会治理中的作用更加显著，使乡村家庭成员文明素养和乡村社会文明程度进一步提升，推动在乡村社会形成爱国爱家、相亲相爱、向上向善、共建共享的社会主义家庭文明新风尚。

"文明乡风"落脚于乡村社会，在淳朴民风、良好家风的基础上，强调乡村社会整体的精神风貌。面对乡村中存在的婚丧大操大办、高额彩礼、恶俗婚闹等不良习俗和老无所养、孝道式微等扭曲农村社会价值观的不良风气，要推进乡村地区移风易俗行动，提高乡村社会文明程度。2019年10月，中央农办联合11个部门发布的《关于进一步推进移风易俗建设文明乡风的指导意见》中明确指出"力争通过3到5年的努力，文明乡风管理机制和工作制度基本健全，农村陈规陋习蔓延势头要得到有效遏制，婚事新办、丧事简办、孝亲敬老等社会风尚要更加浓厚，农民人情费支出这方面要明显减轻，乡村社会文明程度进一步提高"，为文明乡风的建设提出了短期内的具体目标与要求。

二、习近平关于乡村文化振兴基本原则的重要论述

习近平总书记立足乡村文化工作的长期实践，总结提出了乡村文化振兴的基本原则，为新时代中国乡村文化振兴提供了实践的依据准则和价值方向。

（一）坚持党对乡村文化振兴的根本领导

习近平总书记强调："办好农村的事，要靠好的带头人，靠一个好的基层党组

织。"中国共产党成长于乡村，党管农村工作是党领导人民群众夺取一项项伟大成就的过程中形成的优良传统。推进乡村文化振兴必须要坚持将各级党组织作为领导核心，毫不动摇地坚持和强化党对乡村文化振兴工作的领导，发挥党在乡村文化工作中总揽全局、协调各方的核心领导作用，以战略眼光、系统思维、整体观念、长远规划把握乡村文化振兴的根本方向，提供坚强有力的政治保障。

（二）坚持农民群众的主体地位

习近平总书记指出："要发挥好农民主体作用，提高广大农民获得感、幸福感、安全感。"农民群众是乡村文化振兴的主体，要深入了解农民精神文化需求，充分尊重农民群众的意愿，最大限度地激发农民群众在乡村文化振兴中的主体作用，把服务农民同教育引导农民结合起来，把满足农民思想文化需求同提高农民素养结合起来，将推进乡村文化振兴、实现民族伟大复兴与广大农民群众的自身发展需求和切实利益紧密结合起来，调动亿万农民群众的积极性、主动性和创造性，以维护农民群众的根本利益、促进农民群众的共同富裕作为出发点和落脚点，推进乡村文化振兴的不断发展，使其惠及全体农民群众。

（三）坚持以中国特色社会主义文化引领乡村文化振兴

习近平总书记指出："中国特色社会主义文化积淀着中华民族最深层的精神追求，代表着中华民族独特的精神标识，是中国人民胜利前行的强大精神力量。"乡村文化振兴是中国特色社会主义的乡村文化振兴，社会主义性质是乡村文化振兴的根本属性，中国特色社会主义文化是乡村文化振兴的主要内容。在中华民族五千多年文明发展中孕育的中华优秀传统文化，在党和人民伟大斗争中孕育的革命文化和社会主义先进文化，共同构成了中国特色社会主义文化，蕴含着中华民族和中国人民共同的情感和价值、共同的精神信仰和理想信念，在当前时代具体表现和浓缩为社会主义核心价值观。乡村文化振兴必须坚持用中国特色社会主义文化引领方向，用社会主义核心价值观统一思想、凝聚共识、汇聚力量、鼓舞斗志，不断增强农民群众的文化自信，提振农民群众的精气神，营造和谐稳定、健康向上的社会氛围，为乡村文化振兴提供价值支撑、精神力量和内生动力。

（四）坚持乡村文化振兴的差异化发展

习近平总书记强调："要注重地域特色，尊重文化差异，以多样化为美，把挖掘原生态村居风貌和引入现代元素结合起来。"我国乡村社会地理位置差异明显，乡村文化资源丰富多元。乡村文化振兴要在坚持中国特色社会主义根本方向的基础上，立足于各地乡村文化的差异性，充分挖掘利用自身特色文化资源，传承发展自身独特的思想文化内涵，探索找寻符合自身实际的发展道路，彰显自身优势，打造各具特色的乡村文化振兴模式，实现乡村文化的各美其美、美美与共，避免陷入固定式思维和同质化泥潭。

（五）坚持长期深入推进乡村文化振兴

习近平总书记指出："实施乡村振兴战略是一项长期而艰巨的任务，要遵循乡村建设规律，着眼长远谋定而后动。"乡村文化振兴的实现并非一蹴而就，乡村文化发展所面临的具体实际也不会一成不变。推进乡村文化振兴必须立足新发展阶段，把握时代发展的规律，不断提出更符合时代条件的新目标新要求，不断应对乡村文化领域出现的新发现新困难，不断满足人民群众的新意愿、新需求，以更宽广的视野、更长远的眼光来思考和把握新时代的乡村文化振兴。

三、习近平关于乡村文化振兴主要任务的重要论述

习近平总书记立足新发展阶段的现实需要，把握乡村文化发展态势和规律，提出"传承发展提升农耕文明，走乡村文化兴盛之路"，并且清晰规划了乡村文化振兴的主要任务，主要包括提升农民精神风貌、弘扬乡村优秀传统文化、丰富乡村文化生活三个方面，每个方面又有细化的具体内容。

（一）提升农民精神风貌

习近平总书记强调："实施乡村振兴战略要物质文明和精神文明一起抓，特别要注重提升农民精神风貌。"具体而言，包括在乡村社会培育和践行社会主义核心价值观、巩固乡村思想文化阵地、倡导乡村思想道德规范三个方面。

第一，要大力培育和践行社会主义核心价值观。习近平总书记认为："价值观念在一定社会的文化中是起中轴作用的，文化的影响力首先是价值观念的影响力。"社会主义核心价值观是在中国社会占主导的价值观念的总和，是调节社会成员行为的价值规范和准则的总和，与中国的历史文化相契合，与推进乡村振兴、实现伟大复兴的时代任务相适应，能够为广大乡村地区提供坚强的思想保证、强大的精神力量和丰润的道德滋养。面对当前我国乡村居民价值观念先进与落后并存、多种价值观混乱交错的现状，乡村文化振兴必须大力弘扬培育和弘扬社会主义核心价值观，从教育引导、实践养成、制度保障三个方面下手，根据乡村特点和不同乡村的具体环境，采取农民群众喜闻乐见的方式方法，将社会主义核心价值观融入乡村各阶段教育教学、融入乡村社会日常生产生活、融入法律制度的刚性约束中，重点加强中国特色社会主义和中国梦的宣传教育，推进爱国主义、集体主义、社会主义等教育，发挥各类文化形式的教育作用，推进农民在实践中不断感知和领悟它，达到"日用而不知"的程度。

第二，要巩固乡村思想文化阵地。习近平总书记强调："我们在集中精力进行经济建设的同时，一刻也不能放松和削弱意识形态工作。"乡村是各种思想文化相

互激荡、各种社会思潮频繁交锋、各种意识形态进行渗透的重点地区，要牢牢掌握乡村意识形态工作的领导权、管理权、话语权，准确把握世界范围内思想文化相互激荡、我国社会思想观念深刻变化的趋势，使乡村文化在面对来自国内外错综复杂的各类意识形态、社会思潮、社会舆论时能够旗帜鲜明反对和抵制各种错误方向，坚守住中国特色社会主义的正确道路。在乡村文化振兴中，要坚持党性与人民性的统一，巩固马克思主义在乡村意识形态领域的指导地位，筑牢乡村人民团结奋斗的思想基础；做好乡村基层党组织、基层单位、乡村社区对农民群众的思想政治工作，及时掌握乡村社会意识形态动态；发挥好各类乡村媒体的作用，向农民积极宣传党的理论和路线方针政策，认真解答农民对政策方针的疑问，做好对乡村社会热点难点问题的应对解读；有效利用乡村传统文化、红色文化、中国共产党人精神文化资源，搭建思想政治教育实践基地；重视家庭教育，在学校教育、家庭教育和社会教育的有机统一中巩固乡村思想文化阵地。

第三，要倡导乡村思想道德规范。习近平总书记强调："要加强乡村道德建设，深入挖掘乡村熟人社会蕴含的道德规范，结合时代要求进行创新，强化道德教化作用。"中华传统美德是中华文化的精髓，乡村是中华传统美德起源和发展的沃土。乡村文化振兴要建立起与乡村发展相适应的思想道德规范体系，坚持马克思主义道德观、社会主义道德观，传承中华优秀传统文化中的道德精髓；在乡村地区大力推进思想道德建设工程，促进农民群众在社会公德、职业道德、家庭美德、个人品德等全方位的提升发展；在乡村广泛开展弘扬时代新风行动，强化道德认同、指引道德实践，推动农民群众明大德、守公德、严私德，推出更多讴歌党、讴歌祖国、讴歌人民、讴歌英雄、讴歌劳动、讴歌奉献的乡村文艺作品，激发农民群众形成积极的道德意愿和情感，培育正确的道德判断和责任。

（二）弘扬乡村优秀传统文化

习近平总书记强调："优秀传统文化是一个国家、一个民族传承和发展的根本，如果丢掉了，就割断了精神命脉。"乡村文化振兴必须"深入挖掘、继承、创新优秀传统乡土文化"，具体包括：保护利用乡村传统文化、重塑乡村文化生态、发展乡村文化特色产业。

第一，保护利用乡村传统文化。习近平总书记认为，农耕文化是我国农业的宝贵财富，是中华文化的重要组成部分，不仅不能丢，而且要不断发扬光大。乡村文化振兴必须从乡村传统文化寻根，明确乡村传统文化的具体内容，重新审视乡村传统文化的时代价值，在充分了解的基础上，开展乡村优秀传统文化的保护和利用工作。要加强乡村文化的研究阐释工作，深入研究乡村文化的历史渊源、发展脉络、基本走向，充分探究乡村传统文化中蕴含的优秀思想观念、人文精神和道德规范，着力构建有中国底蕴、乡村特色的乡村文化思想体系、学术体系和话语体系。要保护传承乡村文化遗产，以保护为主、抢救第一、合理利用、加强管理的方针，在乡村地区实施开展中国传统村落保护工程、非物质文化遗产传承发展工程、少数民族特色文化保护工作、传统工艺振兴计划等文化保护项目，做好乡村传统文化保护工作，并将其融入到乡村的日常建设与发展中。

第二，重塑乡村文化生态。习近平总书记指出："要把保护传承和开发利用有机结合起来，把我国农耕文明优秀遗产和现代文明要素结合起来，赋予新的时代内涵。"乡村文化振兴要坚持创造性转化和创新性发展的"两创"原则，在保护乡村原有风貌的基础上，把握农业农村现代化的时代需求，充分挖掘乡村传统文化中与时代发展相适应的部分，重视乡村优秀传统文化内涵的时代诠释和表达方式的现代更新，引导乡村优秀传统文化为乡村振兴服务、为中国特色社会主义现代化服务。将乡村传统文化的基因与现代生活方式相结合，将传统文艺创作与新时代乡村生活紧密联系在一起，在乡村重塑安逸悠闲的人文环境和山清水秀的居住环境、重现原生态的田园风光和乡情乡愁，构建新时代乡村文化生态。

第三，发展乡村文化特色产业。习近平总书记指出："要抓农村新产业新业态……发展乡村休闲旅游、文化体验、养生养老、农村电商等，实现乡村经济多元化。"乡村文化振兴要以文化为内生动力，发挥文化的深层补给和带动作用，推动形成"文化支农、文化惠农、文化富农"的乡村产业发展格局，促进乡村文化特色产业的发展升级，推进经济价值与文化价值的双重实现。要启动实施文化产业赋能乡村振兴计划，促进乡村传统文化与创意农业、生活产业、乡村旅游、现代科技等结合，加强文化产业策划服务和组织建设管理，建设一批特色鲜明、优势突出的农耕文化产业展示区，打造一批特色文化产业乡镇、文化产业特色村和文化产业群，提高乡村文化特色产业规模化、集约化、专业化水平。

（三）丰富乡村文化生活

习近平总书记强调："要丰富农民精神文化生活，加强无神论宣传教育，抵制封建迷信活动。"乡村文化振兴要落脚到具体的乡村生活中，以文化发展满足广大农民的文化需要，在人的带动下进一步推进乡村文化的繁荣发展，实现人的发展与文化的紧密融合。具体包括：健全完善公共文化服务体系、增加公共文化产品和服务供给、广泛开展乡村特色群众文化活动。

第一，健全完善公共文化服务体系。习近平总书记强调："要完善公共文化服务体系，加强基层场地设施建设，让村村、乡乡、县县都可以广泛开展文化体育活动。"乡村文化振兴要健全完善公共文化服务体系，坚持有标准、有网络、有内容、有人才的"四有"要求，不断满足农民群众的精神文化需求。要在标准上，以农民群众的满意为标准，加紧制定和不断完善乡村公共文化服务的相关法律法规、工作条例。在网络上，完善乡村公共文化服务网点的功能，促进公共文化服务在基层的全覆盖、在区域间的传帮带；在内容上，依托新时代文明实践中心等平台提供乡村公共文化服务，利用数字化等技术创新方式手段，使农民群众能够便捷获取优质文化资源；在人才上，实施乡村文化人才培养工程，积极吸引、鼓励文化企业、社会组织、专业人才等参与其中。

第二，增加公共文化产品和服务供给。习近平总书记强调"优化城乡文化资源配置，完善农村文化基础设施网络，增加农村公共文化服务总量供给"，要"完善文化产业规划和政策，不断扩大优质文化产品供给"。丰富优质的公共文化产品和服务是关系到乡村居民基本文化需求满足的重要条件。必须深入推进文化惠民，建立高效便捷的农民群众文化需求反馈机制，充分了解乡村居民的精神文化需求；拓宽政府购买和提供公共文化服务的途径，开展"菜单式""订单式"服务；支持新时代"三农"题材文艺创作生产，鼓励各种社会组织参与到文化惠民中来；加强公共文化产品与服务的品牌化建设，推动形成具有鲜明特色和社会影响力的农村公共文化产品与服务项目，做到数量的充足保障和质量的不断提升。

第三，广泛开展乡村特色群众文化活动。习近平总书记强调："要整合乡村文化资源，广泛开展农民乐于参与的群众性文化活动。"群众性文化活动能够让乡村民众在广泛参与的过程中与乡村文化紧密融合，在文化活动中展现乡村文化内涵、普及文化知识、弘扬优秀美德，发挥好思想熏陶和文化教育功能，形成良好的乡村文化氛围。既要保留乡村传统文化活动、传统节日习俗，又要赋予其新的文化内涵，推动传统文化活动与现代文化相融通，与现代社会生活相协调，拓展活动内容与形式。既要尊重不同乡村地域特色，挖掘自身特色文化活动，推动乡村文化活动千姿百态、精彩纷呈，也要推动乡村之间、城乡之间文化活动互动，在交流碰撞中活跃繁荣乡村文化。

（四）开展移风易俗行动

面对农村地区的歪风邪气和陈规陋俗，乡村文化振兴要深入推进移风易俗，对新时代乡村移风易俗行动提出更高目标和更深层次的要求，一方面要抓住农民群众这个关键主体，积极开展宣传教育，转变农民的旧思想旧观念；另一方面大力开展不良习俗整治工作，构建完善相关法律法规、规章制度，对特别严重的不良风气进行专项治理，同时注重培养和弘扬新风新俗，推进农村婚俗改革试点和殡葬习俗改革，提倡喜事新办、丧事简办，大力弘扬孝老爱亲、尊老爱幼、扶残助残等文明风气。

第三节 新时代中国乡村文化振兴的现实基础

实践构成了人们社会生活的基本内容，正是在不断实践的过程中，人们才总结概括出各种各样的思想理论，并作用到新的实践中去。新时代中国乡村文化振兴正是在立足中国传统文化中的乡土文化基因、总结建党以来到十八大之前的乡村文化建设实践经验、面对新时代社会发展的新诉求和新条件的现实基础上深入开展的。

一、中国传统文化中的乡土文化基因

习近平总书记指出："乡村文明是中华民族文明史的主体，村庄是这种文明的载体，耕读文明是我们的软实力。"从基层上看去，中国社会是乡土性的。长期的小农经济决定了中国基层社会的乡土性，也形成了深厚的乡土文化。中华民族五千年的灿烂文明深深植根于农耕文化，与乡土文化紧密相连，以乡村作为基本载体。可以说，乡土文化是中华民族得以繁衍发展的精神寄托和智慧结晶，是中华文化的重要内容，是新时代中国乡村文化振兴的重要现实基础。没有乡土文化，乡村文化振兴就无从谈起。

对于乡土文化的具体内容，不同的区分方式能够得出不同的结论。从承载形式来看，乡土文化可分为物质与非物质两类，进而分为乡规民约、民俗活动、古建遗存、家族族谱、文艺工艺、古树名木等不同的具体表现形式。

从社会发展过程来看，小农为主的生产方式形成了以农文本的农耕文化，其特点是重视农业发展，进行简单的农业与手工业相结合，并由此形成和发展了天文历法、工艺技术等物质文化。小农经济基础上建立了以血缘为纽带的宗法制度来调节社会生产与生活，从而形成了伦理文化，具体包括尊卑有序的道德文化、村规民约的制度文化，并且在乡村社会的发展过程中出现了一批在乡村社会建设、风习教化、乡里公共事务中贡献力量的乡绅群体，他们相对独立于官吏体系之外，却在乡村社会中具有一种社会文化权威，被称作"乡贤"，由此而形成了乡贤文化。农业生产对自然条件有着极大的依赖，中国古代的小农社会认识到自然对于农业生产和人类社会的影响，十分重视人与自然的关系，形成了天人合一、厚德载物的生态文化。

从精神意识层面来看，在中国传统的农村社会发展过程中，形成了讲仁爱、守诚信、崇正义、尚和合等核心思想理念，蕴含着自强不息、敬业乐群、扶危济困、见义勇为、孝老爱亲等中华传统美德，并在各种风俗习惯、生活方式、文学艺术中表达着珍贵多样的中华人文精神。

乡土文化承载着人们的乡情乡愁，但需要注意的是，其形成受一定时期的经济政治情况制约，随着时代的发展变化，必然出现落后和阻碍当前社会发展的部分。新时代中国乡村文化振兴必须立足于乡土文化的现实基础，厘清乡土文化的内涵，明确区分精华与糟粕，弘扬和发展优秀精华，剔除落后糟粕。

二、十八大以前乡村文化建设的实践探索

十八大以前我国的乡村文化建设大致可以分为三个阶段，即新民主主义革命时期的开端，社会主义革命与建设时期的曲折探索和改革开放之后的深入发展。围绕不同时期的中心任务，党和国家开展了相应的农村文化建设实践，为新时代中国乡村文化振兴提供了丰富的实践基础。

新民主主义革命时期是我国乡村文化建设的开端时期，这一时期中国共产党在革命实践中对乡村文化建设的重要性有了不断深入的认识，根据革命不同阶段的具体需要开展具体的文化工作，其主要任务是为推动新民主主义革命的胜利、实现民族独立和人民解放提供精神动力。建党之初和大革命时期，早期的马克思主义者已经认识到思想文化在社会变革的重要作用，发动农民运动，通过各种途径向农民群众传播和解读马克思主义。土地革命时期，面对大革命的失败和新旧军阀的联合绞杀，中国共产党改变革命政策，将工作重点由城市转入农村，并通过建立苏维埃政权在农村开展系统性的文化工作：在制度方面，颁布《中华苏维埃共和国宪法大纲》，其中第十二条明确指出"中华苏维埃政权以保证工农劳苦民众有受教育的权利为目的"，并通过《文化问题决议案》《文化工作决议案》等政策文件，对乡村文化建设做出顶层设计；在组织方面，通过《苏维埃组织法》规定，在乡苏维埃设置文化委员，区以上苏维埃设置文化委员会，管理本地文化工作；在建设内容方面，主要集中在农民群众文化教育、农民群众思想改造以农村社会风气改造三个领域，将"消灭文盲，提高劳动群众的文化水平和政治水平"作为"苏维埃革命的重大任务之一"。在乡村地区兴办学校与文化机构，大力开展扫盲运动，据不完全统计，1933年仅在江西、福建、粤赣根据地的2932个乡中，有列宁小学3052所，学生89710人，同时通过成立中华苏维埃共和国出版局、中央革命军事委员会出版局等机构，发行传播《斗争》《红色中华》等报刊，广泛动员群众开展文化娱乐活动，破除封建迷信。抗日战争时期，面对日本帝国主义的残暴侵略，中国共产党将乡村文化建设作为动员群众、抗日救国的重要途径，着重塑造农民群众的革命理想和革命意识，形成了新民主主义文化体系，并通过组建全国文艺界抗敌协会、创办《抗战文化》等刊物、创作各类文艺作品等方式宣传抗日精神与无产阶级思想。同时，这一时期以毛泽东为代表的中国共产党人提出了马克思主义中国化的任务，开始将马克思主义的基本原理融入到乡村文化建

设的工作实际中，使乡村教育进一步发展、乡村文艺进一步繁荣。解放战争时期，农村革命根据地已经形成了完善的文化建设机制，并根据实际政策和现实需要进行文化工作，农民的思想教育、文化教育以及解放区的文娱活动都有更深层次的发展，如 1948 年 1 月晋冀鲁豫中央局宣传部就乡村文化娱乐活动发出指示，要求在文娱活动的内容上重点突出对战争胜利和《中国土地法大纲》的宣传，同时要打击取缔含有封建迷信和淫秽内容的文化娱乐活动。经过这一时期的农村文化工作，农村地区的精神面貌发生了重大改变，农民的政治觉悟大幅提升，农村的陈规陋习较大的革除，妇女地位明显提高，落后封建的旧农村逐渐向新民主主义的农村转变。

社会主义革命和建设时期，我国农村文化建设在探索中前进、在曲折中发展。这一时期，我国的乡村文化工作的主要任务在于推动农村实现从新民主主义到社会主义的转变，进行乡村社会主义文化的建设。从新中国成立到 1956 年社会主义改造完成，是社会主义过渡时期，国家的百废待兴需要文化建设来保障政权的稳定、经济的发展和社会的改造，而长久以来遭受多重压迫剥削的农民群众也表现出对文化生活积极而强烈的渴望，因此在"由上至下"和"由下至上"的双重驱动下，以道德革新、教育普及、文娱改造和体育卫生事业起步等为主要内容的农村文化建设开始开展。在道德观方面，注重对广大农民的道德观重塑，对农民进行社会主义教育。在《关于健全各级宣传机构和加强党的宣传教育的工作指示》中表明要将推广马克思主义作为各级宣传部的任务之一，同时加强农民的爱国主义教育、集体主义教育、新劳动观的培育、新型家庭婚姻观的确立和对封建迷信的打击破除。在文化教育方面，将"教育普及"作为教育工作的主要工作。大力开展扫盲运动，先后颁布《关于开展 1949 年冬学工作的指示》《关于加强农民业余文化教育的指示》《扫除文盲的决定》等文件，对扫盲工作做出了细致明确的规划安排，而后推进农民素质教育常态化发展。根据《中国教育年鉴》相关统计，到 1956 年，全国农民扫盲超过 6200 万人，约占全国 14 岁以上青壮年农民总数的 30%。在文娱活动方面，一方面颁布《关于戏曲改革工作的指示》，以"改人、改制、改戏"的方针，改造农村旧有的精神文化活动，消解其中的封建落后内容，代之以主流意识形态，引导改造农民群众的价值观念和审美趣味。另一方面推动大量新型文化产品，新编大量展现旧社会黑暗残酷、反映共产党人革命斗争、宣传党和国家政策的戏剧曲目，有效配合对农民的思想教育。在文化工作机制方面，以农村基层党组织为载体，逐步完善深入农民群众的宣传网，在基层党支部设立宣传员，在各级党组织设立报告员，在中央层面成立农村工作部，其中第五处负责有关文化教育等方面的事项。并加强农村文化服务网的建立，逐步发展农村电影放映网、广播收音网，这些网络的建立在丰富农民精神文化生活、宣传党和国家政策中发挥了重要作用。随着社会主义改造的完成，农村文化领域的风貌焕然一新。而后，在建设社会主义的过程中，农村文化建设的工作进一步开展，对农民的思想动员、教育普及等工作深入开展，人民公社掀起大办教育的高潮。到1960年2月，参加扫盲与业余学习的乡村人口达1.32亿人，占据乡村青壮年总数的66%。新民歌运动、破四旧运动等的开展，也推进了乡村文化的改造。但大跃进和人民公社化运动在实际开展过程中忽视了客观规律，高度集中的文化生活在一定程度上阻碍了农村文化的发展，随后长达十年的"文化大革命"更是对农村文化生活带来了极大破坏，使乡村文化建设陷入了曲折停滞的状态。

改革开放和社会主义现代化建设新时期，我国的乡村文化建设重回正轨并开始深入发展。这一时期乡村文化工作的主要任务是探索中国特色社会主义乡村文化发展道路，为解放和发展乡村生产力提供助益，为实现乡村社会的小康和中华民族的伟大复兴提供精神动力和智力支持。党的十一届三中全会重新确立了实事求是的思想路线，实现了各方面的拨乱反正，将党的工作重点转移到社会主义现代化建设上，做出了实行改革开放的新决策，启动了农村改革的新进程，农村文化建设也在恢复中步入正轨。改革开放后，党和国家提出建设社会主义精神文明，为乡村文化建设指明方向。1980年，中宣部等单位联合向党中央作出《关于活跃农村文化生活的几点意见》报告，指出农村文化设施的恢复和发展仍跟不上农民群众日益增长的文化需要，并就农村文化建设提出了具体要求。随着改革开放的深入，思想的解放给农村带来文化建设的活力，经济上的发展也为精神文明的建设提供了一定的物质条件，图书馆、文化站、活动中心等文化设施逐渐建立，一系列优秀影片进入乡村放映，民间艺术逐渐复苏，农民的文化生活日渐丰富。同时，党和国家也不断完善农村文化建设的机制体制。《中华人民共和国义务教育法》的颁布推进了乡村的文化教育事业，此外思想教育、道德教育、科技教育、法治教育等也在乡村受到重视日渐发展。随着社会主义市场经济的建立，经济的快速发展对农村文化工作提出了更高的要求，同时城乡间的差距、拜金主义等不良社会风气的出现也给乡村文化发展带来新的挑战。因此，党和国家提出了建设中国特色社会主义文化的概念，并先后发布《关于农业和农村工作若干重大问题的决定》《关于进一步加强乡村文化建设的意见》《文化事业发展"九五"计划和2010年远景目标纲要》对乡村文化建设进行了系统完整的工作部署。在农村落实科教兴国战略、完善农村义务教育的同时，推进农村思想道德与法制建设，强调用马克思主义和社会主义先进文化来教育农民群众，并且开展文化科技卫生"三下乡"运动等实践活动，大力发展乡村文化事业，以满足乡村民众在精神文化上的迫切需要。十六大以来，乡村文化建设进一步深入发展，《关于制定国民经济和社会发展第十一个五年规划的建议》提出将"生产发展、生活宽裕、乡风文明、村容整洁、管理民主"作为建设社会主义新农村的总体要求,随后《关于进一步加强农村文化建设的意见》发布,对新时期农村文化建设做了系统完整的顶层设计。着眼于全面建设小康社会的目标,党和国家在加强农村公共文化体系建设、丰富农民群众精神文化生活、创新农村文化工作机制体制、动员社会力量参与农村文化建设、加强党对农村文化建设的组织领导等方面做出努力,推动乡村文化建设进入全面发展的阶段。

自建党以来到十八大以前,我国农村文化建设起于微时、不断发展,取得了一系列重要成就,主要包括:形成了较为完善的农村文化工作机制体制,乡村教育事业、乡村文化产业、乡村公共服务建设、乡村文化保护和发展等方面皆取得显著的成绩,农民群众的科学文化水平和思想道德素养有了明显提高、文化娱乐生活得到较大丰富、精神文化需求不断得到满足,农村物质文明和精神文明建设协调推进,取得长足进步,中国特色社会主义文化在农村广泛弘扬发展,使农村整体的精神面貌发生了天翻地覆的改变。也形成了一系列历史经验,如必须坚持党的领导和马克思主义的指导思想,必须坚持"为人民服务、为社会主义服务"的基本原则,必须坚持文化建设与其他建设的协调统筹等。这些成就和经验为新时代中国的乡村文化振兴奠定了重要的现实基础。

三、新时代我国社会发展的现实诉求与坚实基础

中国特色社会主义进入新时代,我国进入了新的历史方位,有了新的时代诉求,对农业农村农民问题提出了更高层次的指向,对乡村文化建设提出了更深程度的要求,明确提出乡村文化振兴的重要任务。同时十八大以来我国社会发展取得一系列显著成就,党和国家事业发生历史性变革,为深入推进乡村文化振兴奠定了坚实基础。

(一) 新时代我国社会发展的现实诉求

就现实诉求而言,乡村文化振兴的提出和深入推进是统筹分析国内国际两个大局的必然结果。

从中华民族伟大复兴战略全局看,第一,社会主要矛盾的转变要求乡村文化振兴。党的十九大指出,进入新时代,我国社会主要矛盾转化为人民日益增长的美好生活需要和不平衡不充分的发展之间的矛盾。一方面,从人民需要的变化看,乡村居民基本的物质文化需求已经得到满足,但人民日益增长的物质文化需要转变为美好生活需要,对乡村文化的发展提出了更高的要求。另一方面,从社会发展变化看,我国生产力水平大幅提高,稳定解决了十几亿人的温饱问题,总体上实现了小康,并在建党一百年之际全面建成了小康社会,但"农业基础还不稳固,

城乡区域发展和居民收入差距仍然较大，城乡发展不平衡、农村发展不充分仍是社会主要矛盾的集中体现"。人民美好生活的需要一部分得到满足、一部分还不能得到满足，在一部分地区中得到满足、在一部分地区中还不能得到满足。而乡村社会则占据了不能得到满足的大多数，文化领域是乡村居民美好生活需要中不能得到满足的重要领域。因此，实施乡村振兴战略，深入推进乡村文化振兴是满足人民群众日益增长的美好生活需要，缓和解决发展不平衡不充分问题的必然要求。

第二，决战决胜脱贫攻坚、全面建成小康社会要求乡村文化振兴。中国特色社会主义新时代是决胜全面建成小康社会的时代。党的十八大以来，以习近平同志为核心的党中央将脱贫攻坚作为全面建成小康社会的突出短板和底线目标。从脱贫攻坚来看，贫困地区和人群主要集中在农村，他们的贫困不仅表现为物质经济上的贫困，也包括精神文化上的贫困。脱贫攻坚不仅要解决贫困群众的物质生活问题，也要解决精神生活的问题，更要以精神贫困的解决来激发贫困群众摆脱贫困的内生动力，实现可持续的稳定脱贫。在这一过程中，乡村文化的发展振兴无疑发挥着重要作用。从全面建成小康社会来看，党的十八大首次提出全面"建成"小康社会，党的十九大进一步指出"从现在到二〇二〇年是全面建成小康社会决胜期"，"小康不小康，关键看老乡"，没有广大乡村地区和农民的小康，没有精神文化方面的小康，就没有全国的小康、全面的小康。全面建成小康社会需要紧扣我国社会主要矛盾的变化，统筹推进经济、政治、文化、社会和生态建设，而文化建设不仅要求城市文明的进一步发展，更要求乡村文明的进一步提升。改革开放四十多年来，农村物质生活条件有了极大的改善，但精神文化发展却相对滞后，制约和影响着农村实现全面小康的步伐。因此，乡村文化振兴是实现文化小康的重要举措，是全面建成小康社会的本质要求。没有乡村文化的同步发展，就不可能打赢脱贫攻坚战，建成全面小康社会。

第三，推进农业农村现代化、全面建设社会主义现代化强国要求乡村文化振兴。当前我国已全面建成小康社会，开启了全面建设社会主义现代化国家的新征程，朝着实现中华民族伟大复兴的目标继续前进。新的征程意味着新的要求，党和国家对实现第二个百年奋斗目标作出两个阶段的战略安排，即到2035年基本实现社会主义现代化，到本世纪中叶把我国建成富强民主文明和谐美丽的社会主义现代化强国。民族要复兴，乡村必振兴。全面建设社会主义现代化强国，实现中华民族伟大复兴，迫切需要发挥"三农"基础支撑、补齐"三农"短板弱项、激发"三农"潜力后劲，必然要求加快实现农业农村现代化。农业农村的现代化逃脱不开乡村文化的现代化，而乡村文化的现代化是乡村文化振兴的目标所在，并且反过来为农业农村现代化提供动力支撑。

没有中华文化的繁荣兴盛，就没有中华民族伟大复兴。全面建设社会主义现代化全国，要实现的是全面、协调的现代化，必然包括中国特色社会主义文化的现代化。党的十九届五中全会明确提出到2035年建成文化强国，国民素质和社会文明程度达到新高度，国家文化软实力显著增强。社会主义文化强国下的文化发展应当是城乡融合、共同进步的发展，同样避免不开乡村文化的兴旺强盛，需要在乡村文化受城镇化和现代化冲击走向衰落的今天，重新挖掘、传承、发展和创新乡村文化，保留乡村文化中的优秀部分，培育社会主义核心价值观，增强村民的文化认同感，重建乡村文化自信。

从世界百年未有之大变局来看，首先，世界形势的动荡变革要求我国深入推进乡村文化振兴，稳住农业基本盘、守好"三农"基础。当前，国际环境日趋复杂，不稳定性不确定性日益增加，新冠肺炎疫情影响广泛深远，经济全球化遭遇逆流，世界进入动荡变革期。面对外部环境的不稳定与不确定，我们要有清醒认识，办好自己的事，做好打持久战的准备，其中很重要的任务之一就是抓好农业生产、稳住农业农村。乡村文化振兴一方面能够为农业生产提供智力支持与精神力量，促进农业稳产保供；另一方面能够开创新的产业模式、新的就业需求，提升农民的文化素养和技术能力，在应对经济风险和各类挑战时保持农村社会的稳定和谐。此外乡村文化振兴能够进一步扩大农村内需，发挥农村的巨大空间，释放出新的消费和投资需求，推动城乡经济循环，确保国际国内双循环健康发展。

其次，文化全球化的发展要求我国深入推进乡村文化振兴，提升自身的文化软实力。随着全球化进程的深入发展，尤其是新冠肺炎疫情在全球范围内的蔓延，各国之间的联系从来没有像今天这样紧密，全球化也早已不再局限于经济领域，文化在全球化进程中也发挥出日益重要的驱动作用，文化软实力的提高关系着我国在世界文化格局中的定位。乡村地区作为中华文化的发源地，乡村文化的繁荣振兴无疑与中华文明在世界舞台的发扬光大紧密相连，推动乡村文化振兴能够夯实国家文化软实力的根基。世界文明的交流互鉴也为我们提供了扩展视野，打开思路的机遇，促进我们吸收发达国家先进经验，推动乡村文化的振兴发展。

最后，世界意识形态领域的交锋要求我国深入推进乡村文化振兴，于变幻莫测的世界局势中坚守中国立场、传播中国价值、弘扬中国精神。世界文化虽在交流碰撞中不断散发生机活力，但长久以来占据世界格局主导地位的西方国家顽固秉持陈旧观念，面对全人类共同面临的挑战，依旧宣扬西方中心的价值观念，加强意识形态对立和文化渗透，对我国进行文化上的霸权主义，并通过宣扬"中国威胁论"等论调对我国形象进行诋毁。当前的国际背景为乡村文化提供了面向世界与其他文化交流互鉴、博采众长的机遇，同时也带来了其他文化对于我国乡村文化的冲击，甚至是西方意识形态以文化形式巧妙包装后的隐蔽渗透。面对西方意识形态的诋毁和渗透，必须推进乡村文化振兴，增强乡村文化的自觉与自信，铸成应对西方意识形态渗透的铜墙铁壁，并向世界充分展示我国丰富多彩的思想文化和篆刻在我们基因中的爱好和平、世界大同的价值理念，在世界范围内讲好中国故事、传播中国声音。

（二）新时代乡村文化振兴的坚实基础

在中国特色社会主义新时代，乡村是一个可以大有作为的广阔天地，有着难得的发展机遇，为深入推进乡村文化振兴提供了坚实基础和有利条件。

第一，有中国共产党的坚强领导。进入新时代，中国共产党的理论创新实现新飞跃。习近平新时代中国特色社会主义思想的创立，实现了马克思主义中国化新的飞跃。习近平新时代中国特色社会主义思想对关系新时代党和国家事业发展的一系列重大理论和实践问题进行了深邃思考和科学判断；明确了中国特色社会主义最本质的特征是中国共产党领导，中国特色社会主义制度的最大优势是中国共产党领导；并且通过一系列原创性的治国理政新理念新思想新战略，对新时代中国特色社会主义事业的任务布局进行了明确安排。党的十八大以来，党为加强和改善党的领导进行持续努力，明确提出党的领导是党和国家的根本所在、命脉所在，通过出台《关于新形势下党内政治生活的若干准则》《中共中央政治局关于加强和维护党中央集中统一领导的若干规定》等一系列规章制度，不断健全党的领导制度体系。在农业农村方面，党中央始终坚持把解决好"三农"问题作为全党工作的重中之重，扎实推进农业农村现代化，为乡村文化振兴奠定了良好基础。在深入推进乡村振兴的具体过程中，始终毫不动摇地坚持和加强党对农村工作的领导，不断健全完善党在农村的领导制度体系，党中央权威和集中统一领导在乡村社会中得到有力保证，党的政治领导力、思想引领力、群众组织力、社会号召力在乡村社会不断加强，确保党在农村工作中始终总揽全局、协调各方，为乡村文化振兴提供了根本政治保证。

第二，有中国特色社会主义制度的显著优势。制度优势是一个国家的最大优势。在人类文明发展史上，除了中国特色社会主义制度，没有任何一种国家制度能够在这样短的历史时期内，取得我国经济快速发展、社会长期稳定的两大奇迹。《中国共产党第十九届中央委员会第四次全体会议公报》总结指出了我国国家制度和国家治理体系中的十三个显著优势，这些显著优势在我国长期的历史实践中形成和凸显，并且能够在新时代新征程中进一步彰显其优越性，具体到乡村文化振兴中，能够为乡村文化振兴的持续深入推进提供多方面的重要保障。例如坚持党的集中统一领导，坚持党的科学理论，确保国家始终沿着社会主义方向前进的显著优势，为乡村文化振兴提供了根本的政治和方向保证；坚持全国一盘棋，调动各方面积极性，集中力量办大事的显著优势，为乡村文化振兴提供了临危不惧的力量来源；坚持共同的理想信念、价值理念、道德观念，弘扬中华优秀传统文化、革命文化、社会主义先进文化，促进全体人民在思想上精神上紧紧团结在一起的显著优势，为乡村文化振兴提供了丰富深厚、用之不竭的精神资源和具体内容等等。

第三，有持续快速发展积累的坚实基础。习近平总书记指出："我国经济实力、科技实力、国防实力、综合国力显著增强，经济体量大、回旋余地广，又有超大规模市场，长期向好的基本面不会改变，具有强大的韧性和活力。"历经四十多年的改革开放和现代化建设，我国生产力得到充分激发和快速发展，经济建设取得巨大成就，物质基础达到了近代以来从未有过的丰厚程度。党的十八大以来，我国经济建设不断取得重大成就，坚定不移贯彻新发展理念，促进发展质量和效益不断提升，推动经济保持中高速增长，国内生产总值突破百万亿元大关，人均国内生产总值超过一万美元，在世界主要国家中名列前茅，经济发展平衡性、协调性、可持续性明显增强。而除了经济实力外，我国其他各方面的实力也在迅速发展：基础设施建设方面发展迅速，2020年年底全国铁路营业里程达14.6万公里，其中高铁3.8万公里，居世界首位；科技创新能力显著提升，于全球创新指数排名中连续9年上升；综合国力进入世界前列，国民经济持续恢复、经济增速全球领先、民生保障有力有效等等。持续快速发展积累的坚实基础为新时代新征程上持续推进乡村文化振兴提供了坚强保障，带来了充足的资源和坚定的信心。

第四，有长期稳定的社会环境。社会的稳定，是国家发展、民族复兴的基石。新中国成立70多年来，党带领人民共同奋斗、顽强拼搏，推动我国经济快速发展，保持我国社会长期稳定。进入新时代以来，一系列专项打击整治行动和高质量服务举措落地落实，人民生活不断改善，社会治理水平大幅度提升，人民群众的获得感、幸福感、安全感显著增强，展现出一幅人民安居乐业、社会和谐有序的良好局面，续写了社会长期稳定的奇迹。长期稳定的国内社会环境为推进乡村文化振兴提供了强大的支撑，使之在面对可能存在的风险与挑战时充满底气，充分集聚各类积极向上、多元创新的力量，敢用同黑恶势力、不良风气作斗争，不断释放出更加强劲的发展活力。

第五，有自信自强的精神力量。人无精神则不立，国无精神则不强。习近平总书记指出："当今世界，要说哪个政党、哪个国家、哪个民族能够自信的话，那中国共产党、中华人民共和国、中华民族是最有理由自信的。"从取得新民主主义革命胜利，实现民族独立、人民解放；到实现从新民主主义到社会主义的转变，进行社会主义革命，推进社会主义建设；再到进行改革开放，解放和发展社会生产力，推进中国特色社会主义现代化建设；直至当前党带领人民打赢脱贫攻坚战，如期全面建成小康社会，开启全面建设社会主义现代化国家新征程，中华民族伟大复兴展现出前所未有的光明前景，中国人民积极性、主动性、创造性进一步激发，志气、骨气、底气空前增强，党心军心民心昂扬振奋。这份自信自强为新时代新征程上推进乡村文化振兴提供了强大精神力量，充分激发亿万农民群众的创造精神，使之既正视困难又坚定信心，大力发扬历史主动精神，在推进农业农村现代化的过程中迎难而上，敢于斗争，砥砺前行，奋发有为。

第三章　乡村文化振兴的现状分析

党和国家在新时代的历史方位上继续聚焦"三农"发展，提出实施乡村振兴战略，不断推进乡村文化振兴，有效提升了乡村社会文明程度和文化繁荣，取得了一系列显著成就，总结成就能够为继续推进文化振兴带来信心。但必须看到当前乡村文化振兴中还存在着明显的问题，距离乡村全面振兴和实现社会主义文化强国还存在明显差距，只有深刻分析当前乡村文化振兴中的矛盾，才能提出有效的解决对策。

第一节　乡村文化振兴的显著成就

乡村振兴战略实施以来，在党中央对于乡村文化振兴主要任务和具体内容的领导和部署下，我国乡村文化振兴工作稳步推进，在农民综合素质提升、乡村传统文化传承、乡村文化产业发展、乡村文化生活体系完善、乡村文化振兴制度保障等方面皆有明显成效。

一、农民综合素质水平明显提升

农民群众综合素质既是乡村文化振兴的重要内容，也是乡村地区一直以来的发展短板，并且随着时代发展和社会进步，对农民群众文化水平和道德素养的要求也在不断提高。进入新时代以来，党和国家以培养能够担当民族复兴大任的时代新人和爱农业、懂技术、善经营的新型职业农民为目标，推进乡村科学文化教育和思想道德建设，农民群众综合素质水平有了明显提升。

一方面，乡村教育资源不断优化，农民科学文化水平有所提高。乡村地区义务教育均衡发展，整体水平不断提升。受城市化等因素影响，乡村学生整体数量下降，但农村义务教育标准化建设持续推进，教育资源不断优化，教师队伍质量不断增强。乡村学校义务教育阶段高于规定学历教师比例明显提升，2020年农村普通小学专科及以上学历教师比例达97.1%，相较于2016年的91.8%提高了5.3个百分点；2020年农村初中本科及以上学历教师比例达到85.4%，相较于2016年的78.6%提高了6.8个百分点。

乡村义务教育办学条件改善明显，与城市差距逐渐缩小，2020年农村小学生均教学仪器设备值相当于城市小学的80.4%，相较于2016年的65.7%提高了14.7个百分点；2020年农村初中生均教学仪器设备值相当于城市初中的77.0%，相较于2016年的72.3%提高了4.7个百分点；2020年农村小学、初中建网学校比例分别为67.3%和74.1%，相较于2016年的51.8%和71.3%，分别上升了15.5和2.8个百分点。

此外，乡村地区学前教育、高中教育、成人教育、职业教育等在教育质量、教育资源上皆有明显提升。在乡村文化教育的不断加强下，农民群众科学文化素质显著提高。根据《2021中国农村统计年鉴》统计，2020年我国农村居民家庭户主文化程度有明显改善，其中从未上过学的户主由2013年的4.7%减少至3.4%，下降了1.3个百分点，而大学专科程度的比例则由2013年的1.2%增加至1.6%。

另一方面，乡村思想工作深入推进，农民思想道德建设效果明显。开展乡村文化振兴工作以来，乡村地区加强培育社会主义核心价值观，并以此引领农村思想文化阵地建设，在新中国成立70周年、中国共产党成立100周年等重大时间节点举办各种精神文明建设活动，在抗击新冠肺炎疫情、抵御洪涝灾害等重大事件中推进爱国主义、集体主义教育，推进中华民族伟大复兴与农民群众道德建设相适应，与乡村振兴、社会主义现代化相契合的爱国意识、契约意识、责任意识等道德观念在乡村逐步生成并发扬；推进《新时代公民道德建设实施纲要》在农村地区的细化落实，推动乡村道德建设工程的深入开展，乡村社会公德、职业道德、家庭美德、个人品德建设不断深入，各地乡村广泛开展了文明家庭创建、家风家训展示、思想道德先进个人等评选表彰等活动，乡村传统美德进一步弘扬传播，农民道德素质不断提高；乡村地区普法宣传教育力度加强，在乡村地区广泛宣传习近平法治思想，把法治文化阵地建设纳入城乡规划，《关于加强社会主义法治文化建设的意见》在乡村地区的具体落实取得成效，注重农民群众法治习惯的实践养成，促进农民群众广泛参与法治，农民群众学法、尊法、守法、用法意识有所提升；乡村传统风俗、礼仪和乡规民约等乡村伦理文化资源挖掘和利用不断深化，与新的时代背景和形式载体结合，推进了农民群众思想道德建设。

二、乡村传统文化传承持续推进

十八大以来，尤其是开展乡村文化振兴工作以来，乡村优秀传统文化受到前所未有的重视，一些文化遗产得到了抢救性的保护与发展，挖掘、传承、创新优秀传统乡土文化持续推进。

在挖掘保护方面，各项传统文化保护传承工程付诸实践并且不断深入，效果显著。党和国家以名录制方式划定传统文化保护线，逐步落实并推进了农业文化遗产、非物质文化遗产、传统村落、少数民族村等名录保护工程。2012年至2021年间农业农村部分六批认定了138项中国重要农业文化遗产。截至2018年，我国共有15项18处遗产被列为"全球重要农业文化遗产"，位居所有国家和地区第一位。2014年，国务院公布第四批国家级非物质文化遗产代表性项目153项，其中大部分项目植根于乡村。2012年和2018年，我国分别命名了498和1081位国家级非物质文化遗产代表性项目代表性传承人，截至2021年底国家级非物质文化遗产代表性项目代表性传承人总计3063人。2012年住房和城乡建设部等四部门成立了传统村落保护和发展专家委员会，开始对全国范围内的传统村落进行摸底调查，截至2021年已公布5批传统村落名录，6819个村被纳入保护范畴。

2012年国家民委颁布了《少数民族特色村寨保护与发展规划纲要》，截至2020年共命名了三批1652个"中国少数民族特色村寨"，将其纳入保护。2021年，中宣部印发《中华优秀传统文化传承发展工程"十四五"重点项目规划》，明确了23个重点项目，除了中华文化资源普查工程、中国传统村落保护工程等15个原有项目，新设农耕文化传承保护工程、历史文化名城名镇名村街区和历史建筑保护利用工程等8个项目，几乎所有项目皆与乡村有所联系。

在传承创新方面，我国探索乡村文化的多元传承形式，充分挖掘传统文化资源，结合现代科学技术手段，助推乡村文化振兴。面对部分代表性传承人年事已高、部分非物质文化遗产项目即将消亡的情况，2015年原文化部启动国家级非物质文化遗产代表性传承人抢救性记录工程。截至2018年5月，首批227个抢救性记录项目通过验收。我国还建立了100个国家级非物质文化遗产生产性保护示范基地，通过将非物质文化遗产转化为文化产品的方式，实现在生产实践中的乡村传统文化传承。此外，住建部从2017年开始建设中国传统村落数字博物馆，截至目前已有376个传统村落完成数字建馆工作。除了运用现代科技手段助力乡村传统文化传承外，还通过设立文化生态保护区的形式，对乡村传统文化进行整体性的保护。截至2020年6月，我国共设立国家级文化生态保护区7个，国家级文化生态保护实验区17个，省级文化生态保护区146个。并采取集中连片保护的方式避免传统村落标本化和景点化，于2020年评选出10个传统村落集中连片保护利用示范市。

三、乡村文化产业深入优化发展

在乡村文化振兴的过程中，党和国家充分发挥文化铸魂、文化赋能作用，将乡村传统文化与现代企业相结合，以产业化促进乡村文化的传承发展，以乡村文化资源禀赋培育乡村发展新动能、推动乡村经济社会发展，取得了显著成绩。

近年来，我国人民日益增长的文化消费需求带动了乡村文化产业的发展，乡村地区积极挖掘和利用文化资源，以打造特色文化产品、建立品牌效应、发展文化旅游等方式，促进文化产业效益的提高。根据《中国农村统计年鉴——2021》的相关数据，2015年至2019年的5年间，第三产业经营净收入占我国农村居民可支配收入百分比由9.4%提升至10.1%，2020年受新冠肺炎疫情等因素影响下降至9.7%。

在具体项目上，乡村文化产业总体上多元发展。其中，推动乡村地区非物质文化遗产的产业化应用是乡村文化产业发展的重要内容。2017年起我国实施中国传统工艺振兴计划，而后以具有一定传承基础和生产规模、有形成国家或地方品牌潜能、有助于带动就业为标准，发布了一批包括14个门类383个传统工艺项目在内的传统工艺振兴目录，对其进行重点支持。2018年，文旅部联合国务院扶贫办出台了《关于支持设立非遗扶贫就业工坊的通知》，将非物质文化遗产与企业化结合，带动乡村贫困地区发展，并取得良好成效。截至2020年，全国共设立非遗工坊2310个，带动46.38万人参与就业，带动20万建档立卡贫困户脱贫。2021年12月，非遗扶贫就业工坊更名为非遗工坊继续助力乡村文化振兴。此外，乡村地区还利用自身古树古镇、特色节庆等发展文化旅游产业，利用网络技术、电商平台发展乡村文创电商产业等，推动乡村文化产业结构的不断完善。

在发展布局上，党和国家将文化产业赋能乡村振兴纳入全面推进乡村振兴整体格局。2022年1月中央一号文件《关于做好2022年全面推进乡村振兴重点工作的意见》明确提出"启动实施文化产业赋能乡村振兴计划"。2022年4月，文化和旅游部、教育部、自然资源部、农业农村部、国家乡村振兴局、国家开发银行六部门联合印发《关于推动文化产业赋能乡村振兴的意见》，围绕文化产业重点领域，制定企业、人才、项目、用地等方面政策举措，充分发挥文化产业多重功能价值和综合带动作用，推动文化产业资源要素融入乡村经济社会发展，助力乡村社会朝着产业兴旺、生态宜居、乡风文明、治理有效、生活富裕全面发展。

四、乡村文化生活体系日渐完善

随着乡村文化振兴的深入推进，乡村居民物质生活条件不断提升的同时，乡村文化服务体系进一步建立健全，农民的精神文化生活日益丰富。

在公共文化服务基础设施方面，公共文化优质资源和服务向农村下沉，乡村公共文化设施建设成绩巨大。根据相关数据统计，截至2018年年底，由国家支持的文化共享工程建立起2843个县级支中心，32179个乡镇基层服务点。截至2019年，全国共有2325个县（市、区）出台公共文化服务目录，占比83%；494747个行政村（社区）建成综合性文化服务中心，占比86%。公共文化服务投入不断加大，2020年仅中央财政就安排了152.9亿元资金，用于支持地方公共文化服务体系建设补助。乡村公共文化服务技术手段不断升级，数字化程度日益提高。《中国数字乡村发展报告（2020年）》的统计数据指出，截至2020年全国行政村通宽带比例达到98%，乡村广播电视网络基本实现全覆盖，数字图书馆推广工程辐射到2744个县级馆，共享服务的数字资源超过140TB。

在乡村文化生活内容方面，广大乡村地区开创各种富有地域特色贴近生活的公共文化服务模式和内容，增加吸引力，提升文化服务绩效。国家积极推动县级融媒体中心发展，实施"网络视听节目精品创作传播工程"，支持鼓励"三农"题材网络视听作品创作生产，推出了一批受农民群众欢迎的网络视听优秀作品，仅2020年上半年，共有118部农村题材重点网络影视剧通过拍摄规划备案，十余部"三农"题材作品纳入重大题材网络影视剧项目库。各乡村地区积极发掘新时代文明实践中心、乡村综合文化站、村文化中心的文化引领作用，办好中国农民丰收节，组织了农民书画摄影展、乡村读书月、乡村运动会、农俗风情嘉年华、乡村广场舞等丰富多彩的乡村文化、体育和娱乐活动，陶冶了乡村人民的精神情操。文化下乡活动常态化开展，仅2018年，各类文艺团体赴农村演出178.82万场，农村观众达7.79亿人次。

-•一农村居民教育文化娱乐占总消费支出百分比

图4：农村居民教育文化娱乐占总消费支出百分比

从农民文化消费方面来看，农民群众在教育文化娱乐方面的消费支出占总体支出的比例有明显的增长，从2015年的10.5%增加至2019年的11.1%，表明农民群众对文化消费的重视程度更高，对乡村文化产品和服务的消费日渐增加。但同样由于新冠肺炎疫情等原因，大部分教育文化娱乐活动受到影响无法开展，因此在2020年呈现出大幅下降的现象。

五、乡村文化振兴制度不断健全

面对新的历史方位下对乡村文化发展的时代诉求和现实条件，党和国家在带领人民推进乡村文化振兴的过程中，根据现实需要不断建立完善相应的制度体制，在制度构建和落实上卓有成效。

一方面，将文化振兴纳入乡村振兴总体布局，强化乡村文化振兴总体规划。

党的十九大提出实施乡村振兴战略，提出了乡风文明的振兴要求，而后进一步提出了乡村文化振兴的明确概念，并在随后立足乡村实际，着眼长远发展，科学规划乡村文化振兴具体工作内容，并根据时代发展、乡情变化和乡村文化工作进程，不断强化文化振兴的目标规划。2018年，党中央编制《国家乡村振兴战略规划（2018—2022年）》，对乡村文化振兴进行了总体规划，明确了从2018年到2022年党的二十大召开时乡村文化振兴的目标任务、指标要求，并且细化乡村文化振兴的重点任务和政策措施。各省市乡镇各部门也根据地区现状，编制相应的乡村文化振兴地方规划或专项规划，做好乡村文化振兴的顶层设计。2018年中央一号文件《关于实施乡村振兴战略的意见》，对乡村文化振兴做出初步规划，随后连续四年党中央根据乡村文化现实情况不断提出新的内容，2022年中央一号文件《关于做好2022年全面推进乡村振兴重点工作的意见》提出创新农村精神文明建设有效平台载体。同时，中央和地方也对乡村文化振兴的具体内容做出明确规划，如在《新时代公民道德建设实施纲要》中专门论述乡村思想道德建设的重点任务，在《关于加强和改进乡村治理的指导意见》中强调文化治理的具体措施，针对乡村传统文化保护传承印发了《关于在城乡建设中加强历史文化保护传承的意见》，在《农村人居环境整治提升五年行动方案（2021—2025年）》中对如何将乡村文化融入到村容村貌建设、在改善农村人居环境发挥作用做了明确论述，在《关于推动文化产业赋能乡村振兴的意见》中对乡村文化产业发展做出了具体规划，在《关于做好2022年高素质农民培育工作的通知》中对农民群众的科技文化素质的与时俱进提出了新的要求，等等。

另一方面，综合考虑乡村文化振兴全过程，不断健全乡村文化振兴体制机制。党和国家不断健全完善党委统一领导、政府负责、党委农村工作部门统筹协调的乡村文化振兴工作体制；颁布《中国共产党农村工作条例》，明确党领导农村文化工作的指导思想、原则要求、工作对象、具体任务、机构职责等；创造性提出"五级书记抓乡村振兴"的工作机制，保证文化振兴的根本方向，紧抓文化振兴的工作落实；印发《关于加快建设全国统一大市场的意见》，对构建乡村文化产业发展的市场体系做出规划。不断发展完善包括资源整合、人才引进、资金投入、技术吸纳的文化振兴保障机制，丰富乡村文化工作的资源配置，推动文化振兴深入开展。建立健全乡村文化振兴法律体系，2021年第十三届全国人民代表大会常务委员会通过《中华人民共和国乡村振兴促进法》，在总则和第四章对文化振兴的要求和内容做出了明确的规定，使乡村文化振兴工作有了法律依据；各省市地区也在自身的乡村振兴规章制度中对文化振兴做了相关规定，如2022年3月广西壮族自治区通过《广西壮族自治区乡村振兴促进条例》，其中第38至42条对乡风文明做了明确规定。

第二节　乡村文化振兴中存在的问题

改革开放以来，我国乡村文化建设取得了明显的成就，尤其是在沿海和经济发达地区，一些先富起来的乡村正朝着城乡一体化的方向发展，乡村居民的文化生活也是多姿多彩。而那些"老、少、边、穷"地区或乡村，也已基本改变穷困的面貌，精神文明建设也有了不小的改观。尽管取得的成绩是令人瞩目的，但是我们还是要清楚地看到，从全国情况来看，这些成绩仅仅是初步的。相对于现在的乡村社会发展状况来说，我们的乡村文化建设还有很大的发展空间，乡村文化建设中还有许多问题需要改正。乡村文化建设的步伐与乡村经济发展的速度不相匹配，远远落后于经济发展的速度。

一、农民整体文化素质仍然不高

乡村文化建设的主体是农民。伴随着乡村社会的迅速发展，农民的素质也在不断提高，但从乡村文化建设的需求来看，农民的素质仍然较低。现代化研究著名学者英格尔斯和史密斯认为"现代人"应具备四个方面的特点："他是一个见闻广阔的、积极参与的公民；他有明显的个人效能感；在同传统的影响来源的关系中，他有高度的独立性和自主性，特别是在他决定如何处理个人事务的时尤为如此；他乐意接受新经验以及新的观念。也就是说，他是相当开放的，在认识上是灵活的。虽然不能以这样的标准去要求农民，但毕竟为我们提供了一个标准。仅从文化现代化来讲，作为建设主体的农民，整体素质还不够高，主要表现为以下几点：

第一，农村居民家庭劳动力的整体文化素质不高。当前农村社会中，大部分劳动力的文化程度仅为初中，仅有4.43%的人具有高学历。这是阻碍农村生产力发展和农民生活水平提高的重要因素。尤其是，在市场经济的今天，"科技是第一生产力"，提高农民的文化素质迫在眉睫。

第二，农村教师队伍的整体质量不高，农村骨干教师的数量及在学校中所占比例远远低于城市学校的水平。由于条件限制，农村教师很少有培训学习的机会。所以，农村教师在学历、教学水平、综合能力等方面都需要加强。此外，一些优秀的教师人才不愿意到农村教学，城市优厚的条件使他们当然会选择留在城市教学，这就导致了农村地区优秀教师人才的流失。

第三，农村继续教育体系发展不合理。农村继续教育，是我国国民教育体系中的组成部分。随着农村社会经济的脚步越来越快，结构性矛盾和体制性障碍等问题在农村继续教育中显得尤为突出。近几年，农民技术培训学校的数量及毕业生人数都迅速减少。而在经济全球化的今天，传统的农业经营方式已不能适应现代农业的科学化、机械化。为了适应经济全球化，发展现代农业，应把大力发展农村教育事业，特别是农村继续教育事业当成头等大事来抓，使农村人口的受教育程度、竞争力得以提高，使其可以更好地适应当前社会生产力的发展要求。农业部的统计数据显示，在我国4.9亿农村劳动力中，高中以上文化程度仅占13%，小学以下文化程度占36.7%，接受过系统农业职业技术教育的不足5%。这种比例结构造成农村居民的科技文化素质偏低，也使得在农村普及科技文化知识的难度加大。偏远山村及经济欠发达甚至贫困地区，孩子半途辍学的比较多，年轻人外出打工的比较多，文盲、法盲、半文盲还是大量存在的。

第四，农民的淳朴素质发生变化。受到市场经济负面影响的冲击，许多农民的质朴观念正在发生改变。拜金主义、享乐主义、个人主义蔓延至农村，正在侵蚀着一些传统美德。同时，小农意识仍有广阔的存在天地，尤其是在经济欠发达地区或落后、偏远的乡村，许多居民不思进取或不敢进取，听天由命、故步自封等，这些特点与现代社会大生产提倡的观念格格不入。此外，农村居民参与文化生活的方式单一，文化需求难以满足。随着农民生活水平的不断提高，他们对文化的需求也在不断增长。这主要有三个方面的原因：其一，由于生产工具的革新，农民的劳动负担减轻了，农闲时间增多了；再加上铺天盖地的现代传播媒体，农民接触各类娱乐文化信息、参与文化活动的机会日益增多，对文化的需求增加。其二，文化观念改变，注重文化娱乐消费。农民年收入提高，可支配资金增多，使他们越来越重视文化娱乐消费，对文化需求增加。其三，农村居民文化内容的选择丰富，载体多元。农村居民可支配收入的增加和受教育水平的提高，扩大了其文化视野和要求，使其追求文化载体多元性，并寻找中高档文化商品。然而，内容单调的文化活动和有限的获得渠道限制了农民对现代文化的需求。"送文化下乡"这种蜻蜓点水式的文化服务已远远不能满足当代农民对文化的需求。农民看书难、看戏难、看电影难的现象仍普遍存在。除此之外，乡镇行政区划撤并和城镇规划过程中，现有文化资源未能有效利用。文化基础设施落后，文化站人、财、物等资源不稳定。文化设施被随意挤占、挪用，难以保证日常的文化活动顺利开展。

二、乡村文化建设的基础设施薄弱

文化建设是需要通过一定的载体进行的，当前乡村文化建设的基础设施建设比较薄弱。

在乡镇社会经济快速发展的今天，乡镇文化站和农村集镇文化站的数量不升反降。现有的乡村文化设施没有充分利用起来，有的乡村文化活动室荒废不用。

即使利用起来，也没有起到文化活动室的作用。大多数成了放映电影和录像或游戏的场所。对于乡村图书馆，由于其中适合农民读的文化、科技书籍少，加上很多图书馆中的书籍内容陈旧，已不适合现代的农业生产，也没有充分发挥它应有的作用。以上乡村文化基础设施的滥用或荒废，是制约乡村文化建设发展的重要原因。总体来看，乡村文化基础设施亟须改进，乡镇领导干部应更加重视乡村文化建设。在整个乡村文化建设的过程中，乡村文化基础设施建设方面较以往取得了明显的进步，如增加了一些体育器械，建立了文化活动室或图书室、休闲广场，等等。但许多文化设施在使用过程中又逐渐变得名存实亡，有的被任意挪用，有的则是被长期闲置。文化阵地日益缩小，更谈不上什么文化建设了。

乡村文化基础设施建设因为各地的经济状况不同，而表现出不同程度的差别。经济富裕的农村，或东部一些发达地区，在文化设施投入上就会好些，增加了许多体育健身器材。有的增加了图书阅览室或者文化活动室。与之相比，在一些偏远乡村，因受经济状况的影响，政府无力进行文化建设，所以文化建设几乎是空中楼阁。由于基础设施建设滞后，文化建设工作难以开展。近年来，乡村文化事业经费投入总量虽有增加，但主要用于增加工作人员工资，真正用于文化建设（如发展文艺创作、文化基础设施建设等）的经费所占的比重则很小。不少乡镇在年初预算中安排的文化经费微乎其微。由于没有固定的经费或经费投入不足，大部分乡镇文化站、村文化室常年得不到修缮，设施破旧。有的甚至被挤占、被抵债、被变卖。经费困难是制约乡村文化活动开展的瓶颈。目前乡村文化活动大多缺少必要的、固定的活动经费，基本靠乡镇自身集资化缘。这种全部依赖赞助的活动方式，经费不固定，文化活动难以为继。这使得文化部门自身缺乏动力和抗击市场风险的能力，成为乡村文化工作开展的重要阻力。

三、乡村文化市场发展不健全

在每一个发展时期，经济水平的提高总是会推动人们文化需求的增加改革开放以来，迅速发展的经济刺激着乡村文化需求的上升。随着农村现代化建设和乡村社会经济的发展，乡村社会文化市场也取得了长足的进步。但是，在发展过程中，也暴露出一些问题。

第一，乡村文化市场的消费水平过低。虽然从总量上看，当前我国乡村社会居民的消费水平逐年递增，但是与发达国家相比较，我国乡村社会文化消费相对比重却呈下降趋势，消费总量过低。

第二，乡村文化市场的管理机制不完善。乡村文化市场管理人员的缺乏是乡村文化市场管理机制不完善的主要表现一般来说，乡村文化市场的管理人员可分为两类。一类是一般的文化事业领导人员。他们大多是非文化艺术类专业人员，主要从事文化市场的宏观管理工作。另一类是专业的文化艺术人员。他们大多具有特定的艺术专长，但是对文化市场的宏观管理却不甚了解。乡村社会文化市场，具有市场分散、管理难度较大的特点。而乡村文化市场管理人员的专业素养不高，对文化领域缺乏全盘考虑和打算，导致大部分乡村社会文化市场管理还不规范、不科学，增加了乡村社会文化市场管理的难度。

第三，乡村文化市场中的低俗文化现象严重。在市场经济大潮的冲击下，许多人一切向"钱"看，只要能赚钱，什么都敢干，使自己在金钱面前迷失了方向，造成了乡村文化市场中低俗文化甚至反文化现象的出现农民文化水平的多元化，使其在乡村文化市场中还占有一定的市场。在一些乡村文化市场中，一些录像厅、游戏厅、网吧等以俗艳的广告吊人胃口，以色情内容招揽观众，导致了娱乐形式的畸形发展、虚假繁荣。实际上，它们还成了制黄贩黄和藏污纳垢的场所。它们的存在，对农民文化素质的提高毫无益处，更造成了乡村文化市场的严重污染有些乡村文化市场经营者的道德修养、文化素质不高，法律意识淡薄。有的经营者甚至从事一些非法经营活动，如贩卖宣传暴力、色情的文化音像制品，贩卖盗版音像制品，走私文物等。这些违法经营活动严重危害了乡村文化市场的良性发展，应果断阻止其在乡村文化市场的蔓延。

第四，乡村文化市场中的活动形式较单调，公共文化资源缺乏。当前，在东部及经济发达地区，文化活动的种类稍微多些，如看电影，参加业余舞蹈队、秧歌队（这只限于在元宵节这种重要节日出现）。放电影作为一项类似传统的村级文化娱乐活动，较普遍存在，也曾被称为全国各地区的一项重要的娱乐活动。但是，目前的状况是，有不少地方，乡镇电影放映队慢慢解散，机器设备闲置生锈，农民常年看不到电影。许多基层文化站因运转困难，已经形同虚设。一些落后乡村的居民更是享受不到公共文化资源，还处于文化"饥渴"与"贫困"的状态。从目前情况来看，以农村、农民、农业为主要对象的文化产品种类比较少.此类的图书虽然出版了不少，但是适应农民欣赏口味的并不多，多数农民表示"看不懂"，再者，许多村、乡镇并不想把财力花在购买这些图书或其他文化产品上，财政投入不够。由于乡村的地域广阔，管理有一定的难度，一些在城市禁止的不健康文化在乡村开始蔓延。加上目前针对文化市场管理的法律法规、规章制度等还不健全，这种不健康文化得以蔓延，由于相应的文化产品缺少，文化活动单一，有许多地区或乡村的居民在农闲之时常常进行赌博等不健康、非文明活动。一些落后地区仍然过着"日出而作，日落而息"的传统生活方式。反之，这又成为不文明、不健康文化产品在农村蔓延的促进因素

四、乡村文化建设的体制保障缺失

目前乡村文化建设的体制保障缺失主要表现在以下几个方面：

第一，基层政府责任缺位。随着我国社会主义民主政治的发展，责任政府建设取得了显著成绩。"问责制"的出现，是我国政府责任二重性的真正体现，正逐渐被社会大众所接受。然而，我们必须承认，政府在当前的乡村文化建设中，仍存在着很多不尽如人意、责任意识淡化的方面。如政府责任"错位""缺位"现象仍不同程度地存在。在指导建立农村公共服务体系过程中，政府的主导作用和投资主体的作用也没有充分发挥出来，造成当前乡村文化建设中市场混乱和保障体制的缺失。

第二，基层组织领导作用弱化。乡村干部在乡村文化建设中的倡导、组织和实践行为，直接影响到乡村文化的发展。当前，不同水平的区域经济发展和部分基层组织工作不健全，致使一部分基层组织管理趋于弱化。乡村领导班子软弱涣散，弱化了党在基层政权中的领导作用。另一方面，一些地方干部自身文化素质低，也不注重在实际工作中培养、提高自身的思想道德素质和法律素养，对于乡村文化建设不能给予正确的指导。其工作能力差，不能在群众中起到模范带头作用，缺乏对群众的号召作用。乡村文化建设失去了强有力的中心，导致乡村文化建设事业处于缓慢发展状态。

第三，乡村文化组织不健全。由于中国有较长时间的专制统治历史，民间组织的发展一直滞后，在乡村社会更是如此。乡村社会组织，是把农民团结在一起的纽带和桥梁。乡村文化组织不健全，一方面与国家政策有关。申请过程复杂，要求众多，遏制了乡村文化组织的发展。另一方面与农民的意识有关。农民没有认识到文化组织的巨大力量。当农民在共同的目标下组织起来，有组织地发展文化事业和文化产业时，乡村文化的发展指日可待。

第四，乡村法制不健全。法律法规，是文化建设的保障。法律通过强制手段规范人们的行为，确保社会秩序的稳定。但是，受中国传统文化的影响，农民从内心里排斥国家的法律。加上法律在农村普及的力度不够，农民法律知识缺乏，对法律的认识还存在偏差。这些阻碍着乡村文化的建设进程。此外，乡村文化建设中法律的缺位和不完善，严重制约了乡村文化建设的发展。

第五，乡村文化建设的资金投入缺乏。国家财政需要大力支持乡村的文化建设。在乡村文化建设资金方面，必须建立多元化的筹资体制，从多种渠道筹集资金。只有这样才能保证持续、稳定地进行乡村文化建设。"从财政对文化投入的级别构成看，中央财政对本级文化投入力度远远超过地方对文化的投入力度。尽管'十五'以来地方财政对文化投入占全国的比重有所增加，但从对文化投入的经费年均增长速度看，中央财政投入年均增长26.5%，与地方财政对文化投入的年均增长16.6%相比，高出了9.9个百分点。"从这个角度来看，未来的乡村文化事业发展需要更进一步的地方财政投入。尽管对乡村文化的投入有所增加，但和同期财政对城市文化投入相比，无论是经费的基数，还是经费的增长速度，都低于对城市文化的投入力度。而经费严重不足，也使乡村文化建设困难重重，乡村文化生活贫乏。虽然国家加大了对文化事业的财政投入，但是就整个财政支出的增长来看，文化事业费用所占财政总支出的比例仍然呈下降趋势。乡村文化事业发展缓慢，很大程度上是由于财政投入限制。

第六，管理体制不顺，文化站、广播站合并后不能形成合力。乡镇文化站、广播站进行了合并，目的是有利于"大文化"资源的统一管理、统一使用，充分发挥文化和广播的优势。但实际上，由于机构改革后，受编制与经费的制约，精简人员数量较大，很多文化工作者只得去其他岗位，个别乡镇甚至撤销了文化、广播工作站，有些乡镇即使有文化站，也成为领导安排人员的地方。大量的非专业人员素质较低、无工作经验、责任心不强，造成工作无头绪、目标不明确，使大部分乡村文化工作不能顺利开展，给一些封建的、落后的思想在农村的蔓延提供了机会。

总的来看，目前我国乡村文化建设中出现的这些问题在本质上是互相联系、互相影响、互相牵制的。乡村文化出现的整体不平衡状况贯穿在文化建设的每一个环节上。同时，设施薄弱影响到文化活动的单一，文化活动的单一又影响到乡村居民文化素质的提高，文化市场的不规范造成到乡村新旧文化的鱼龙混杂，反之亦然。面对这些错综复杂的问题，要探寻其解决路径，最重要的工作便是从分析其问题产生的原因入手，对症下药。

第三节　乡村文化振兴中存在的问题分析

通过上文对目前我国乡村文化建设中存在的问题的剖析，发现导致这些问题的原因有历史的传统原因，有经济的根本原因，也有体制、人文等环境原因。正是这些原因导致我国乡村文化建设步调缓慢，部分地方的文化建设甚至停滞。

一、经济物质基础薄弱

经济基础决定上层建筑。在影响乡村文化建设的诸多因素当中，经济物质基础作为一项最重要的基础因素，其发展如何直接影响乡村文化建设的状况。这是因为，首先，作为最基本的经济来源，乡村文化建设所需的基本设施必须有物力、财力的支持。没有一定的经济基础，进行文化建设就是空谈、空话。其次，经济发展的状况也直接影响着当地居民的生活水平，影响到其精神文化生活的需求，如果最基本的生活都不满足，谁还有想法去进行什么所谓的"文化建设"。最后，经济的发展也影响到当地的行政领导是否有精力带领乡村居民进行文化建设。如果村集体经济薄弱，村干部只能应付上级文化建设的各项检查，根本无暇顾及更高层次的文化建设，"心有余而力不足"。

第一，乡村文化阵地流失。在政治、经济、地理及重视程度等多方因素的影响下，乡村文化发展很不平衡。近年来，村道硬化、农村改造、饮水工程等基础设施不断加大建设力度。为解决相应的资金问题，许多地方出现了变卖闲置会堂、校舍等集体资产现象，严重影响了文化建设。此外，集体经济的薄弱性导致新建的文化设施程度不均，文化阵地建设举步维艰。就目前来看，我国乡村文化建设大致分为三个档次：第一类是完善的。这些村镇有比较好的经济基础，交通便利，配套人员完备，领导重视，每年经费投入有保证，每年开展相应文化活动，当地村民具有一定文化素质。所占比例大约为30%。第二类是普通的。有专职文化员，但经费投入少，没有成熟的文化阵地，不能保证举行基础的每年文化活动。所占比例为40%。第三类是较差的。这些地区经济基础薄弱，领导重视力度小，地广人稀，村民的文化程度也普遍比较低，文化站起不到应有的作用，常年不开展相应的文化活动，所占比例约为30%。这在很大程度上制约了乡村文化事业的发展。

第二，农民收入增长缓慢，农村经济后劲不足。农民增收乏力，农村发展缓慢，农业弱势地位难以得到解决，农村经济无法实现可持续发展，关键原因在于经济社会发展与乡村文化发展的不相适应性。更重要的是，在现代价值观念与市场经济的双双侵入下，农民的传统价值被"边缘化"，农民在外界力量的影响下，逐渐不能成为自己生活的主导者。

第三，财政与软硬件不足是目前的两大问题。文化事业的发展离不开经济的支持，尤其是对于乡村文化事业来说。表现如下：一是财政投入有限，资金不足；二是政府的财政支持力度太小，严重制约乡村文化发展，三是乡村文化意识薄弱，社会力量的介入也不足。许多村领导认为只有经济建设才是实的，可以短期取得效益，能够显示政绩。而文化建设投入多，见效慢，政绩短期难体现，被其当作是虚的工作。所以，乡村文化建设的工作大都落到了口头上，而没有多少落到实际的工作中来；部分村级干部对文化建设理解不够，认为只有城里人才需要文化；对于农村人来说，吃饱喝足才是要紧事，从而严重制约了乡村文化事业的发展。

二、观念认识不足

在文化建设的过程当中，许多乡村干部和村民，尤其是经济基础薄弱地区的乡村干部和村民，其思想意识也表现出不同程度的落后。当然，这种思想意识的落后，仍然与农村的分散经营模式和农民的传统生活方式有着不可分割的联系。传统的经营、生活模式，仍是影响乡村文化建设的重要因素，导致乡村居民参与文化建设的积极性不高。乡村干部在组织文化建设的时候不能形成很好的凝聚力，基层政府的组织力比较弱。尽管这方面的问题不是短时间就可以解决的，但是在建设过程中，我们要时时刻刻注意。长期以来，各级党委政府仍不同程度地存在着重经济建设轻文化建设的现象，认为经济建设是实的，短期内就可以取得效益，能够体现政绩，而文化建设是虚的。部分村级领导则认为文化建设是上面的事，与自己关系不大等。在对乡村文化建设重要性缺乏足够认识的乡镇，重文化建设往往只停留在会议上、文件上，而没有真正落实到行动中，致使原有的公益文化资产流失，阵地萎缩。特别是2003年乡镇机构改革之后，部分文化站工作人员长期不在岗，抽用、借用、借调现象突出。一些地方甚至出现了有站无人的局面。乡村文化工作队伍不稳定，严重影响了乡村文化工作的正常开展。

第一，政府的认识不足各级政府围绕以经济建设为中心，大举进行经济建设，并把经济发展速度和质量作为政绩考核的重要指标，因而各级政府领导干部也把精力放在经济建设。从事基础设施建设、招商引资、地产开发、形象工程等活动这些措施可以立竿见影地刺激当地经济的发展，拉动GDP的增长，完成上级政府下达的指标。而他们对地方文化建设、乡村文化建设及统筹城乡文化的发展认识不足，存在着一些误区。第一种认识，既然以经济建设为中心，其他的一切都要为之让步，等以后经济发展起来了再进行文化建设。没有认识到文化建设的重要性，没有看到文化建设对经济建设的推动作用，从而导致本地经济发展上去了，而居民的精神极为匮乏。在经济水平提高的情况下，居民精神食粮的匮乏，远比经济水平落后情况下的居民精神匮乏危害大得多，导致先富裕起来的人失去了奋斗的目标，没有了前进的动力，贪图享乐，吸毒赌博等，对个人的发展和社会风气都有极大的危害，因而经济的发展需要文化的发展为其提供相应的精神动力和智力支持。第二种认识，有些地方干部认识到了文化建设的重要性，也进行一些文化建设，比如进行文化的基础设施建设，举办一些文化活动。但同样存在着一些误区，认为修建一些公园、购买一些文化器材、举办一些晚会等文化活动就是重视文化建设了，没有看到文化建设是一个系统工程。文化建设不仅是硬件的建设，更多的是软件的建设。要认识到居民需要什么样的文化活动，让群众在文化中得到精神的满足，并能在文化活动中反省自己、提高自己。要调动群众对文化活动的积极性，认识到自己在文化建设中的主体地位，参与到文化建设和创作中。第三种认识，有些地方干部认识到统筹城乡文化建设的重要性，认为统筹城乡文化就是用城市先进的文化改变农村落后的文化，用城市文化占领乡村文化市场，用城市价值观统治农村价值观。统筹城乡文化建设应是打破城乡二元结构，各自发挥各自的优势，二者协调发展，共同构建社会主义和谐文化。特别是对特色的乡村文化，如非物质文化遗产、传统技艺、节庆活动等，更应该加以保护、培育，使之成为地方文化的亮点。

此外，基层党委政府重经济、轻文化的倾向明显。党委和政府在执政为民的理念指导下，高度关注农民生活生产上的困难；解决了许多具体问题，如农村公路建设、最低生活保障、进城农民工培训、失地农民生活保障等。但依此看来，这些重视与帮助多是物质层面上的，而在帮助农民享受精神文化方面显然还做得不够。部分领导认为文化之于农民不重要，只要让他们增收、生活富裕就可以了，并且认为文化的建设质量并不会直接影响到干部的政绩，所以一味地去追求CPD的增长，长此以往使得乡村文化建设发展缓慢。关于中央"各级政府的文化投入不低于财政投入的1%"的规定，许多村镇还远远没有达到要求，使得文化建设缺乏活力与动力。一是认识不到位。乡镇部分领导干部只重视经济建设，不重视精神文明建设，没有认识到文化与经济的辩证关系，认为"文化站关一年门不会有人上访，县里也无人追查"。二是对"大文化"的理解不够。没有意识到文化是一个充满活力的朝阳产业，是意识形态和宣传思想工作的大范畴。存在着文化建设只不过是唱唱歌、跳跳舞、逗乐搞笑、闹着玩、寻开心的认识误区。

第二，社会的认识不足。近年来，中央政府在推动社会力量参与乡村文化建设方面做了积极的探索，并给予政策的支持，但是社会对参与乡村文化建设的积极性不够，其中，认识不足是重要原因。社会力量对参与城市文化建设表现出极大的积极性，比如建设KTV、建设影院、成立剧团、投资出版行业，以及和政府合作举办文化论坛、文化博览会等。但对于乡村文化建设无人问津长期以来，人们认为，乡村文化建设都是公益性的，是政府的责任，社会力量的参与不会有什么盈利虽然乡村文化市场现在还存在很多不足。实现乡村文化市场的繁荣还需假以时日，但应该看到随着经济水平的提高，乡村文化市场具有巨大的发展潜力，会为社会力量投资提供广阔的空间。如今，由于乡村文化形式单一，农民越来越需要丰富多彩的文化活动，需要更高品味的文化形式。如果在政府的主导下，社会力量积极参与其中，撬动乡村文化市场，不仅会活跃乡村文化市场，满足农民的文化需求，丰富农民的文化生活，为乡村文化事业的发展做出贡献，而且可让社会力量在其中得到丰厚的利润，创作出更适合农村的文化节目，形成良性循环。社会对参与形式认识不足。社会力量不仅通过义艺演出等形式参与乡村文化建设，还可以通过多元化的形式参与其中。比如，通过冠名的形式参与乡村基础设施文化建设。这对提高文化企业的知名度和美誉度有极大的帮助，也会得到很好的社会回报。可参与乡村文化人才的培训，壮大乡村文化队伍；可通过捐助、赞助等形式参与乡村文化活动；可与乡村特色文化相结合，创作具有地方特色的文化节目。社会各界力量应发挥自身优势，通过不同的形式参与乡村文化建设，填补政府对乡村文化建设的空白，共同为乡村文化事业的发展助一臂之力。

第三，农民自身的认识不足。实行家庭联产承包责任制以来，由于从集体经济转变为相对分散的农业生产模式，农民相互之间的依附关系日渐弱微，农村外出务工人员增加，家庭越来越独立。这是时代进步的结果。但一个村、一个社区需要有教化、归属感、和谐相处的机能。这不仅可以增进家庭之间的感情，让群众认可、接受自己生活的环境，并积极参与村里组织的活动，而且可以对良好风气的形成起到重要作用。如今农民对文化建设的认识相对滞后，仍停留在计划经济时代，靠、等、要的思想依然存在。他们没有认识到自身是乡村文化建设的主体，没有认清自身的参与会给乡村文化建设提供源源不断的动力。农民自身主体意识的缺失，是统筹城乡文化发展的重要瓶颈。乡村文化人才流失，家庭关系相对独立。农民虽然对文化的渴求与日俱增，但没有凭借自身的能力组织符合自己审美、满足自身文化需求的活动。

此外，农民对乡村特色文化的认识和发掘也不够。农民羡慕、追求城市文化，被城市文化的光环所笼罩，在土生土长的自身文化面前表现出了不屑与自卑。随着生活水平的提高，人们更加追求原生态的文化生活。农民应该把握住社会发展的脉搏，对自身优秀文化表现出自信，与市场经济相结合，让更多的人了解乡村文化，让更多的人享受乡村文化。如云南省蒙自县是云南过桥米线的发源地，蒙自县农民在发展自身文化方面做得极为成功。去农村开办的过桥米线餐馆，不仅可以吃到地道的云南过桥米线，了解过桥米线的来历和文化内涵，而且可欣赏到云南彝族、哈尼族人民组织的独具特色的文化节目，了解其民族生活、民族文化。这既可以保护和发扬自身的特色文化，也可以刺激本地经济的发展。农民应改变自己认识方面的不足，不断发掘特色的优秀文化资源，用原汁原味的乡村文化滋养自身的精神生活，建设属于自己的精神家园。

三、体制的不完善

从整体上看，我国乡村文化建设机构不健全且缺乏科学合理的制度保障。首先，乡村文化建设的机构不健全。机构的不健全也就使得没有专门的负责文化建设的工作人员，因此也就导致文化建设、文化宣传工作可有可无。其次，缺乏合理的乡村文化建设规划。尤其是地方领导缺乏对待文化建设的战略意识，没有把乡村文化建设列入重要议程，没有将其列入区域经济发展的总体规划，也就没有一个适应乡村文化发展、适应当地经济发展的短期目标和长期目标。再次，没有把文化建设状况列入干部的考核业绩。考核乡镇干部或者考核村干部时，缺乏对其文化建设的考核，仍只重视其对经济建设的贡献。这势必会造成领导干部只抓经济建设，忽视文化建设。最后，文化市场监管缺位、在市场经济的环境中，缺乏了市场监管，势必会使得市场经济的"另一只手"左右文化建设，造成乡村文化产品鱼龙混杂的局面。而且，文化市场监管是一项长期的、复杂的工作，光靠几次突击、集中检查是不能解决全部问题的。目前我们的乡村文化建设正是缺乏这样一种长效机制，所以在具体的管理工作中做不到持之以恒、常抓不懈。

第一，文化体制落后。2009年10月文化部发布的《乡镇综合文化站管理办法》中对乡镇文化站的机构设置、人员、职能、建设等内容做出规定。其中规定："由县级或乡镇人民政府设立的公益性文化机构，其基本职能是社会服务、指导基层和协助管理乡村文化市场。"乡镇人民政府负责文化站日常工作的管理，县级文化行政部门负责对文化站进行监督和检查，县文化馆、图书馆等相关文化单位负责对文化站开展对口业务指导和辅导虽然这一管理办法是2009年发布的，但仍看到乡村文化管理体制的不完善。一是权责模糊乡镇政府负责日常管理，具有人事决定权；县文化馆、图书馆等相关文化单位，负责业务指导及监督检查。二是业务指导单位不明确，文化馆、图书馆等相关文化单位都可以进行业务指导、监督检查。在遇到业绩时，相关文化单位都会邀功请赏，一旦遇到工作和问题，就会相互推诿、互相扯皮。现在无论是城市还是乡镇，发展经济仍是政绩考核的重要指标。在发展经济的重压下，乡镇文化干部常年转而从事乡镇管理工作、计划生育工作等能"创收"的工作，基本没有时间和精力从事乡村文化的管理活动。而县文化馆、图书馆等相关文化单位又没有人事权、财政权，业务指导也难以落到实处。按照政策，乡村公共文化的投入主要由县、乡财政负责。但县、乡财政是我国五级财政中最薄弱的两级财政其就连中央政府强压政策下的一些事情都无财力应付，比如农村九年教育，更无法顾及乡镇文化站的建设以及整个乡村文化的建设。因此，虽然政府在乡村文化建设中处于主体地位不容置疑，但在当前体制下，如果没有考核干部的硬指标，乡村文化建设和管理工作仍落在虚处。

中国共产党第十六次全国代表大会第一次将公益文化事业和营利性的文化产业区分开来。近年来，对于文化产业的发展，政府也出台相应的一系列措施，促进文化的快速发展。这不仅可以作为我国经济新的增长点，也可促进中华文化的大发展大繁荣。但也应看到，政府对文化产业的关注超过了对公益文化事业的关注，因为文化产业可以创造税收、利润，而公益文化事业则需要政府财政的投入且没有任何盈利。文化产业的发展，需要社会各界力量的参与和支撑，才能蓬勃发展。更多的是民间力量的参与，政府主管部门只需作为裁判员的角色出现即可，但现实是政府也参与其中的逐利行为。例如，对于KTV卡拉OK版权收费问题，文化部和中国音响协会的较量可谓"其乐融融"，并在这个过程中，有关政府部门以投资的形式强制推行相关的软件平台，而对乡村公益文化事业的关注和投入少得可怜。如果这种现象持续下去，乡村公共文化事业发展得不到保障，只会导致中国文化事业的虚假繁荣。因此，在文化体制改革中，不仅要改变权责模糊、人事分开的现状，也要对文化主管部门的职能、行为进行明确、约束，真正使政府做到在公益文化事业和文化产业中角色定位准确，使公益性文化事业和经营性文化产业在繁荣社会主义文化中比翼双飞。这既能保障广大人民群众的基本文化权益，又能满足人民群众多方面、多层次、多样性的精神文化需求，实现文化事业和文化产业的协调发展。

第二，公共政策具有滞后性、歧视性。阻碍统筹城乡文化建设的最大政策障碍是城乡二元户籍制度。新中国成立以来，我国实行严格的户籍制度，形成了中国独特的二元社会结构，割裂了城乡文化交流。户籍制度及由户籍制度衍生的一系列歧视性待遇，使农民很难和城市居民平等地享受政府提供的公共文化服务，造成城市现有文化资源浪费和乡村文化资源匮乏的矛盾现状。要统筹城乡文化建设，必须打破城乡二元结构，废除城乡二元户籍制度，把农民从其枷锁中解放出来，使其获得自由流动的资格和机会。进城务工农民应平等地享受城市提供的一系列服务设施，受到城市文化的熏陶。同时，农民在参与城市文化活动和城市文化建设中可获得现代科学知识和现代文化气息。农民把城市先进的文化带回农村，可促进城乡文化的交流和融合，加快乡村文化建设的步伐。

第三，乡村文化建设的制度存在瓶颈。一是养人的乡村文化运行体制造成大多数农村基层文化部门的工作人员不懂乡村文化，业务素质滞后。文化管理部门不仅不办事，而且把国家投入的文化设施租借出去作为洗脚、按摩、桑拿等场所来维持所谓的职工生存。二是文化投入机制短缺而低效。一方面，对乡村文化建设的投入严重不足，文化基础设施十分落后，公共文化机构难以运转，文化产品、文化服务供给非常短缺。另一方面，国家的文化投入在文化管理部门内被层层剥夺。越到基层，状况越差。财政投入在一级一级优先保障之后，到乡镇文化站时已所剩无几。三是乡村文化建设缺乏内在动力。当前的新农村建设过程中，基层政府考虑的还是公路交通、房屋建设、招商等内容，对如何活跃农民的精神文化生活则很少顾及。缺乏生存发展的良好环境，使得乡村文化中介组织难以发挥配置文化资源、促进文化交流、促进文化均衡发展的作用。

四、文化产业缺乏活力

多方对乡村文化建设的认识不足，导致乡村文化产业缺乏活力、流于形式，不能产生强大的文化推动力。乡村文化产业可分为两方面：一方面是请进来，让社会力量参与乡村文化产业的发展，刺激乡村文化产业的活力；另一方面是走出去，即根据自身文化特点，大力培育特色文化产业，保护优秀文化资源，增加农民收入。一方面，由于社会对乡村文化市场认识不足，社会力量对乡村文化建设参与不积极。很多地方在婚丧嫁娶及节庆时请文艺团体或剧团举行文化娱乐活动，乡村传统的文艺节目不能满足农民的需求。由于乡村文化团体自身条件有限，对流行的文艺节目把握不够，造成乡村文艺团体无法满足农民精神文化的需求，面临着生存危机。有些文化团体为了生存，迎合少数农民的胃口，表演低俗的文艺节目，因而农村需要请政府、社会力量予以帮扶。通过帮扶、整合等形式，对乡村文艺团体进行升级，或者直接参与乡村文化市场，激活乡村文化产业。

另一方面，农村蕴含着丰富的文化资源。农民由于自身条件不足，对其发掘还不够。应该立足自身，发现、挖掘自身优秀文化传统，通过运作、包装、宣传乡村特色文化，推动乡村文化产业的发展。例如福建南靖等地的土楼文化存在了千百年，而作为文化资源进行开发是近几年的事情，并在全世界成功推销出去。2008年，"申遗"成功。土楼这一建筑具有浓重的地域特色，而且其文化中包含客家文化、周易八卦、科考文化、天文地理等知识及各种各样的传说。而土楼群中最具文化底蕴的"土楼王"被一个旅游公司投资开发，每年交土楼中的居民费用仅三万元。可以看到，在外力的作用下，农民学会了发掘乡村优秀的文化资源，积极推销，打造独具特色的乡村文化产业。

此外，乡村文化市场不规范，监管力度不够。乡村文化市场不够规范，对乡村文化市场的监管力度不够。在乡村不少地方，封建迷信活动有所抬头，宣扬色情暴力的书刊和音像制品屡禁不止，破坏了淳朴的乡风，影响了"平安乡村""和谐乡村"的创建进程。

五、乡村文化建设环境不够优化

政策不够配套。一套行之有效的保障和促进机制是文化建设的重要保障。首先，乡村文化建设氛围不够，乡村文化建设氛围不如城镇文化建设氛围浓厚。有的领导对乡村文化工作认识不足，没有把它摆到重要议事日程上，不能积极主动地去解决当前乡村文化设施建设中存在的困难和问题，致使有的乡镇文化站、村文化室名存实亡，乡村文化活动处于瘫痪或半瘫痪状态。其次，乡镇文化活动经费无保障。文化站财政拨款仅仅是人头费，乡镇文化站没有相应的购书、订阅报刊、开展活动以及正常业务工作的办公经费，乡村文化活动难以展开。有的基层文化俱乐部虽然建设时按照标准筹建，但缺少后续经费投入，只运行一时而不能坚持正常开放。再次，有的文化资源尚未得到有效利用。文化体制不顺、机制不活，造成文化产品、文化服务供给不足等。

不良文化在农村占有一定的市场。一些看相、算命、看风水等封建迷信活动还时有出现。农村红白喜事中还存在大操大办的现象，不仅浪费严重，也为封建迷信的滋长提供了土壤。近年来，"黄、赌、毒"等丑恶现象又有所抬头，许多农民认为在茶余饭后打打牌、搓搓麻将、输赢几个小钱来消遣时间没有什么大不了的。特别是在农闲时节，赌博现象更是比比皆是。在部分农村地区，由于对文化建设认识不足及受经费等因素的制约，先进文化、健康文化受到限制，农民缺乏精神食粮，群众的文化需求不能得到满足。加上少数农民缺乏现代文化意识，很大程度上给低俗文化、宗教迷信留有渗透和腐蚀的空间。

文化公共产品提供不足。乡村文化生活贫乏、枯燥，给乡村消极文化现象的产生、发展留下了极多的时间和极大的空间。各种低俗和消极文化也乘虚而入，侵蚀乡村优秀的传统文化，使大量民歌无法得到传承，传统节目也在渐渐消亡。乡村文化处于边缘化的境地。各种邪教快速传播。在不少地方，"黄、赌、毒"卷土重来，封建迷信活动日趋猖獗。更重要的是扭曲了农民的价值观念。一是文化阵地使用率不高，文化设施没有发挥应有的作用。在一些好的农村社区，文化基础设施相对完善，有的建有老年文化中心、残疾人活动室、图书阅览室、书画活动室、古物展览室等。据观察，除老年文化中心的棋牌室、电视室有老人活动外，其他几个活动室一般都是锁着的。残疾人活动室的健身恢复器材上已有少许灰尘；图书阅览室的桌上同样也有一层灰尘，室内也没有椅子。这些现象说明了一个问题：管理没有跟上，没有固定的管理人员，没有制定相应的管理制度。二是乡村文化工作人员年龄普遍偏大，队伍素质偏低，结构不合理。乡镇机构改革后，有的乡镇文化干部在职不在位，有的兼职过多，有的调走后，没有得到及时补充。由于人才流动机制不合理，在岗人员老龄化问题严重。此外，乡村文化活动重老轻少，青年文化沙漠化现象日益突出。在一些文化活动开展得较好的乡村，往往是老年文化红红火火、热热闹闹，而青年文化却几成沙漠。调查显示，欠发达地区的大多数村庄都处于这样一种状态，即年轻人外出经商、务工，老年人和小孩留守农村。在乡村文化建设和活动开展中，渐渐忽略了青年人的文化需求。无论哪个村搞文化活动，都是一些老人的文化活动项目居多，年轻人喜爱的活动几乎没有。而且，更让人忧虑的是，他们对待当前乡村文化时采取了一种与己无关的漠然态度，自身缺乏参与文化活动的热情。三是"文化下乡"力度不够，文化供应针对性不强。的确，各级文化部门的"文化下乡"活动丰富了农民的文化生活，但这只是一种"喂食"型的暂时满足。随着农村社会的发展，"文化下乡"中存在的问题也越来越突出了。一是"文化下乡"次数太少，远不能满足农民的需要。二是"文化下乡"的内容针对性不强、创新性不强、贴近性不强。时间长了一部分农民就对此失去了兴趣。三是"文化下乡"培训度太低。在形式上，搞演出活动的多，办培训、辅导的少。"文化下乡"时热热闹闹，离开后又是冷冷清清。俗话说："授之以鱼，不如授之以渔。"只有下乡"种文化"，才是真正解决乡村文化供应不足的根本方法。

当前，国际文化竞争日渐激烈，呼唤乡村文化建设提速。尽管中华民族具有五千多年的文明史，积累了丰厚的文化底蕴，但随着全球化步伐的加快，国际文化竞争日趋激烈，我们的文化资源优势还没有转化为文化竞争优势。我们民族文化的根在农村。不仅要抵抗国际竞争的强势冲击，而且更为重要的是要建设具有我们民族时代特色的乡村文化，增强中国独具特色的乡村文化实力，抵御国外强势的文化侵蚀。

第四章　农耕文化的振兴研究

第一节　农耕文化概述

农耕文化虽是古老的话题，但却历久弥新。从原始农业的第一颗种子开始，农耕文化便与社会历史发展紧密相连。农耕文化的每一次更新，都伴随着社会生产力的飞跃。无论是原始社会，还是社会主义社会，农耕文化占据着人们生产生活的重要地位，滋养着中华民族的生存与发展。但由于农耕文化历史久远，逐渐被人们所淡忘，导致人们往往身在农耕文化之中，却不识得农耕文化。在此条件下，亟须厘清中华农耕文化的概念，从农耕文化的整体出发，唤醒人们对农耕文化保护与传承意识。

一、农耕文化及相关概念的界定

文化与人息息相关。中国古代早期将文化定义为："观乎天文，以察时变；观乎人文，以化成天下。"现代文化人类学家马林诺夫斯基认为："文化可以被界定为人工的、辅助的和自造的环境，它给予人类一种附加的控制力以制约某些自然的力量。"据统计，世界上在文化领域有影响力的学者对文化的定义高达166条，涉及社会学、历史学、哲学等各个领域。学界对于文化的定义虽然没有统一，但对于"文化与人息息相关，是人化"的观点没有明显分歧。

目前，关于文化概念主要有两个大的分支，分别是狭义文化与广义文化。二者主要差别体现在文化所涵盖的范围上。狭义文化是指人们在实践生活中所形成的精神和观念体系，包括知知识、信仰、道德、艺术、法律、习俗等，仅涉及精神领域。广义文化，主要是指人们在社会实践中的各种活动方式和产品，是物质文化与精神文化的总和。冯天瑜从广义的文化出发认为："文化的实质含义是，人类化一是人类价值观念在社会实践过程中的对象化，是人类创造的文化价值经由符号这一介质在传统中实现过程，而这种过程包括外在文化产品的创造和人自身心智的塑造。本文中所使用的文化概念是指广义的文化，即物质文化与精神文化的总和，包括物质文化、精神文化、制度文化等内容。

（一）农村文化

农村文化又称为"乡村文化"。是指在农村这一地域内，以农民的生产生活实践为根本内容，所衍生的物质文化产品与精神文化产品，涵盖农村各个时期、各种场合的所有文化活动。农村文化是混合形态的文化，它不是单一文化类型，而是文化综合体。在农村文化中既包括传统文化，也包括革命文化和社会主义先进文化，同时也是落后文化与先进文化共生的文化系统。从内容上看，农村文化涉及农民的衣、食、住、行、娱等各个方面，从特色服饰、特色美食、特色民居、出行工具、习俗礼仪、歌舞曲艺、手工技艺、名人遗迹到思想观念、家风家训、乡间传说等各种形态的文化。并且，这些文化形态是"新""旧"混合的。以习俗为例，新中国成立后，在广大农村地区开展移风易俗、破除封建思想的活动，取得了较为显著的成效，落后的风俗基本上得到整治和清理。当前，农村习俗大多数已经摒弃了落后的行为方式，简化了程序，增添了新的内容。换言之，农村文化不一定是传统文化中的"旧"文化，还有新时代条件下的"新"的文化。新时代的民主观念、村规民约、道德规范都成为农村文化的重要组成部分。乡村振兴战略下的乡村文化振兴也成为新时代农村文化建设的重要内容。

此外，农村文化时常与城市文化以相对的概念出现在人们的视野中。农村文化与城市文化是两种不同类型的文化，二者并不矛盾，也没有优劣之分。随着网络、交通的快速发展，农村文化与城市文化间的交流和碰撞更加频繁。农民工被誉为候鸟，往返于城市与农村之间。城市文化以潜移默化的形式改变农民工，并通过其传播到农村中，使农村文化在一定程度上受到城市文化的影响。另外，城市文化也会受到乡村文化的影响，农村文化时常以美丽的田园风光、慢节奏的生活吸引着城市群体，在城市的许多公园、小区中通过模仿田园风光来平衡高楼大厦等工业建筑和快节奏的生活。总而言之，农村文化涵盖范围广，时间跨度大，内容要素十分丰富。

（二）农业文化

农业文化是基于农业生产方式，围绕农业生产生活所产生的文化。根据农业生产活动的地理环境和人文特征，可以分为黄河流域农业文化、根栽农业文化、热带草原农业文化、地中海农业文化、新大陆农业文化。农业是人类社会最为基础的生产部门，被称为"第一产业"。在生产力发展水平较低的古代社会，农业是国家最为重要的生产部门，正如恩格斯所强调："农业是整个古代世界的决定性的生产部门。"中国以农立国，农业生产是国家主要的经济活动和财富来源。在中国古代农业生产中，分布着种植业、畜牧业、林业、渔业，分别对应着平原农耕文化、草原畜牧文化、山地采猎文化、江湖渔业文化。在中国中原地区，主要以平原农耕文化为主，并以中原地区为核心，平原农耕文化向四周辐射，对其他农业文化产生深远影响。在中国古代政权的更替中，中国农业文化得到进一步的融合与发展，各农业文化间的差异缩小，逐渐与农耕文化融为一体。最为典型的是北魏孝文帝改革，通过胡汉联姻，改胡姓为汉姓，换胡服为汉服，推行均田制等一系列措施，使北方少数民族由游牧文化向农耕文化转变。

在中国，农耕文化是农业文化的主要类型，但不能将农耕文化与农业文化混为一谈，不能将农业文化机械的等同于农耕文化。农业文化是整个农业部门的文化形态，而农耕文化只是农业文化的一个分支。农耕文化是农业文化，但农业文化并不只是农耕文化。

（三）农耕文化

中华农耕文化是中国农业文化的主要类型之一。中华农耕文化是中华民族围绕农业耕作为核心所形成的生活方式、生产方式以及精神价值的总和。值得注意的是，农耕文化所涵盖的内容不仅仅是单一农耕，而是以农耕为主，包括以农耕为中心的驯养家畜、种桑养蚕、打鱼捕猎等其他农副业，这些农副业不是独立的农业生产部门，而是以农耕为核心的辅助性生产活动。

在农耕活动中，农耕工具的使用和分工协作是其重要内容。一方面，农耕器具的使用是人类作用于自然界以获取能量的方式，体现着人们向自然界索取生活资料的能力，同时标志着社会生产力发展水平的程度。另一方面，分工协作体现的是农耕活动的社会组织形式，人类在作用于自然界的过程之中，需要联结起来，形成合力。在联结后的组织内部，需要进一步进行分工协作，提高效率，以发挥更大的作用。农耕文化围绕土地这一中心，所延伸出来的人与自然的关系，以及人与人之间的关系是其核心内容。由于土地的固定性以及生产力水平的限制，从事土地耕作的农民往往也限制在一定的活动范围，对土地的依附性极强，并且单个人很难承担所有的农事活动，必须通过整个家庭的协作才能得以完成，对于人口数较少的家族来说，乡民们的互帮互助显得尤为重要。农耕文化本质是经验积累型文化，在经验总结的基础上所阐发的一系列关于土地耕作的内容，对于经验无法解释的方面，则转向神的庇佑。中华农耕文化体现了中华民族的智慧，它是具体实践与理论精华的统一，既有乡土生活实践的气息，又有启迪心灵、认识世界的哲学意蕴。

中华农耕文化与农村文化、农业文化既有联系又相互区别。从总体性质上看，中华农耕文化从属于农村文化与农业文化。农村文化相当于一个集合，农村文化包含农业文化，农业文化包含农耕文化。农村文化涵盖范围最广，农业文化次之，农耕文化为末。中国农村主要生产部门为农业，而农业的主要生产方式为农耕，由此决定了农村文化中农耕文化的重要性。综上所述，农村文化包含农业文化，农业文化包含农耕文化，农耕文化是农村文化和农业文化的重要组成部分。

二、中华农耕文化的内容与特点

中华农耕文化从原始农业到现代社会，历时悠久，内容十分丰富。目前学界对农耕文化的主要内容的概括很多都从具体内容出发，只截取农耕文化的某一片段，概括和总结为某一方面的多项内容或多方面的某一项内容，这样很难对农耕文化有全面的、具体的概括。基于此，本文将农耕文化具体划分为物质文化、精神文化、制度文化三个方面进行归纳其主要内容，力求对农耕文化的内容做一个全面的梳理。中华农耕文化是中华文化的重要组成部分，同时也是中华文化的根脉，对于农耕文化特点的概括，主要基于中华文化的基础之上，突出农耕文化拥有的独特性，即乡土性与稳定性、封闭性与保守性、内敛性与包容性、地域性与多样性。

（一）中华农耕文化的主要内容

在数千年的生产实践中，乡民创造了独特的农耕文化。农耕文化凝聚着先民们的勤劳与智慧。它植根于中国乡村，影响了数代人的成长。随着城镇化进程的加快，许多乡村人口涌入城市，但仍然带有农耕文化的烙印。存在不少群体，身在农耕文化中，却不识农耕文化或对农耕文化带有片面的理解。深入挖掘农耕文化的丰富内涵，树立对农耕文化的正确认识，是新时代保护与传承农耕文化的必要前提。农耕文化蕴含着的丰富的文化内容，根据文化层次结构，可以分为物质文化层面、制度文化层面以及精神文化层面。

1.物质文化层面

物质文化是乡民在农耕实践中所创造的物质形态的产品。在农耕文化形成的过程中，"耕"起了重要作用，并留下了许多物质财富，主要包括进行农耕生产的器具、灌溉工程、农副产品、服饰、建筑等方面。

农耕生产器具由新石器时代的石铲、石相到春秋战国时期铁工具的推广，实现了"刀耕火种"向"铁犁牛耕"的转变，推动了生产力的发展。随着农业生产的不断进步，耕作工具得到升级，同时使其得到多样化的发展。如"铁犁牛耕"的方式就有多种，其中从牛的数量来看，既有一牛耕田也有二牛抬杠；从"犁"

的形态看，有长单直辕犁、双长直辕犁、曲辕犁等。在进行农业生产的器具中，还有十分重要的灌溉工具，如西周时期的桔槔、辘轳，三国时期的翻车，唐代的筒车。并且灌溉工具的发力方式也由手摇、脚踏等人力驱动向牛转、水转或风转等借力驱动发展。

多彩的农副产品是农耕文化创造的物质财富。从耕作的作物来看，除了稻、黍、稷、麦、菽等中国本土作物，还有从外来引进的玉米、花生、番薯、西红柿等作物；从食品的制作来看，每个地区都有不同类型的制作方法和饮食偏好，中国拥有着鲁、川、粤、闽、苏、浙、湘、徽等八大菜系，并且在同种菜系中，制作方法也有差异，每个地区都有独具特色的美食。此外，在进行农事生产时，乡民通常还会开拓其他农产品，如养殖鸡、鸭、猪等家畜和鱼、虾等水产品，种植果树、茶树等。其中，中国的茶文化在海内外享誉盛名。关于服饰方面，从纵向来看，中国每个历史时期都有不同的着装，但从事农事耕作的服装普遍都有着耐穿、方便的特点，常用棉麻等材料制成。从横向来看，每个民族和地区的服装也有差异，例如藏袍、旗装等。此外，为了应对雨雪等恶劣天气，创造性的发明了斗笠、蓑衣、披风等服饰。在建筑方面，每个地区的建筑风格都别具一格，为了适应当地的农耕生活实践，根据所在地区的气候条件及生活习惯所建造，例如黄土高原的窑洞、赣闽的围屋、傣家的竹楼等。

上述的物质文化在整个农耕文化中，只是冰山一角。在数千年的农耕实践中，乡民创造了许许多多的农耕文化物质产品，未详尽的还有农业景观，如梯田、稻鱼共生系统等，还有各式各样的手工艺品，如瓷器、糖人、剪纸、刺绣、花篮……物质层面的文化与农耕实践息息相关，伴随着农业耕作的不断发展，物质文化也不断得到丰富，都是乡民在实践中所积淀的文化宝库。

2.制度文化层面

制度文化是在农耕实践中，为了适应社会发展及自身生存所形成的规范体系。农耕文化的制度层面，主要包括农业政策、土地制度、农业管理以及人与人之间的行为关系准则。中国数千年的历史，历经83个王朝，无一不重视农业的发展，并将农业视为立国之本。这与中国自给自足的小农经济密不可分，农业不仅是赋税的主要来源，也是社会发展的稳定器。在封建专制不断强化的过程中，"重农抑商"的思想也不断得到加强与延续。

在农业政策方面，采取的措施主要集中在奖励耕作、减轻徭役、兴修水利、推广先进农耕技术等方面。这些措施极大地促进了农业的发展，并在一定程度上促使社会繁荣昌盛。例如，西汉时期，文帝和景帝奖励耕作，引导官员及民众重视农业生产，力行节俭，使社会安定繁荣，史称"文景之治"。

在土地制度方面，主要有井田制、屯田制、均田制等。原始社会的土地属于氏族公社共同所有，共同劳作，共同享有。到了奴隶制社会，实行井田制，属于土地国家所有制，实际上为奴隶贵族所有。此后的屯田制和均田制都属于封建国家所有制。这些土地所有制及实行方式，在不同的历史时期基于社会生产力的发展以及社会环境所调整，在中国历史上起到了一定的积极作用。

在农业管理方面，中国古代社会主要通过设立专门管理农业的行政官员进行管理，这些官员在一定意义上都可统称为"农官"。不同的农官职责分工各有不同，在郡府列曹中，户曹主要管理农户及传授农业耕作技艺，时曹负责月令和时节，田曹主要管理农业生产。此外，还有涉及到农事监督、水利工程、赋税、赈灾等方面的农官。使用行政手段对农业进行分门别类管理，各有侧重，保障了农业生产，在促进农业发展方面发挥了重要作用。

在农耕生活实践中，制度文化影响最为深远的是家族制度即宗族制度。村庄的形成最早可追溯到原始社会，是以氏族为单位所形成一片聚居地。在村庄中，人与人的社会关系准则很大程度上依靠宗族制度进行管理。乡村社会是一个典型的"熟人社会"，几乎每户人家都有着或多或少的血缘关系，当人们发生冲突时，往往会寻求家族中的"大家长"进行裁决。人们在日常生活中，往往也是亲密的关系，乡亲邻里之间经常互帮互助。同样，李大钊认为家族制度在中国社会中具有举足轻重的作用，他在1920年指出："中国以农业立国，所以大家族制度在中国特别发达。原来家族团体一方面是血统的结合，一方面又是经济的结合……中国的大家族制度，就是中国的农业经济组织，就是两千年来社会的基础构造。一切政治、法度、伦理、道德、学术、思想、风俗、习惯，都建筑在大家族制度上作他的表层结构。"大家族制度是农业社会的产物，同时也是中国古代社会的基本构造。制度文化作为文化的中观层面，对表层的物质文化和深层的精神文化都能产生一定的影响。

3.精神文化层面

精神层面是农耕文化的核心层面，最能够体现农耕文化特质。在农耕生活实践中，精神文化层面主要涉及哲学理念、价值观念、道德规范、农学理论、风俗禁忌、节庆娱乐等方面。

农耕文化蕴含着丰富的哲学理念，这些哲学理念在农业生产过程中发挥着重要作用。正如马克思所言："人民的最美好、最珍贵、最隐蔽的精髓都汇集在哲学思想里。"农耕文化所涉及的哲学理念主要包括乡民的思维方式及对世界的根本看法。农耕生产实践造就了乡民们整体性和经验性的思维方式。一方面，农事活动十分注重经验的积累，在所拥有的物质条件相同的情况下，劳动者的生产技能起着关键性的作用。中国数千年的农业生产实践，留下了许多农事生产经验。这些经验是乡民们进行农业生产的重要手段和依据。重视经验的积累日渐成为了乡民固定的思维方式。另一方面，在农业生产过程中，要密切关注天气、土壤、水源等各个方面，这是一项整体性、系统性的工程，只有在天时、地利的条件下农事活动才能获得良好的收成。并且，农作物的生长过程也是环环相扣的，从播种、施肥、除虫到收割，每个环节都不能够忽略，其中任何一个环节的疏忽都能够影响到整个收成。农事生产对于小农经济来说，是一项集体劳动的过程。在农忙时节，需要整个家庭的合作，才能完成耕种的任务。对于人口较少的家庭，乡民们会自发提供帮助。正是在这种条件下，在农事活动中所注重整体性和经验性的思维方式一直延续至今，并仍然发挥着重要作用。

农业生产所涉及的核心要素，主要是"天""地""人"三者。"上因天时，下尽地财，中用人力，是以群生遂长，五谷蕃殖"。农业生产要获得好的收成，必须实现此三者的和谐。基于对农业生产要素的正确认识，形成了"天人合一"的世界观。"天人合一"是中国哲学的重要命题，不同的领域对其的理解不尽相同。此处涉及的"天人合一"多采用《易经》中的"三才之道"，即"天之道""地之道""人之道"，这与农耕生产实践十分契合。此三者，虽各有其道，但不是孤立的，而是相互联系的。老子揭示了三者之间相互联系的自然规律："人法地、地法天、天法道、道法自然。"天、地、人三则都具有共同的自然规律。马克思说："为了进行生产，人们相互之间便发生一定的联系和关系；只有在这些社会联系和社会关系范围内，才会有他们对自然界的影响，才会有生产。天、地运行的自然规律同样也是人类社会的规律，要求农业生产要尊重自然运行规律，按规律安排农事活动。"

此外，农业生产过程中，天气的变幻、时节的更替、土地肥力的变化、农作物的生长过程中所发生的改变，昭示着世界是普遍运动、变化的过程，意味着人也必须随之改变农事行为。这种变易观是中国古代辩证法的主要内容，最初可溯源至农耕生产实践。与此相联系的，还有循环观，即天气、时节、土地、农作物的生长都是一个循环的过程。这种思维方式对人们产生的影响也是深远的，人们往往把自己置于一个简单的循环之中，并且认为世道有循环，人道有轮回。这是中国古代农业生产虽取得成就，却无法继续突破，实现飞跃的重要影响因素。

农耕文化所体现的价值观念，主要有以农为本、家庭本位和大同理想。第一，以农为本是农耕文化最具代表性的价值观念，没有农本观念便没有中国古代农业的辉煌。中国的地理位置和气候条件，决定了农业的重要地位。历代中国都将农业作为国本，主要原因在于：首先，农业是满足人们基本生活需求的产业。衣、食、住都离不开农业的供给。其次，农业是财富的主要来源。在生产力发展水平低下的环境下，农业生产是财富的主要来源。最后，农业是社会稳定的根基。农业把人们固定在土地之上，减少流动性，易于管理，有益于社会的稳定。第二，家庭本位观，是农耕文化中最为基础的价值观念，许多价值观念都是围绕其产生、演变而来。家庭不仅在农业生产中扮演着重要角色，而且在抚育、教化等环节起着重要作用。在农业生产实践中，单个的人是从属于家庭的，他的任何行为都要对家庭负责。许多人将"光耀门楣、光宗耀祖"作为人生理想。第三，大同社会是底层民众的社会理想，可以体现出乡民们的价值需求。大同理想大体上包括：在经济上，衣食不缺，实现温饱；在政治上，君主贤明，邻邦友好，没有战乱；在社会关系上，实现仁爱、和谐的人伦关系，老幼皆有所养。

农耕文化的道德规范，主要围绕宗族制度来实现。其中，家风家训是道德约束的一个重要方面。主要包含敬老爱亲、耕读传家、力行节俭、吃苦耐劳等内容。农耕生产实践是一个家族集体性行为，在一个大家族中，主要劳动力为青壮年，老幼无法从事农业生产，只能辅助农业生产，青壮年有着基本的赡养老人和抚育幼儿的义务，要求敬老爱亲。从家族的长远发展来看，下一代的教育关系到整个家族的未来。耕读传家是家族对子孙后代所寄托的美好希望，"既要谋生，又要做人"，要求他们能够辛勤劳作，满足物质生活需要，识字读书，满足精神生活的需要。世代耕作的家庭，要求家庭成员，力行节俭。劳作十分辛苦，同时也是为了应对意外及自然灾害的需要。在农耕家族中，吃苦耐劳是最常见的家风家训，农耕是十分辛苦的劳动，"一份耕耘一份收获"，只有不辞辛苦的劳作，才能得到收获。此外，与宗族制度关系密切的，还有祖先崇拜。一方面通过崇拜来寄托自己的美好希望，另一方面也是"孝道"的表达。同时，道德规范的另一层面，还通过风俗禁忌表现出来，从而对乡民的思想道德和行为进行约束。与家风家训不同的是，风俗禁忌虽具有一定科学的经验总结，但带有浓厚的迷信色彩，乡民希望能够通过神灵来起到震慑作用。中国古代的风俗禁忌对道德规范具有一定的积极意义，同时也具有一定的危害，如今需要辩证看待。

农耕文化精神层面的浩如烟海，除以上所涉及的外，还包括农学理论、节庆娱乐等。农学理论主要是农耕实践的经验总结与知识发现，这些理论通过文字流传下来。其中与农业耕种直接相关的有《氾胜之书》《齐民要术》《陈农书》《农书》等等。在农耕实践中，对"天时"的认识与探索，催生了天文学。中国古代天文学主要内容有历法编制、天文观察、天文仪器的制造和使用三个方面。同时，农耕实践中对数量关系和空间关系的认识，形成了中国古代数学理论，主要著作有《周髀算经》《九章算术》《算学启蒙》等。农耕文化中的节庆娱乐基本上都与农事活动相关，反映了农业生产的顺序与时间进程。以二十四节气为例，每个节气都是农事活动的关节点，人们通常会在这几天进行庆祝或祭祀，表达人们对上天的感谢和收成的美好期待。与庆祝相关的还有一系列载歌载舞、制作吃食等娱乐活动，丰富人们的农耕生活。

农耕文化蕴含着丰富的内涵，其中物质文化层面、制度文化层面、精神文化层面并不是分隔的文化形态，而是相互影响，相互作用的文化体系，三者的有机结合共同构成了农耕文化的复杂整体。通过对农耕文化的初步了解，可以看到许多传统文化都能在农耕文化里寻找到依据。农耕文化是中国传统文化的源头与根脉，是珍贵的遗产和资源宝库。

（二）中华农耕文化的基本特点

任何文化由于其产生土壤与生存环境的差异，都具有不同的特点。中华农耕文化独特的风格与特点是区别于其他类型文化的显著标志。

1.乡土性与稳定性

乡土性是中华农耕文化最为显著的特征。中华农耕文化直接取资于土地，在人与土地的交互中不断地发展、完善。"乡土"的本色在于农村生活、生产实践，农耕文化正是农耕生产实践与生活的产物。农耕文化以"土地"为核心，人与自然的关系以及人与人之间的关系都围绕着"土地"而进行。农民以土地为媒介，向自然索取生存资料，在对待土地的态度上，反映了农民对待自然的态度。农耕文化中，农民是敬畏自然的。他们尊重自然规律，秉持修养生息的原则，对土地实行轮耕制，并通过施肥来增加土地的肥力。农耕本质上是一种合作的劳动，在人与人的关系层面，人们围绕一定的土地形成一定规模的村庄，以家庭为生产单位进行农耕生产，村庄内各户人家具有亲密或疏远的血缘关系，使得村庄内也具有一定的合作关系，农忙时节"互帮互助"成为常态。乡村中人与人之间的关系是亲密的熟人关系。

农耕文化的稳定性与乡土性有着紧密的联系。农民以种地为谋生手段，土地对农民而言是极其重要的。在一定程度上说，农民与土地的关系，就像是鱼与水的关系，鱼离开了水便无法呼吸，农民离开了土地便无法生存。所以，农民紧紧地依附土地。在中国，任何一座村庄在没有人为干预的情况下，都有着非常悠久的历史，并且极少发生改变。传承性是稳定性的显著表现之一，世代传承的农耕文化是其稳定性的重要保障。在村庄内，往往保留着至少上百年的传统，从生活习惯到节俗礼仪一直延续至今。农耕文化十分淳朴、简单，生活中最重要的事情就是耕作，除了自然灾害，很少有影响到农耕生活其他因素。尽管中国古代社会经历了不同朝代的更迭，但农村是最少因为朝代更迭而发生改变的地方。农耕无需过多的技巧，只需要辛勤的劳作，这使得农民思维方式较为简单，且易于教育和管理。所以，在中国古代政治制度中，"重农抑商"政策一直得到统治者的青睐，将农民固定在土地之上，鼓励耕种，使国家稳定。

2.封闭性与保守性

中华农耕文化具有很强的封闭性与保守性特征。一方面，从农耕文化的产生土壤来看，中国独特的自然环境是构成中华农耕文化的基础。中国地理位置呈半包围结构，北面荒凉，西面环山，形成较为封闭的地理单元，加之辽阔的地域、适宜的气候、丰富的水源、肥沃的土壤，为动植物的生长提供了广阔的空间，也为人们利用这些资源提供了便利。在自然资源丰富的地域内，人们不会轻易进行迁徙、流动，而是要守护住这一资源，从而不会与外界进行过多交流与联系。地理环境虽不是文化起源与发展的决定性因素，却是不容忽视的重要因素。中国得天独厚的自然环境使农业立国成为可能，丰富的水源和辽阔的平原使农耕占据农业生产的主导地位，也使得农耕文化成为中华文化的重要组成部分。较为封闭的地理环境加之丰富的自然资源，使得农耕文化在一定程度上也带有了封闭性与保守性的色彩。

另一方面，从农耕文化的经济根基和政治结构上看，自给自足的小农经济与"大一统"的政治制度很大程度上决定了中华农耕文化封闭性与保守性的特征。小农经济以家庭为生产单位从事农业生产，农业和家庭手工业相结合，"农民不但生产自己需要的农产品，而且生产自己需要的大部分手工业品"，生产出来的农产品只供家庭内部消费，并且能够基本实现自足。"十里不同音，百里不同俗"从侧面反映出不同村庄之间很少进行互动与交流，基本处于相互隔绝的封闭状态。此外，在农耕生产过程中，农民所进行的劳动基本上是重复性、机械性劳动，且生产工具较为简单，使得他们往往运用直观性的感觉和感悟去认识和改造世界，并形成了固定的行为模式与思维方式，因循守旧，不轻易发生改变，排斥与畏惧新鲜事物。

农耕文化的封闭性和保守性同样还受到中国古代政治制度的影响。中国古代"大一统"的政治制度，要求农民依附于土地，减少农民的流动，同时加强对农民的人身控制和思想文化控制，以维护国家的稳定。中国古代政治制度建立了"家国同构"的社会调控方式，以政治制度模式嵌入到家庭生活模式当中，使政治制度打上了深刻的宗法制烙印。从政治制度的垂直管理，到儒家文化的层层渗入，使得农耕文化逐渐与政治文化趋同，使农民更易于统治阶级的管理。在这种政治模式的浸润下，农民形成了封闭性与保守性心理，目光短浅，只顾眼前利益；有明显的排外心理，提防一切陌生的事物；恐惧未知，追求稳定，安土重迁。

3. 内敛性与适应性

中华农耕文化的"自省克己，内敛自适"是其内敛性与适应性的高度概括。内敛性主要表现为内向、隐忍、克制。适应性主要是指对恶劣环境的顺从与自我调适。内敛性和适应性实际上是相通的，正是对于逆境的顺从、隐忍，才能适应恶劣的环境。农耕文化与尔虞我诈的商业文化不同，农耕文化无需竞争，只需要向内索取，消耗自我的能量。农耕文化发展过程是自省克己的过程，反思与总结，积累与传承，是农耕文化拥有强大的生命力的关键，经验总结对农耕文化的发展来说具有十分重要的推动作用。其中，"人与自然和谐相处"是农耕经验总结的核心要点，也是中华农耕文化的价值指归。只有"克制"才能实现"和谐"，只有尊重自然规律，"不违农时，谷不可胜食也；数罟不入洿池，鱼鳖不可胜食也；斧斤以时入山林，材木不可胜用也"才能获得好的收成，这是世代农耕实践所得出来的真谛。在农耕生产实践中反复践行并遵守的律条，在日常生活中潜移默化，成为了刻在骨子里的性格。内向、腼腆、含蓄、克制、隐忍是农耕文化的内敛性在农民思想观念和行为举止上的投射。在传统农耕思维中，"吃亏是福"，"吃得苦中苦，方为人上人"，在不利条件下，需要隐忍才能守得云开见月明。农耕是十分辛苦的劳动，一份耕耘才有一份收获，只有吃苦耐劳才能收获粮食，维持生存。中国古代农民的生存境遇是十分糟糕的，肩负着高额的税收与徭役，农耕是他们唯一的生计，一旦遭遇自然灾害，便无法生存下去。对于农民而言，努力适应环境是为了求得生存。

农耕文化的适应性可以从两个视角理解。从微观视角出发，主要是指农耕文化的主体，农民为适应生存环境所做出的努力。农民从本质上说是脆弱的，他们几乎没有抵御风险的能力，他们能够生存下来得益于对于环境的适应性。从宏观视角出发，中华农耕文化的适应性还可体现为对外来文化的适应与兼容。在中国历史上，发生过多次游牧文化与农耕文化的交流与碰撞，农耕文化对游牧文化的影响是十分深远的。农耕文化能够被游牧文化所接受，说明农耕文化能够适应游牧文化的土壤，并能够在一定程度上促进游牧文化的发展。农耕文化有其特有的自适性，能够通过调适自身文化系统的要素，吸纳其他文化的为己所用。此外，中国以农立国，农耕文化对中华文化的生成与发展具有深远的影响。农耕文化具有强大的生命力的关键也在于其适应性。

4.地域性与多样性

中国辽阔的地域、多样的气候为农耕文化的地域性和多样性提供了可能。从大的区域来看，农耕文化具有南北地域差异。中国史前农业，粮食作物有"北粟南稻"之称，秦岭、淮河以北，主要粮食作物为"粟"，秦岭、淮河以南，主要粮食作物为"稻"。南北差异主要是由于气候因素所造成的，南方温暖湿润的气候更适于稻子的生长，且成熟期可达到一年两熟，而北方气候较为寒冷干燥，较适于粟米的生长，成熟期只能达到一年一熟。粮食作物的不同最为直接的表现为饮食习惯的差异，北方人喜好面食，而南方人爱吃米饭。由于南北地区种植的作物不同，所衍生出来的耕作方式、饮食习惯、农耕建筑、习俗礼仪、思维方式等都具有很大的差异。俗语常言"一方水土，养育一方人"，不同的地域塑造不同的文化，南北方的农耕文化有着显著的地域性特点。

从具体地域来看，每一个地域都是一个文化系统，有其独特的风格与气质。从地形上看，中国的地形有高原、平原、丘陵等，气候横跨温带、热带，农业类型十分丰富。黄土高原的旱作农业，河套平原、宁夏平原的灌溉农业、低山丘陵的立体农业等。不同地形的地域在农耕方式上也有所区别，基于所在地区的地形而选择合适的农耕生产方式、生活方式。此外，中国是个多民族的国家，各个民族分散在中国各个地域，使得地域性有着民族性的色彩。少数民族和汉族在同一地域内的农耕生产方式并没有太大区别，主要区别体现在生活方式和风俗习惯上。

农耕文化的地域性同时也表现为多样性。不同地域的农耕文化共同构成了中华农耕文化。中华农耕文化蕴含着十分丰富的内容，不同历史时期的农耕文化具有不同风格，不同地域的农耕文化各具特色。就农耕文化自身而言，其形态多样，内容多元。从农耕文化的形态出发，可分为物质文化、精神文化和制度文化，不同形态的农耕文化发挥着不同的作用。从农耕文化的具体内容上看，农耕文化涉及天文、地理、民俗、人文、饮食、服饰、技术等各个方面。农耕文化不是单调的，而是多彩的，它渗入到农耕生活的各个方面。农耕文化的地域性与多样性勾勒出中华农耕文化丰富多彩的美妙图景。

三、中华农耕文化的时代价值

习近平总书记指出："农耕文化是我国农业的宝贵财富，是中华文化的重要组成部分。"中华农耕文化绵延数千年，尽管以农耕生产实践与农耕生活为主要内容，但其所延伸出来的内容却不仅仅适用于农业这一生产部门，而是适用于整个社会，并至今仍影响着中国人的致思方式、价值取向，渗透在生产生活的各个层面。中华农耕文化集中体现着中华民族在农业社会中积累形成的智慧，所蕴含着的能量与物质对当今社会发展仍具有重要的启迪意义及推动作用。

（一）中华农耕文化承载着华夏文明生生不息的基因密码

中华文明作为世界上少数从未中断的文明，具有强大生命力，而这生生不息的力量之源则来自农耕实践的延续性与稳定性，这是中华文化基因得以传递关键。农耕文化是中华文化的母体和原型，许多中华文化都能从农耕文化中找到雏形与依据。基因密码是生物学概念，其支撑着生物体生命结构和性能，是决定生命健康的内在要素。通过破解基因密码，可以对生命体结构有更加全面的认识，解决生命体许多棘手的疾病难题。中华农耕文化作为中华文明的基因密码，支撑着中华文明的结构，体现着中华文明的特性。沿着中华农耕文化的足迹，破解农耕文化所蕴含着的基因密码，可以探寻华夏文明的生命之源，破除对农耕文化的误读与误解，对中华文化形成科学的认识，树立高度的文化自觉和文化自信。

农耕文化是中华文化的生成基石。从思想根源上看，农耕文化塑造了中华儿女的性格、品行与思维方式，同时也奠定了中国人爱好和平的精神基调。中国人的性格具有很强的内敛性，性格温和，没有攻击性，思维方式主要以整体性思维方式、辩证思维方式以及直观性思维方式为主。性格、品行以及思维方式的生成，并非与生俱来，而是在实践活动中逐渐形成并发生代际传递。农耕文化对中国人的影响，是在农耕实践中塑造而成，其影响是潜移默化的，并具有持久性。中国人内敛的性格，正是在农耕生产中形成并不断发生强化。农耕实践的封闭性与保守性，决定着从事农耕生产的个体和家庭不能轻易离开土地，而是在一定地域内进行生产活动。在一定地域内所形成的村落，往往具有一定的血缘关系，形成熟人社会。从社会关系上看，在熟人环境下成长的个体，缺乏应对陌生环境的能力，在陌生环境下容易不知所措，所表现的行为较为拘束。农耕实践具有一定的稳定性，但是农耕产量具有不确定性，受天气、自然灾害的影响较大，一旦收成不好，便无法生存，这使得人们具有强烈的忧患意识，收成较好的年份会存下来年的余粮，以防万一。

农耕生产具有整体性，从播种到收割，环环相扣，任何一个环节发生意外都会影响收成，所以使得中国人在日积月累的实践中，形成了整体性、系统性思维方式。在具体的农耕操作中，土壤的肥瘦、耕作的前后顺序等方面都有一系列的规定，这些规定往往呈对立面出现，如"稼，农之本；穑，农之末。农，本轻而末重，前缓而后急。稼欲少，穑欲多；耨欲缓，收欲急"，从事农业生产要正确处理好"本末、轻重、多少、缓急"的矛盾关系，才能获得丰收。这些朴素的辩证法思想对中国文化的具有十分深远的影响，并且成为中国人的典型思维方式之一。农耕实践经验和文化的传承是直观式的经验传递，只需要观摩和模仿就能掌握农耕实践的基本经验和操作原则。这种经验的传递无需抽象概括，使得人们的思维方式是直观性的，逻辑推理能力较为薄弱。

农耕文化不仅影响和塑造着中国人的品格，也塑造着中国的国家品格。中国以农立国，农业是国家发展的重要保障，农耕文化精神对国家的内政外交政策也具有十分重要的影响。农耕赖以生存的是土地等自然资源，中国地大物博，自然资源丰富，无须向外索取，决定了中国是防御型国家，不会因为扩张和侵略而破环安定的生活。中国的长城，是为了抵御外来侵略而修建的，防御是为了安定，减少动乱。国家的价值取向决定着国家的选择与方向，以农为本的国家，遵循农耕文化的价值精神，国泰民安是统治者维护统治的重要手段。中国的发展战略是和平的而非进攻的，倡导"人类命运共同体"意识，爱好和平是农耕文化的价值体现，是中国的大国本色。

此外，中华文化以农耕文化为思想资源和理论背景，其合理内核及基本概念、范畴在一定程度上是对农耕文化的吸收、概括、总结和升华。在农耕生产实践过程中所总结的"天""地""人"三者有机统一的"三才观"，经过实践的检验成为指导农耕生产和其他农业生产的指导思想，并渗透到社会的其他领域，形成了更为普遍的"天人合一"的观念。

（二）中华农耕文化是促进新时代城乡融合的精神纽带

中华农耕文化植根于中国乡村，影响了数代人的成长。需要明确的是，农耕文化不是乡村所独有的财富，它的价值和辐射范围是巨大的。马克思、恩格斯从唯物史观出发，将城乡关系发展分为"混沌一体-分离对立-融合发展"三个阶段。中国经历经济的高速发展，城乡关系发生了巨大的变化。一方面，城乡之间的联系与交流越来越紧密，另一方面，城乡间的差距也越来越大。基于此，需"加快形成工农互促、城乡互补、全面融合、共同繁荣的新型工农城乡关系"，打破城乡二元对立的局面，实现"融合发展"，中华农耕文化在城乡融合中扮演着重要角色，是城乡融合发展的精神纽带。

农耕文化存储着历史记忆，农耕的发展演变、城乡居民的情感表达都可以从它身上找到依据。农耕文化在小农经济的基础之上，其演变和发展具有稳定性。农耕技术、器具、思想等世代相传，随着经验的积累，也会在原有的基础之上进行改进，但仍然可以看出最初的形态。在农耕实践过程中，留下了许多物质财富，这些物质财富是农耕文化最直接的表现。人们通过乡村的房屋、农耕的器具、农家小食、传统服饰可以清晰直观的看到农耕文化所凝聚的智慧结晶，可以探寻农耕发展演变的足迹，感受农耕文化的历史。如今，乡村日常生产生活中所用到的农耕器具，随着生产力的不断发展而逐渐淘汰，取而代之的是现代化农耕器具。虽然原始的农耕器具不再运用，但它具有历史意义及教育价值。通过保护和传承农耕文化，可以保存农耕的历史记忆，让中华传统农耕文明得到延续。随着城市化进程的加快，许多新一代群体，离农耕生活越来越远，他们对农耕的概念是模糊的，对于农耕的印象只停留在课本当中。只有真实的接触才能够更加深刻的加深对农耕文化的理解，农耕文化不应只停留再书本之中，还应存在现实生活之中。通过农耕文化的直接接触，感受农耕文化的历史，这样农耕的概念才不是虚幻的而是真实存在的。

农耕文化存储着城乡居民的情感表达。通过农耕文化可以真实的感受到人们对自然的崇敬。在世界观层面，"泛爱万物，天地一体"、"民胞物与"等观念显示出乡民对自然的关爱与善待。在具体实践中，人们认为自然灾害是上天对人类的惩罚，从事农业活动必须要顺应天时，不扰乱自然秩序，并主张节俭与循环利用自然资源，从而达到人与自然的和谐。当今生产力水平得到了显著提高，农业生产在自然面前以一种对抗性的态度对待自然，滥用杀毒剂及化工肥料，使得农业生态环境遭到破坏，面临生态系统失调等问题。人与自然是共生的，一方遭到破坏，另一方也无法幸免。农耕文化为我们提供了正确的认识与做法，指导人们正确的处理人与自然的关系。在处理人与之间的关系时，农耕文化表达了乡民们对道德伦理建设的重视。农事活动是整个家族性的活动，往往是由整个家族共同协作完成，体现的是"人对人的依赖关系"，在整个家族之中，血缘关系的背后是义务关系，人们对于老人与小孩有赡养与抚育的义务。农耕文化强调在人与人相处时，要重义轻利，信守承诺，互帮互助。农耕文化道德伦理建设对中国古代农耕社会的稳定起到了重要作用，对当今社会重塑人与人的亲和关系也有重要的启迪和借鉴意义。同时，农耕文化表露了城乡居民的乡愁情绪。乡村是农耕文化的载体，农耕文化是人们的精神家园。一草一木，一砖一瓦，目之所及，遍是乡愁。在中国改革开放以前，农村人口占总人口的绝大多数，许多人都生于斯长于斯，对乡村有着独特的情感。乡愁是农耕文化的表征，能够引起情感共鸣，拉近人们的距离。尽管有些人已经不在乡村生活，但乡村永远是家园故土，是情感的寄托。

中华农耕文化是城乡居民共有的文化根脉，城市文化是在农耕文化基础之上发展演变而来，农耕文化也受到城市文化的影响而发生改变。马克思主义城乡理论认为，城乡文化之间既有差异性又有互补性，促进新时代城乡融合需要以农耕文化为媒介和精神纽带，构建城乡文化互哺机制，发挥城乡文化的互补性功能，实现乡村振兴，促进城市更加美好。

（三）中华农耕文化是新时代乡村振兴的重要资源

农耕文化历史悠久，内涵丰富，是一座资源宝库。习近平指出："要深入挖掘优秀传统农耕文化蕴含的思想观念、人文精神、道德规范，培育挖掘乡土文化人才，弘扬主旋律和社会正气，培育文明乡风、良好家风、淳朴民风，改善农民精神风貌，提高乡村社会文明程度，焕发乡村文明新气象。"

中华农耕文化为农村社会治理提供借鉴。将中华农耕文化嵌入新时代农耕社会治理格局中，发挥农耕文化教化群众与淳化民风的作用，推动实现新时代乡风文明的社会主义农村。农耕文化在维系农业生产生活中起到了规范作用，并形成了规范体系。这种规范在促进农业生产，维护农耕社会稳定起了重要作用。农耕文化的规范体系体现在农耕文化对群众的教化以及民风的淳化。农耕文化教化群众可以分为技能的教化以及道德的教化两个方面。农耕是维系乡民生存和发展的基础，农耕技能的传承是农耕文化的一个重要方面。中国古代社会农耕文化的技能教化不局限在作物的选育、土壤的选择、农耕器具的制作与运用等具体农耕技术，而是以农耕技能为中心所涉及到的一系列基础生活技能。小农经济以自给自足为中心，除了基本的农耕技能，还包括医药、纺织、建筑等方面的技能。这些以经验总结基础的技能仍然具有一定的研究意义。然而，技能的教化并不能满足所有农耕生产实践，还需要道德的教化。农耕不是单一的人与物的对象化实践，还包括人与人的社会关系的实践。

在农耕生产实践中，道德的教化是比技能的教化更为基础的教化活动。人不仅是生存更重要的是发展，而发展便需要道德的约束和规范。农耕社会是一个熟人社会，以血缘关系为中心的家族制度是农耕文化道德教化的中心。农耕文化作为底层社会文化，往往会受到封建社会主流文化的影响，在封建社会作为指导思想的法家、道家、儒家等思想对农耕文化都具有一定的影响，其中儒家思想作为中国古代封建社会长期的指导思想，对农耕文化产生的影响是巨大的。农耕文化的道德教化，密切与儒家思想相结合。"仁义礼智信"等儒家思想内化到农耕文化的道德教化中，在个人道德修养方面强调克制私欲、敬老爱亲、诚实友善、吃苦耐劳、互帮互助等，其中家庭本位、集体主义也是道德教化的重要内容，生产力水平低下的农耕社会，个人对家庭、群体具有依赖关系，从而要求把家族利益和社会利益放在首位，个人利益要服从于群体利益，并且个人的荣辱于家庭的荣辱密切相关。农耕文化的道德教化过程中会十分强调这一点，光耀门楣是最有意义和价值的，而伤风败俗是不可容忍的和原谅的。一旦做出玷污门楣的事情，会被逐出家门。

农耕文化淳化民风主要依靠道德教化来实现。乡风民风是乡民们精神面貌的体现，是衡量乡村的道德建设成效的关键。农耕文化一方面蕴含着优秀的道德观念，另一方面也存在落后的风俗习惯。这是由于文化相对独立性，农耕文化是基于小农经济的基础之上所产生和发展的，不可避免会带有小农的局限性，并且随着时代的发展，在封建社会起积极作用的文化在社会主义社会不一定仍会产生积极作用。对农耕文化所蕴含的内容取舍需要立足于当今的社会实践。对于伴随农耕文化扎根于乡村的遗风陋俗，需要进行清理，积极营造风清气正的乡村道德环境。在清理遗风陋俗的过程中，要借助农耕文化优秀的道德观念与社会主义文化相结合，推动乡村移风易俗，让乡民们更易于理解和接受社会主义文化。敬老爱亲，是中华优秀传统美德，是社会主义社会所弘扬的道德风尚，但乡村中所存在着的愚孝行为并非为真正的"孝"，过于强调"孝"的形式而忽视"孝"本身，平时对长辈漠视，却以大操大办白事为孝，是不合理的。农耕文化所蕴含的道德观念需要正确的理解和实践，不能只停留在表面上。推进乡村移风易俗的过程，也是农耕文化发挥积极作用的过程。

在乡村振兴战略的推动下，农耕文化创造经济价值的作用不断凸显。随着生活水平的提高，人们对文化消费的需求越来越大，文化事业和文化产业得到迅猛发展。农耕文化创造经济价值主要依靠文化旅游业以及文化产业的推动。从文化旅游业来看，乡村清新的空气，怡人的景色，慢节奏悠闲的生活吸引着城市游客的前往，同时伴随着中国文化影响力的扩大，国外游客对农耕文化也产生了极大的兴趣。中华农耕文化是中华文明的独特创造，中国地域辽阔，每个区域的农耕文化都各具特色。在农耕文化旅游业发展过程中，要凸显自身农耕文化特色，发挥独特的优势，避免千篇一律。农耕文化是以农耕为主要内容所衍生的系列文化，是总的概括，在具体农耕实践中所产生的文化形态并不是唯一的。不同气候条件所产生的旱作农业与灌溉农业所呈现的景观有所差异，不同区域的人们生活饮食习惯不同，所产生的服饰、饮食、建筑文化各具特色。由于农耕文化旅游业的发展依靠的大部分是物质层面的农耕文化，物质文化具有不可逆的特征，一旦遭到破坏便无法还原，即便得到修复也无法恢复到最初的状态。在农耕文化旅游开发时需要以保护为主，杜绝一切对农耕文化破坏性的开发。农耕文化旅游产业依靠特色的乡村建筑、田园风光吸引广大游客前往，带动农耕文化区域经济的发展。在许多乡村，由于资金短缺无法对农耕文化进行有效的保护，而农耕文化旅游业的发展能够为农耕文化注入资金，促进农耕文化的保护与传承，实现社会效益与经济效益的统一。

农耕文化创造经济的价值另一表现是农耕文化产业的发展。农耕文化是拥有巨大价值和潜能的文化。农耕文化蕴含着丰富的内容，它的产生、发展、完善就是一部浓缩的中国农业史。农耕文化的传播可以让人们加深对中国历史的了解，并且农耕文化中所蕴含的优秀的道德观念，其背后都有着动人的故事。以农耕文化的历史为切入点，可以推动农耕文化创作的发展，挖掘农耕文化中满足当代人的精神生活需要的有益成分，促进农耕文化相关影视剧、书籍的出版，创造收益。此外，传统农耕文化手艺，如捏糖人、木版画等可以融入时代元素，进行新的创作，获取更大的发展。农耕文化相关的歌舞、娱乐活动等都可以融入人们喜闻乐见的内容，使农耕文化得到新的开发，进一步丰富和提升，创造更大的价值。

第二节　农耕文化振兴的现状

习近平总书记指出，"耕读文明是我们的软实力"，"农耕文化是我国农业的宝贵财富，是中华文化的重要组成部分"。保护与传承中华农耕文化的重要性不言而喻。十八大以来，中共中央出台了一系列保护与传承农耕文化政策文件，信息化、互联网技术，中国经济高质量发展为中华农耕文化带来了新的生机和无限可能，中华农耕文化由此迎来了重要的发展机遇。然而，我们也应该看到在具体实践过程中，中华农耕文化的保护与传承依然面临着严峻的挑战。深入分析中华农耕文化保护与传承的重要机遇和主要困境，有利于我们正确认识和把握其现实境遇，为科学制定保护与传承策略提供依据。

一、新时代中华农耕文化保护与传承的重要机遇

有利的因素与环境是事物取得成功的重要条件。在新的历史方位下，乡村振兴战略的实施，科技革命、产业革命以及中国经济的高质量发展等，都为农耕文化的保护与传承提供了重要的发展机遇。

（一）乡村振兴战略的实施推动农耕文化保护与传承

习近平指出："'三农'问题是关系国计民生的根本性问题，实施乡村振兴战略是党和国家针对（三农）问题做出的重大决策部署。"中华农耕文化是中华文明的文化遗产，乡村振兴战略的实施使中华农耕文化保护与传承迎来了新的发展机遇。

1.保障和改善民生为农耕文化保护与传承提供有利条件

乡村振兴战略在实施过程中，切实保障农民的利益与改善农民生活条件，为农耕文化保护与传承提供了有利条件。从加强农村基础设施建设上看，改善农村地区交通物流设施条件，增强与外界的沟通与交流，打破原有农耕文化的封闭性，促进农耕文化与现代文化的融合。水源是农业耕作的关键，农村水利设施作为农业生产的重要保障。在加强水利设施建设过程中，传统农耕水利基础设施被发掘和利用，为现代水利设施提供借鉴。有些水利基础设施经过修复和还原还能够继续使用，如战国时期修建的都江堰水利工程，距今已有两千多年，依然能够灌溉农田，造福百姓，成为中华农耕文明史上璀璨的明珠。加强农村地区网络信息化基层设施建设。将现代科技运用到农耕生产生活中，打造现代智慧农业，增添农耕文化的新内涵。利用互联网扩宽农产品销售渠道，增强农耕文化的影响力，提高村民的获得感与幸福感。

从提升农村劳动力质量上看，通过拓宽就业渠道，加强农民职业技能培训，完善制度保障等措施，使农民能够增加收入，提高生活水平。农民的劳动力质量得到提升，为农耕文化产业化提供了重要的机遇，同时农耕文化产业化也能够带动就业，促进农村经济发展。在农村公共服务供给上，加强农村科教文卫事业与社会保障体系建设，促进教育卫生等资源向农村倾斜，保障农民的基本公共服务供给。

生存是人类发展的第一需求，只有基本生活资料得到保障后，才会谋求发展。在乡村振兴战略的实施推动下，农民的生活水平有了显著提高，优秀农耕文化的

优势才得以显现出来。在保障和改善民生的过程中，基础设施建设、劳动力质量提升、公共服务供给为农耕文化保护与传承奠定的物质基础，同时也使得农耕文化能够有机会参与其中，为保障和改善民生贡献力量。

2.健全现代乡村治理体系为农耕文化保护与传承创造良好环境

乡村要发展，治理很重要。在健全现代乡村治理体系的过程中，为农耕文化保护与传承提供了重要平台。同时，现代乡村治理体系所取得成效也为农耕文化保护与传承创造了良好的环境。在现代乡村治理体系运行过程中，农村基层党组织建设是核心和关键。现代化乡村治理体系要求农村基层党组织提高影响力，形成凝聚力，提高党员的服务群众的能力。农村基层党组织对于农耕文化保护与传承的重视程度直接影响着农耕文化保护与传承的效果。

在健全现代化治理体系中，把自治、法治、德治有机结合起来，提高农民的民主意识、法律意识和道德水平，营造乡村良好的社会风气，使农耕文化保护与传承能够在乡风文明的条件下运行。同时，在自治、法治、德治的环境下强化农民对农耕文化保护与传承的责任感与使命意识，使其能够积极主动的参与到农耕文化保护与传承中来。农村基层政权的建设也是乡村治理体系建设的关键所在。基层政权的加强、管理体制的创新以及服务体系的健全，最大程度上为农民群众提供方便，提高乡村治理水平。夯实基层政权对于农耕文化保护与传承来说也是是一注强心剂，能够为农耕文化保护与传承提供制度保障。现代乡村治理体系建设为农耕文化保护与传承提供了组织保障、制度保障，营造了良好的社会风气，使农耕文化保护与传承在乡风文明、治理有效的环境下运行。

3.繁荣和发展乡村文化为农耕文化保护与传承提供重要依托

习近平总书记强调："传承发展提升农耕文明，走乡村文化兴盛之路。"农耕文化作为乡村文化的重要组成部分，繁荣和发展乡村文化为其保护与传承提供了发展机遇和重要依托。在《乡村振兴战略发展规划（2018—2022年）中，明确要求保护利用乡村传统文化，实施农耕文化保护工程。从农耕文化的优秀思想观念、文物古迹到农耕工艺等方面的具体内容都做出保护与传承的要求，唤起人们对农耕文化保护与传承的重视，直接推动了农耕文化的保护与传承。同时，乡村振兴战略规划还从农耕文化利用层面做出了规定，要求各地因地制宜结合乡村特色重塑乡村文化生态，发展具有特色乡村文化产业，促进农耕文化的发展。

此外，在繁荣和发展乡村文化方面要求加强农村思想道德建设，也对农耕文化保护与传承提供了重要的依托。一方面，思想道德建设的持续推进，提升农民的精神风貌，为科学有效的保护与利用农耕文化提供保障。另一方面，农耕文化蕴含着丰富的道德规范内容，"从'耕读传家'的家庭教育，到'邻里守望''诚信重礼'的乡风民俗"，都对农村思想道德建设有着重要的促进作用。在加强思想道德建设的过程中，中华优秀农耕文化的价值不断突显，使农耕文化的优秀成分能够被运用到思想道德建设中来，从而在思想道德建设的过程中得到保护与传承。

农耕文化的保护与传承是繁荣和发展乡村文化的重要内容。农耕文化的发展在一定程度上促进了乡村文化的繁荣和发展，同时，繁荣和发展乡村文化也为农耕文化保护与传承提供了重要的引导与依托，让农耕文化能够在振兴乡村文化的平台上大放异彩。

（二）信息化时代催生农耕文化保护与传承新模式

习近平总书记指出："信息化为中华民族带来了千载难逢的机遇。"现代社会已经进入到高速发展的网络数字化时代，科技革命和产业革命深刻地改变了当今世界和人类的生产生活方式。技术的革命带来了生产力的高度提升，人类文明由农业革命、工业革命进入到信息革命，产生于遥远时代的传统农耕文化也迎来了新的发展机遇。数字化网络技术渗透到农耕文化保存、传播和运用的各个环节，催生了农耕文化保护于传承新模式，赋予农耕文化时代色彩，促进农耕文化新的发展。

1.数字化存储为农耕文化保护提供新方式

传统农耕文化流传至今，久经岁月的洗礼，很多已经难以恢复到原貌。加之以往的农耕文化传承方式主要依赖于口口相传或文字记录，容易造成破损或遗失。中国古代农书是指导农业生产的百科全书，《中国古农书联合目录》共收录643种，但流传至今的只剩300余种，将近一半的农书失传。随着考古学的进一步发现，失传的农书比例也许将会更高。而现存的农书典籍也容易受到天气、环境等因素的影响，保存不当而发生损坏。农耕文化遗址、文物也面临着残破易损等问题。这些问题随着数字化存储技术的发展，而得到彻底的解决。

数字化存储不仅能够实现海量数据的存储，还能实现原貌重现。数字化存储将原有的农耕文化资源进行编码逐一录入到数据库中，通过计算机进行分类、整理等操作，在一定程度上能够避免人工分类、整理而造成破损，提高效率。数字化存储能够使物质形态的农耕文化得到最大化的保护，避免外界因素的损坏，同时也能够使非物质形态的农耕文化形成稳定的保存介质，避免失传。

此外，数字化存储也为农耕文化的研究提供了极大的便利，"使科研人员能够实现脱离文物实体而开展研究工作，突破场地的限制，并能减少对文物的干预"。数字化存储采用三维立体成像技术记录农耕文化，也为农耕文化的展示带来了便利，使人们在参观农耕文化时能够获得场景式的沉浸体验。数字化技术为农耕文化的保护与传承提供了重要平台，农耕文化通过数字化存储能够避免许多因保存不当带来的难题，使农耕文化得到最大化的保护，让后代能够从我们手中完整的接过农耕文化宝贵的历史遗产。

2.网络平台为农耕文化传播提供新渠道

当今互联网技术的迅猛发展，使世界交流与联系日益紧密，印证了马克思、恩格斯的时代预言："各民族的原始封闭状态由于日益完善的生产方式、交往以及因交往形成的不同民族之间的分工消灭的越是彻底，世界也越是成为世界历史。"互联网信息的获取、传递十分方便快捷，无论在世界的任何一处，只要有网络的存在，便能够及时获取最新资讯。

互联网平台为农耕文化的传播提供了全新的渠道，打破了原有传播的时空界限，使人人都能够在网络平台上及时、有效地更新、上传、获取资讯。"人人生产信息，传播无处不在"的群体传播时代已经来临。网红博主李子柒，以中国古风为基调，通过拍摄农作物生长、传统美食、传统手工艺品等内容制作成短视频，上传到新浪微博、YouTube等自媒体网络平台，展示乡村田园风光，传播中国优秀传统文化，吸引了众多海内外粉丝。国内年轻群体通过这些短视频加深了对中华农耕文化的了解，许多海外粉丝通过观看短视频后，也深深地被中国文化吸引。网络平台的即时性、开放性、分享性使农耕文化传播的更加有效。通过受到李子柒的影响，越来越多的博主在网络平台上分享和传播农耕文化，这对农耕文化来说是十分好的契机。在乡村振兴战略的实施下，乡村变得越来越好，越来越多的年轻人选择回到家乡，并通过快手、抖音等APP分享家乡的生活。

农耕文化在网络时代的传播的受众更广，形式也更加多样，更具有影响力。互联网使中华农耕文化有更具广阔的传播平台，增强了中华文化的影响力，让世界能够听见中国的声音，感受中国农耕文化的魅力。

3.高新技术的运用为农耕文化发展增添新动力

农耕文化的发展与生产力革新密切相关，科技作为当今社会的第一生产力，对农耕文化的发展有着重要的促进作用。高新技术的运用为农耕文化增添了新内容，增强了农耕文化的创造力和表现力。现代农业是传统农耕文化与现代科技融合的产物，是新时代农耕文化的重要内容之一。将传统农耕文化的智慧通过科技手段融入到现代农业生产中，例如，将传统农耕文化"节约"与"循环利用"的理念运用到现代农业生产中，打造生态农业与绿色农业，推动农业可持续发展。将农耕传说、舞蹈、歌曲融入电影、电视当中，丰富人们的精神文化生活。将农耕工艺品通过融入现代元素，投入现代工业化生产，增强美观感与实用性，提高生产效率，进入人们的日常生活。

此外，科学作为理性的产物，高新技术的运用在一定程度使农耕文化的经验性思维得到矫正与提升。传统农耕生产是循环、简单的劳作，不需要进行推理等逻辑形式，只需要在直观性的农耕实践中不断地积累经验从而促进农耕文化的发展。而科技运用使农耕文化在接受现代科技的理性思维中得到提升，从而对经验性的思维方式进行弥补、矫正和提升。高新技术的运用赋予了农耕文化科技化和现代感，为农耕文化发展增添了新动力，使农耕文化保护与传承渗入到人们日常生产生活，推动农耕文化在科技浪潮中实现创造性转化和创新性发展。

（三）中国经济高质量发展促进农耕文化产业化与创新

党的十九大报告指出，"我国经济已由高速增长阶段转向高质量发展阶段"。高质量成为我国经济发展的主题。从高速增长到高质量发展，不再单一追求经济发展的速度与总量，而转向经济发展的质量。高质量发展对人才、技术、知识有了更高的要求，经济增长方式由粗放型的经济增长转向集约型经济增长。在中国经济质量发展的目标下，经济增长方式的转变为农耕文化产业提供了发展契机，同时以新一代信息技术为凭借的新经济蓬勃发展推动了农耕文化产业的升级与创新。

1.经济增长方式的转变为农耕文化产业化提供契机

经济增长方式的转变促进产业结构的升级，为农耕文化产业化提供契机。粗放型经济增长方式过度依赖投资拉动，并且消耗大量的自然资源，随着我国人口红利和土地红利的消失，传统的经济增长方式已经不再适应当前经济发需求，需要转向集约型经济增长。经济的高速发展，同时也使得"我国进入了文化消费的快速增长期，人们精神文化需要更加旺盛，文化已经成为衡量社会文明程度和人民生活质量的显著标志"。经济增长方式的转变和人们文化需求的增加促进了文化产业的发展，促使文化产业成为经济结构的新兴力量。农耕文化的丰富资源成为了文化产业发展的资源宝库。农耕文化产业具有生活性服务和生产性服务双重功能，农耕文化产业以农耕文化的主要内容为母体，通过创新，融入新时代内涵，使之服务于农耕生活。农耕文化产业能够促进传统产业的转型和更新，将传统农耕文化元素融入到现代工业体系，创新产品内容和形式，为产品增加附加值。经济生产方式的转变是文化产业发展的重要契机，同时也是农耕文化产业化的重要机遇。农耕文化的保护与传承与经济发展相结合，通过产业化运行促进农耕文化的更新与发展，使之获得经济效益的同时展示农耕文化的魅力与价值。

2.新经济蓬勃发展促进农耕文化产业转型与创新

新经济是以信息为主导，以技术创新、模式创新、业态创新为内核的新型经济形态，主要包括数字经济、网络经济、平台经济和智能经济。中国经济发展进入新常态，旧的经济增长模式已经不适应经济发展需求，亟须形成新的增长极，以促进经济高质量发展。新经济作为我国经济增长的新驱动，对于农耕文化保护与传承而言也是十分重要的发展机遇。农耕文化产业化作为农耕文化保护与传承的重要方式之一。在新经济蓬勃发展的大背景下，依托新一代信息技术革命，不断促进产业升级和创新。新经济以互联网、大数据、物联网为基础设施，为农耕文化产业化提高了产业基础能力，延长了产业链。以网络经济为例，农耕文化产业原有的辐射范围只能达到周边城市，有地域的界限。在新经济下农耕文化产业能够辐射范围更加广阔，产业链也得到了相应的延长。"直播带货"成为网络经济的热词，在新冠疫情期间，许多农产品滞销，以直播为代表的网络经济拓宽了农产品的销路，并且使该地区的农耕文化也得到更大范围的传播。新经济的蓬勃发展促使农耕文化产业不拘一格，融入网络发展的时代潮流，使得农耕文化产业不断开拓新的衍生产品与业态，促进产业的转型与创新，同时也为农耕文化的保护与传承开辟新的发展空间。

二、新时代中华农耕文化保护与传承的主要困境

在新时代中华农耕文化保护与传承的过程中，时代与政策赋予农耕文化重要的发展机遇与广阔的发展空间。但在具体的实践过程中，仍然存在着突出问题，这些问题成为阻碍农耕文化保护与传承的重要因素。农耕文化根植于乡村，历史悠久，影响广泛而深刻，成为人们日用而不觉的文化。将农耕文化保护与传承所面临的困境进行归纳和总结，可以从认知层面、践行层面和体制机制三个方面出发，了解当前农耕文化在保护与传承过程中的突出问题和具体表现。

（一）认知层面

人们普遍认为，农耕文化是落后的、过时的文化，并时常将传统与现代对立起来。在农耕文化的保护与传承中，正确认识农耕文化，矫正认识偏差是保护与传承农耕文化的前提和基础。农耕文化作为现代文化的传统智慧，需要采取科学的态度对待。另一方面，农耕文化保护与传承意识需要培育与养成，增强保护与传承意识的前提是正确认识农耕文化，并明确农耕文化的历史意义与时代价值，最重要的是让人们切身的参与到农耕文化保护与传承中来，作为参与者而非旁观者，让其树立文化保护与传承的责任感与使命意识。在农耕文化的认知层面，无法辨识农耕文化的精华与糟粕，对农耕文化存在误解与误读，保护与传承农耕文化的意识较为薄弱是当前农耕文化保护与传承认知层面的主要困境。

1.民众对农耕文化的认识较为片面

民众对于农耕文化的认识较为片面，主要体现在两个方面。其一，农耕文化的含义混沌，不明白农耕文化的内涵和价值。在农耕文化保护与传承过程中，农民作为农耕文化的创造者和传承主体，对农耕文化的内涵和价值不能准确的表述，甚至无法理解农耕文化的概念。同时，对农耕文化的内涵与外延无法把握。将农

耕文化的内涵与外延扩大和缩小都无法对农耕文化产生正确的认知。由于农民受教育水平有限，无法理解和接受复杂和深奥的描述。所以，在农耕文化宣传时，要采取简单易懂，接近农民日常生活的方式宣传，让农民能够清楚明白的了解农耕文化的含义。

其二，机械、固化地看待农耕文化。马克思、恩格斯认为，"一切划时代的体系的真正的内容都是由于产生这些体系的那个时期的需要而形成起来的"。农耕文化产生于古代社会，其内容随着时代的演变而不断地发生改变。在历史的洪流中，农耕文化不可避免地夹杂着与当下格格不入内容，同时也存在着闪耀智慧光芒的宝贵财富。机械看待农耕文化的两类观点是背道而驰的，第一类观点将农耕文化归结为过时的文化，没有存在的价值和意义。持此种观点的人，将农耕文化看作落后文化，与封建文化划上等号。第二类观点则将农耕文化捧上神坛，认为农耕文化中的一切内容都是有益的，是当今社会所缺失的。持此类观点人，囫囵吞枣、不加分辨地大肆宣扬农耕文化。持这两类观点的人都不在少数，他们无法辩证地看待农耕文化，使农耕文化保护与传承陷入困境。对农耕文化的正确认识是农耕文化保护与传承的逻辑起点，只有正确地认识农耕文化才能科学的保护与传承农耕文化。

2.农耕文化保护与传承意识有待加强

农耕文化认知层面的另一困境是保护与传承意识有待加强。主要表现为对农耕文化的保护与传承的漠不关心，没有意识到农耕文化保护与传承的重要性。对于乡民而言，农耕文化对其日常生活影响不大，或者说没有意识到农耕文化对日常生活的影响。在湖北省荆门市屈家岭管理区就农耕文化的保护与传承问题随机对群众做了简要的访谈，从访谈结果来看，许多人认为农耕文化对他们的生活几乎没有影响。当把农耕文化换成农耕文化旅游业或时令节气等具体化的内容，再进行访谈时，访谈结果则发生改变，普遍认为其对日常生活有影响。从总的访谈结果来看，人们对农耕文化的概念掌握是影响保护与传承意识的一个方面，自身受农耕文化的影响强弱是影响保护与传承意识的另一方面。实际上，农耕文化对中华文化具有深远影响，有时人们在农耕文化的影响之下却无法意识到农耕文化的存在，从而对农耕文化保护与传承漠不关心。对于基层政府和其他社会主体而言，农耕文化保护与传承价值没有得到充分发掘，无法意识到农耕文化带来的社会效益与经济价值。中央关于保护与传承优秀农耕文化的政策和文件陆续出台，基层政府组织有意识组织保护与传承农耕文化，但是普遍流于形式，没有从根源解决问题。农耕文化的效益相比较工业效益而言周期长、见效慢，这使得基层政府把过多的时间和精力投入到工业上，认识不到农耕文化与第二产业、第三产业之间的联系，忽视了农耕文化保护与传承。

（二）践行层面

在农耕文化保护与传承的具体实践中，存在着诸多问题。由于每个地区有其自身的独特性，所面临的问题也各有不同。从共性出发，在践行层面普遍面临着外部环境影响，城镇化、工业化对农耕文化的侵蚀，使农耕文化资源流失严重。以及自身发展困境，人才与资金短缺，保护与传承内容空泛。

1.现代生产生活方式挤占农耕文化生存空间

马克思认为："在再生产的行为本身中，不但客观条件改变着，例如乡村变为城市、荒野变为耕地等，而且生产者也改变着，炼出新的品质，通过生产而发展和改造着自身，造成新的力量和新的观念，造成新的交往方式，新的需要和新的语言。"城市化与工业化进程改变了乡村的客观条件，同时也改变了乡民的生产生活方式和思想观念。

在城市化和工业化的催化下，乡村逐渐失去了原有的色彩，城市元素取代了田园风光，从衣、食、住、行到思想观念都发生了深刻的改变。这种改变需要辩证地看待，城市化和工业化进程为乡民的生产和生活带来了便捷和效率提高，同时也对原有的乡村景观和文化环境造成了不可避免的破坏。现代机械化农业生产工具的大规模运用使传统农耕器具失去使用价值，成为老一辈人的记忆。吹稻谷的风车，播种的楼车，灌溉的翻车，犁地的犁耙……已经消失在人们的视野中。这些传统农耕器具是中国古代农耕技术的凝结，承载着中国农耕历史的演进，是先民们智慧的结晶。

现代化农耕与传统农耕都是农耕文化的体现，二者是相互融合的，而不是相互排斥的。在现代化农业推进过程中，要把传统农耕技术和农耕器具保护起来，成为现代农耕文化的宝贵财富。现代交通和网络的迅猛发展，打破了农耕文化的封闭性，外来文化不断侵蚀和冲击传统农耕文化。传统农耕节俗的氛围越来越淡，许多有关农耕的谚语、传说和手工艺品都濒临失传。现代楼房取代了乡土民居，乡间小路与袅袅炊烟成为人们记忆中的美好画面。农耕文化在现代生产生活方式影响下，渐行渐远，逐渐消失在人们的视野中。传统与现代，不应该是对立而是和谐共生的关系。传统与现代的对立造成农耕文化资源流失，使农耕文化保护与传承陷入困境。

2.保护与传承人才、资金短缺

农耕文化保护与传承的主要场域在农村，其基础设施和经济发展都较为落后。尽管有政策的倾斜，但人才和资金的短缺依然成为阻碍农耕文化发展的拦路虎。农耕文化保护与传承人才主要可以分为保护层面的管理人才以及传承层面的技艺匠人。农耕文化保护与传承是一项系统的工程，需要培养专业的管理人才。然而，在实际操作中，农耕文化保护与传承的专业人才十分匮乏，没有设立专门的部门，也没有专门的管理人才。"农耕文化专业管理人才既要了解当地农耕历史文化和建筑艺术，又要能够从事一定的农耕文化普查、抢救、建立数据库等技术操作性工作。"这类人才培养往往需要地方和研究机构进行合作，每个地区的农耕文化各有不同，研究机构无法掌握该地区农耕文化全貌，而文化普查、抢救等相关工作需要一定的专业基础。

目前，基层地区十分缺乏农耕文化专业管理人才，但基层地区对于专业人才而言吸引力不大。另外，农耕文化后继无人，许多农耕技艺濒临失传。农耕技艺与物态的农耕文化不同，物态的农耕文化可以保存在博物馆中，成为历史文物而得到保护与传承，而农耕技艺的传承需要人的参与和学习。在农村中，很多能工巧匠人无法找到传承者，村中的青年人迫于生计外出务工，而身边的小孩对农耕文化不感兴趣。农耕文化的传承者缺失，是农耕文化保护与传承亟须解决的问题之一。

农耕文化保护与传承同时面临着资金匮乏的困境。农耕文化保护与传承资金匮乏主要存在两种情况：第一种情况是财政紧张，无力承担农耕文化保护与传承支出，主要发生在偏远地区的农村。第二种情况是资金倾斜严重，主要倾斜高回报产业，而农耕文化保护与传承方面无人问津，导致农耕文化保护与传承资金缺乏。农耕文化保护与传承能够带来经济效益，但需要资金投入和精心策划，很多地区没有意识到农耕文化保护与传承的意义和价值所在。

3.保护与传承内容空泛

在实际操作过程中，农耕文化保护与传承时常被政绩所驱动，导致农耕文化保护与传承流于形式，脱离农村常态生活，保护与传承的内容空泛且同质化严重。当前农耕文化保护与传承大体上是由政府所主导的行为，农耕文化保护与传承的成效也成为了政绩的一部分。许多地区为农耕文化保护与传承制定了规划，但这些规划在思路、方式、方法上并没有太大的区别，没有从本地区的特色出发。而是将其作为样板化的任务进行完成，使农耕文化保护与传承流于形式。政府主导的农耕文化保护与传承在内容上也没有和农民的日常生活联系起来。最常见的保护与传承方式是建立农耕文化博物馆，将传统农耕生产工具进行展出。对于农民而言，这些生产工具已经淡出了当今的农耕实践，与农民的日常生活没有太多的联系。农耕文化博物馆单纯展出农耕生产生活器具是没有太大的效果的，而要与农民的生产实践结合起来，让农民知道当前所使用的农耕器具与传统农耕器具之间的联系，让农民意识农耕文化保护与传承的重要性。开发保护作为农耕文化保护与传承的另一重要方式，也出现了同质化的危机。农耕文化特色小镇开发并没有体现特色，而是模仿其他的农耕文化小镇布局与模式，没有突出地域特色和新意，难以形成吸引力。

此外，农耕文化保护与传承内容空泛在一定程度上也是农耕文化的内容挖掘不够的表现。对于本地区内的农耕文化了解不够，导致无法抓住农耕文化保护与传承的重要内容，使得农耕文化保护与传承的内容不能集中于本地区的农耕文化特色。值得注意的是，保护与传承不是口号和政绩的体现，而是历史留给我们的传承任务。怎样将农耕文化保护与传承落到实处，而不是流于形式是当前农耕文化保护与传承需要突破的困境之一。

（三）体制机制层面

农耕文化保护与传承面临着缺乏长远的战略规划，管理制度职责不清晰，缺乏整体性法律法规等体制机制层面的困境。在农耕文化保护与传承过程中，许多地区没有形成科学的规划，对于农耕文化保护与传承规划观念较为简单，忽视农耕文化的长远发展。在管理制度上，各个管理部门相互独立，既存在职责的交叉，又存在管理权限的真空地带，没有形成统一的协调管理制度。在一定程度上造成农耕文化保护与传承管理混乱。在法律法规方面，直接作用于农耕文化保护与传承的法律较少，且缺少上位法，导致农耕文化在保护与传承过程中缺少完整、系统的法律依据及规定细则，难以形成约束力。

1.缺乏长远的战略规划

农耕文化是不可再生资源，随意浪费与破坏会对农耕文化造成不可逆的损坏。许多地区在农耕文化保护与传承过程中缺乏长远的战略规划，以开发代替保护，牺牲农耕文化资源以换取短期经济效益，影响农耕文化的可持续性发展。战略规划对一个地区的经济文化发展具有举足轻重的地位，注重短期利益而缺乏长远的规划，从整个地区的长期发展来看是无益的。有些地区将农耕文化资源作为促进地区经济增长的手段，追求农耕文化的经济效益，将农耕文化资源作为商品卖给开发商，使农耕文化由公共资源转变为私人资源。当农耕文化变成私人资源其价值只剩下经济价值，不会再考虑农耕文化的社会效益。人民是农耕文化的创造者，是人民共有的财富，而不是单个人的附属品。对于农耕文化的保护与开发，需要以农耕文化的可持续发展为底线，不能重开发而轻保护。我们从前人手中接过农耕文化的接力棒，也要将其传递给后人。农耕文化可以拉动地区经济增长，但不是以牺牲为代价，不应盲目追求经济效益而忽视了保护和传承的根本目的。有些地区以市场为导向，对农耕文化按照经济价值进行"筛选"，导致农耕文化的完整性和多样性遭到破坏。在农耕文化保护与传承的中缺乏长远规划，急功近利而忽略农耕文化的可持续性发展，其保护与传承将没有意义。

2.管理制度职责不清晰

农耕文化保护与传承是一项系统性的工程，涉及到农业、文化、规划、工商、公安、民族事务等多个管理部门。在农耕文化保护与传承过程中，每个管理部门都参与到农耕文化保护与传承的各个环节，但尚未形成职责清晰的管理制度。在具体实践操作过程中，各个部门对于农耕文化的保护与传承没有形成统一的操作方案。对于农耕文化保护与传承也都从本部门的立场出发，没有形成协调机制，给农耕文化保护与传承的政策实施带来一定的困难，并且在一定程度上存在互相推诿等问题。农耕文化保护与传承的多头管理导致农耕文化保护与传承的混乱与无序，同时也导致管理成本的增加和管理效率的降低。

参与到农耕文化保护与传承事务的各个部门，在农耕文化当中的角色、定位和任务由部门的性质所决定，如农业部门可能侧重点在于水利、农耕器具等物质文化的保护，而文化和旅游部门则侧重于农耕非物质文化的挖掘与保护。然而，在实践运行过程中每个部门间存在任务的交叉，同时也存在无人管理的真空地带。农耕文化保护与传承不是其中一个部门可以完成的任务，而是需要多个管理部门发挥合力，形成有效的沟通和协调机制，共同推进农耕文化的保护与传承，促进农耕文化的发展。权责不清的管理制度会使得农耕文化保护与传承陷入僵局，从而阻碍农耕文化发展。

3.欠缺整体性保护法规

目前我国尚未形成系统的、完整的农耕文化保护与传承法律法规。从现有的法律法规上看，农耕文化的保护与传承主要以农耕文化的不同内容为主体设立法律法规。其中农耕文化的非物质文化保护主要以《中华人民共和国非物质文化遗产法》《国家非物质文化遗产保护专项资金管理暂行办法》《国家级非物质文化遗产代表性传承人认定与管理办法》。以及其他地方性的条例，如《陕西省非物质文化遗产条例》《河北省非物质文化遗产条例》为遵循。农耕文化的物质文化层面则由《文物保护法》以及其他地方性的条例，如《河北省历史文化名城名镇名村保护办法》《福州市上下杭历史文化街区文化遗产保护管理办法》等为依据。

从整体来看，农耕文化的物质文化与非物质文化被割裂开来，且各项法律之间还存在盲区，如同时属于物质文化和非物质文化的农耕文化保护与传承的法律适用问题。此外，相关法律内容还不够完善。以《中华人民共和国非物质文化遗产法》为例，该法主要从公法的角度对非物质文化遗产保护做出规定，而没有对相关的权利主体和内容进行规定，如"非遗"认定标准、相关知识产权保护等。并且众多法律法规都是从原则出发，对文化的保护与传承具体实践没有过多的关注。关于农耕文化保护与传承的相关法律法规不完善，缺乏整体性的保护法规，这在一定程度上给农耕文化的保护与传承带来了潜在的不利因素。

农耕文化保护与传承既面临着发展困境，也拥有着发展机遇。通过审时度势，把握机遇，能够化解危机，使农耕文化保护与传承能够取得良好成效，从而促进农耕文化的发展。

第三节　农耕文化振兴的路径选择

中华农耕文化具有地域性与多样性，屈家岭管理区农耕文化保护与传承个案虽然具有较强的代表性，但要了解我国农耕文化保护与传承的全貌，仍然需要做大量走访和实证调研。三年来，通过调查和整理中国其他地区的农耕文化保护与传承现状，结合屈家岭管理区农耕文化传承的典型个案。我们发现，中华农耕文化保护与传承是一项系统性工程，针对农耕文化保护与传承在实践过程中遇到的困境与机遇，需要从全局出发，把握好农耕文化保护与传承的目标和原则。在农耕文化保护与传承的具体实践中，从认知策略、践行策略、技术策略、制度策略四个方面打破农耕文化保护与传承困境，促使农耕文化保护与传承取得实效。

一、中华农耕文化保护与传承的目标

目标是具体策略制定的方向和依据，起着总领全局的重要作用。需要明确的是，中华农耕文化作为一种文化形态，是人类社会实践活动的产物，其功能和价值的实现需要通过社会实践来检验。文化作为社会系统中的要素，对于社会发展的作用取决于文化的性质。积极的文化能够促进社会的发展，消极文化则阻碍社会发展。中华农耕文化功能和价值决定了我们要将其保护与传承下去。在具体的实践当中，我们不能囫囵吞枣、不加以分辨地保护与传承，而是要坚持目标导向，推动农耕文化保护与传承与社会进步相适应，与经济发展相协调，与生态保护相契合。

（一）推进农耕文化保护传承与社会进步相适应

农耕文化保护与传承需要与社会进步相适应才有意义。社会进步是历史发展的必然结果。社会形态的更替，精神文明和物质文明的发展都是社会进步的表现。社会是动态的发展过程，每一段历史时期都具有区别于其他历史时期的特点和意义。当下中华农耕文化保护传承需要以新时代中国特色社会主义实践为依据，发挥农耕文化的优势与积极作用，推进农耕文化保护与传承与社会进步相适应，促进中国特色社会主义的发展。

推动农耕文化保护传承与社会进步相适应，一方面要确保农耕文化保护与传承的内容是积极有益的。中华农耕文化历史悠久，从原始社会开始就有了农耕文化的萌芽，而后历经奴隶社会、封建社会等多个社会形态，不可避免地带有落后成分。值得注意的是，我们所保护与传承不是中华农耕文化的所有内容，而是其

中的精华成分,是优秀的中华农耕文化。促进农耕文化保护传承与社会进步相适应,要保证保护与传承的农耕文化内容与社会进步相适应。农耕文化中既含有促进社会发展的精华,也含有阻碍社会发展的糟粕,需要全面的了解与分析。在传统农耕文化中,"小富即安""目光短浅"的小农意识是需要革新与转变的内容,而其中所蕴含的"自强不息""勤俭持家"的思想观念则是我们需要保护与传承的重要内容。提升并促进其与主流文化相融合,以促进社会的发展。在确保农耕文化内容能够促进社会发展的前提下,还要使之与社会主义文化相适应,以达到促进社会进步的目标。

另一方面,促使农耕文化的保护与传承实现与社会发展相适应的目标,还应确保农耕文化保护与传承方式的科学有效。在保护与传承优秀农耕文化的前提下,机械、样板式的保护传承,不仅不能发挥促进社会进步的作用,还会使保护与传承陷入困境,失去意义。保护与传承农耕文化要从实际出发,基于农耕文化的特色,制定不同的保护方案。农耕文化作为复杂的文化系统,包含物质文化、精神文化、制度文化三种形态。不同文化形态之间的保护与传承方式也不尽相同,不能混为一谈。并且,农耕文化还具有地域性特征,每个地区的农耕文化各具特色。某一地区的农耕文化保护与传承所取得的经验和成就,并不适用于所有地区。应基于本地区的实际情况,进行有效的吸收和借鉴。在保护与传承农耕文化时要突出本地区的农耕文化特色,避免同质化。把本地区的农耕文化特色与实际情况相结合,促进优秀农耕文化内容的创造性转化和创新性发展,使农耕文化保护与传承的方式科学有效。

推动农耕文化保护与传承与社会进步相适应,需要厘清农耕文化的精华和糟粕。将优秀农耕文化作为保护与传承的重要内容,确保农耕文化保护与传承内容是积极有益的。同时,农耕文化保护与传承需要从实际出发,坚持实事求是的原则。根据农耕文化的特色以及人民精神文化需要、经济发展状况,来制定不同的农耕文化保护与传承方式。避免千篇一律的农耕文化保护与传承模式,确保农耕文化保护与传承方式的科学有效。

(二)推动农耕文化保护传承与经济发展相协调

经济发展在国家和社会发展进程中具有重要地位,农耕文化保护与传承需要与经济发展相协调。要实现这个目标,首先需要明确农耕文化保护传承与经济发展的关系。

一方面,经济发展为农耕文化保护传承创造了物质基础。马克思强调:"人们为了能够创造历史,必须能够生活。但是为了生活,首先就需要吃喝住穿以及其他一些东西。因此第一个历史活动就是生产满足这些需要的资料,即生产物质生活本身。"物质资料生产是人类创造历史的基础，经济发展能够带来物质资料的满足，保障人们的基本生活，从而使人们能够参与到精神文化生产中来。任何精神文化活动都建立在一定的经济基础之上。同样，农耕文化保护传承需要基于一定的物质基础。经济发展能够为农耕文化保护传承提供人才和资金保障。经济的快速发展，使人们的物质生活水平得到提高，产生了精神文化生活的需要，促使人们参与到农耕文化保护传承中来，提高人们的保护与传承意识。同时，经济发展能够保障农耕文化保护传承有足够的资金，投入到农耕文化保护传承的基础设施建设、人才培养等各个方面。

另一方面，农耕文化保护传承对经济发展也有着促进作用。中华农耕文化是中华民族的宝贵遗产，蕴含着丰富的资源。将其与经济建设结合起来，能够创造财富。近年来，兴起了一大批以农耕文化为主题的旅游小镇。以乡愁为依托，发挥当地农耕文化特色，吸引游客前往游玩参观，带动当地经济的发展。并且，农耕文化产业化也为经济发展提供了重要助力。农耕文化以其独特的文化风格运用到现代文化当中，促进文化产业的创新与发展，从而拉动地区经济增长。总而言之，农耕文化保护传承与经济发展是相互促进的关系，在明确这一前提的条件下，推动实现农耕文化保护传承与经济发展相协调。

其次，促进农耕文化保护传承与经济发展相协调还需解决农耕文化保护传承与经济发展之间的矛盾。经济发展改善了农民的生活水平与居住环境。许多农村地区已经再也看不到原有的老房子，取而代之的是一排排充满现代感的楼房。传统村舍民居作为农耕文化的载体，在经济发展的进程中失去了原有的农耕特色与原始风貌，对农耕文化保护传承而言是一种破坏。此外，为充分发挥农耕文化的旅游价值，促进经济的发展，而对农耕文化遗产进行过度的开发和利用。原有的农耕建筑集群由于历史等原因，承载力和容纳量较小，从而对其进行拆后重建，破坏了原有农耕建筑的风貌。然而，运用现代技术重建的农耕建筑，无论模仿的多么惟妙惟肖都不可能再现农耕文化的智慧与历史沉淀。农耕文化的开发与利用需要建立在保护的基础之上，明确其根本目的不是为了获得经济效益，而是为了将优秀农耕文化传承下去。农耕文化保护传承要处理好与经济发展的矛盾，不能盲目追求经济效益而破坏农耕文化，要使农耕文化与经济发展相协调。

最后，需要明确定位农耕文化的经济意义与价值，促进农耕文化保护与传承与经济发展相协调。迈克尔·波特曾强调："同样的文化属性，在不同的社会中，甚至是在同一个社会的不同时期中，对于经济进步而言，可能具有不相同的意义。"传统农耕文化中的生产工具对于传统社会而言，其促进经济进步的作用主要在于第一产业的生产力的革新，而对于当今社会而言，传统农耕生产工具被现代化农耕生产工具所取代，其促进经济进步的功能由第一产业的生产力转变为第三产业的历史文化遗产。农耕文化在不同历史时期所具备的经济价值是不同的，需要明确定位农耕文化在当今经济发展中的地位和作用，同时还需要加快农耕文化的整理和归类，让不同种类的农耕文化都能发挥其经济价值。

（三）促进农耕文化保护传承与生态保护相契合

习近平总书记强调："生态文明建设是关系中华民族永续发展的根本大计。"人类与自然的关系十分密切，保护好自然就是保护好人类，违背自然发展规律就是伤害人类自身。中国经济高速发展积累了许多生态问题，以牺牲环境换来的发展，给持续发展带来了隐患。生态环境保护迫在眉睫，亟须认识到生态保护的重要性，才能使人类和社会获得可持续发展。在此背景下，农耕文化保护传承需要与生态保护相契合，共同促进中华民族的永续发展。

在传统农业社会，由于生产力水平较低，对自然界充满着敬畏，只能顺从自然界来谋求生产和发展。传统农耕实践需要"天、地、人"三者的有机统一，才能获得好的收成。"夫稼，为之者人也，生之者地也，养之者天也。"人们通过向自然界获取生存资料并对其进行改造，以适应生存发展的需要。在农耕生产实践中，人与自然的关系达到高度的和谐，形成了"天人合一""民胞物与""物我同一"等观念。

正如马克思所言："人民的最美好、最珍贵、最隐蔽的精髓都汇集在哲学思想里。"这些在农耕生产实践中形成的哲学理念凝聚成农耕文化的精华，对当今农业生产实践和社会发展仍具有十分的重要的现实意义。农耕文化所蕴含的生态哲理与当今生态保护是相吻合的，在农耕文化保护传承过程中需要充分挖掘农耕文化对生态保护有益的内容，指导当今的生态保护。

随着科学的兴起和技术的进步，人类认知和探索世界的能力得到增强，极大地提高了人类征服和改造自然的能力。人类成为了自然界的主宰，自然界则成为了被征服的对象。工业的迅猛发展，使人类疯狂掠夺自然资源，造成生态环境危机。保护与传承农耕文化，要用农耕文化的生态哲理思想指导人类的生产实践，充分发挥农耕文化对人的影响力，促进和引导人们养成绿色的生活方式和生产方式。

促进农耕文化保护传承与生态保护相契合，一方面要充分挖掘和阐释农耕文化中所蕴含的生态哲理，并促使其发挥影响和塑造人的积极作用，从而推动生态保护的发展。另一方面，农耕文化保护与传承的方式需要绿色环保，不能牺牲自然环境来保护与传承农耕文化。随着人类视野和知识的进一步拓宽，仍需保留对自然界的敬畏之心，尊重自然发展规律，按照规律办事，不能凌驾于规律之上。正如习近平总书记所言："自然是生命之母，人与自然是生命共同体，人类必须敬畏自然、尊重自然、顺应自然、保护自然。"将农耕文化保护传承与生态保护结合起来，促进中华民族永续发展。

农耕文化保护与传承不是盲目的，而要以一定的目标为方向，这样才能使农耕文化保护与传承有意义。农耕文化保护与传承需要达到怎样的效果，取决于制定怎样的目标。农耕文化的保护与传承以中华优秀农耕文化为内容，使之与社会进步相适应，与经济发展相协调，与生态保护相契合，立足于人民群众的根本利益，促进新时代中国特色社会主义的发展。

二、中华农耕文化保护与传承的原则

中华农耕文化保护与传承的原则是农耕文化保护与传承实践的标准和根本遵循。如果说农耕文化保护与传承的目标是方向，那么原则就是要求和保障。农耕文化保护与传承需要基于人民主体性原则、保护有效性原则、开发适度性原则、发展可持续原则，才能保障农耕文化保护与传承的具体实践取得成效。

（一）人民主体性原则

在农耕文化保护与传承过程中，需要坚持人民主体性原则。从马克思主义的观点出发，以唯物主义的视角理解"主体性"这一概念，即基于人的实践所表现出来的自觉、主动、有目的、有意识的活动。"人民"在我国是区别于"敌人"的政治概念，主要是指认同社会主义，并为社会主义事业而奋斗的人。习近平总书记指出："人民不是抽象的符号，而是一个一个具体的人的集合。"每个人民都是鲜活的个体，这些个体构成了人民群众，但却不能忽视个体的特殊性。人民主体性的完整含义是指个体从历史、社会的角度出发，超越个体的局限，意识到自己是历史、社会的创造者与参与者，将个体价值与社会价值相统一，自觉地参与到国家发展与社会进步中来。

农耕文化保护与传承的人民主体性原则，主要体现在人民是农耕文化的创造者，农耕文化保护与传承需要人民的参与。这里的人民是包括农民、工人、职工等所有社会主义劳动者和建设者的集合。虽然农耕文化是农民在农耕生产实践中产生的文化，但是在发展过程中凝结了中华民族的整体智慧，其影响范围超出了农民群体，进而影响了整个中华民族。在农耕文化保护与传承中，农民作为直接的参与者，需要保证其在农耕文化保护与传承中的重要角色。在农耕文化保护与传承中，许多地区将农民排斥在农耕文化保护与传承之外，没有唤醒农民的保护与传承意识，忽视了农民在保护与传承农耕文化中的作用和地位。需要明确政府和农民在农耕文化保护与传承中的角色，政府只是农耕文化保护与传承的组织者与引路人，农民才是农耕文化保护与传承的践行者，需要提高农民保护与传承农耕文化的意识，加强保护与传承教育，让农民意识到农耕文化的重要性，使之参与到农耕文化保护与传承中来。

同时，人民的参与还需要实现个体力量与整体力量的统一。人民是一个整体概念，发挥人民的主体性，既需要发挥个体力量，又需要发挥整体力量。个体力量主要是指参与社会主义建设中的个体，整体力量主要是指社会主义性质的组织、团体等。在农耕文化保护与传承中需要发挥个体力量与整体力量，动员个体和组织参与到农耕文化保护与传承中来。拓宽渠道，社会上更多个体与组织参与到农耕文化保护与传承中来，发挥积极作用。农耕文化不是农民的私有财产，而是中华民族的宝贵财富，其对中华文化与中华儿女的影响是深远持久的。农耕文化保护与传承也不仅仅是农民职责，而是所有中华儿女共同的责任。让社会上更多的个体与组织参与到农耕文化保护与传承中来，发挥群众的合力，推动农耕文化的保护与传承。

最后，人民主体性原则需要把保障人民的根本利益为出发点和落脚点。明确农耕文化保护与传承的最终目的是人民，将优秀的农耕文化传递下去，延续中华文明。衡量农耕文化保护与传承效果，要把"是否为了人民，成果是否由人民共享"作为条件。农耕文化保护与传承是基于人民的整体利益出发，而不是个人或某一组织或团体的利益。保护与传承农耕文化最重要的是将保障人民的整体利益即社会利益放在首位。但在实际运行过程中，由于引入市场和商业运作，使得农耕文化保护与传承的效益成为了私人资产。以盈利为根本目的，使得农耕文化保护与传承失去意义，成为敛财的工具。农耕文化保护与传承引入商业资本并不是错误的行为，它能够为农耕文化带来活力。但是，如果不加强监管容易使农耕文化的保护与传承偏离原有轨道，重视经济效益而忽视社会效益。农耕文化保护与传承引入市场需要把社会效益放在首位，实现经济效益与社会效益的统一。此外，坚持农耕文化保护与传承的主体性原则还需要推动农耕文化与社会主义先进文化相融合，满足人民的精神文化需求。文化的最终是为人服务的，农耕文化需要发挥其作用，必须从人民的文化需求出发，对传统农耕文化进行转化，融入时代元素，满足人民的精神文化需求。

农耕文化的人民主体性原则需要以人民作为农耕文化保护与传承的主体，明确人民在农耕文化保护中的重要角色。同时保护与传承需要基于人民的根本利益，不能以牺牲人民的利益换取经济效益。在具体保护与传承过程中还需要推动农耕文化的创新、转化和发展以满足人民的精神文化需求，使得农耕文化保护与传承有有价值和意义。

（二）保护有效性原则

明确农耕文化保护有效性原则，需要理解何谓"有效性"。有效性是与低效或无效相对的概念。保护有效性主要体现为农耕文化在保护过程中的效用、效率和效果。

效用是一个经济学概念，主要是指"由客观资源的有用性而引起获得的满足程度"。从此概念出发，农耕文化的效用可以从两个方面理解：一是指农耕文化的有用性，即使用价值；二是指农耕文化满足程度，即满足人民需要的程度。农耕文化保护有效性原则要求农耕文化必须具有使用价值，即对社会进步和人民生产生活是有益的，能够使用农耕文化创造美好生活。农耕文化具有使用价值的前提是农耕文化的内容是积极向上的，只有优秀的农耕文化才具有使用价值。农耕文化的保护有效性原则效用的体现还包括农耕文化满足人民需要的程度。农耕文化满足人民需要的程度越高，保护有效性的效用也就越大。农耕文化保护与传承能够满足人民日益增长的精神文化需要，说明农耕文化保护与传承是成功的，达到了农耕文化保护的有效性，充分发挥的农耕文化效用。

"效率是为达到目标的投入与实际产出之比值。"高效率主要是运用有限的投入，换取高额的产出。将其运用到农耕文化保护与传承中，农耕文化作为有限的资源，如何让有限的资源最大化的满足人民的需求，是效率提升的关键。首先，需要珍惜农耕文化资源，避免资源浪费。农耕文化是不可再生资源，是前人留给我们珍贵的历史遗产，需要保护好，利用好。当下，许多农村地区农耕文化资源流失严重，利用率低，没有让农耕文化的使用价值得到发挥。其次，要加大对农耕文化的挖掘和阐发，让农耕文化更多的价值发挥出来，运用到人们的生产生活中。农耕文化的物质层面、精神层面、制度层面蕴含着丰富的内容。尽管，由于历史等原因，其中有些内容与形式已经不再适用于当今发展，但将其落后内容剔除之后，其仍对当今社会发展有着促进作用。将当今社会发展的需求与农耕文化的内容相匹配，深入挖掘和阐发其中精华的内容，丰富和发展农耕文化。最后，要增加农耕文化保护与传承的附加值。农耕文化保护与传承在延续中华文明的基础之上，还能够创造经济效益，淳化民风，推进生态文明建设等作用。将农耕文化保护与传承与当今社会发展结合起来，运用新技术、新手段，创造新形式，让农耕文化保护与传承惠及更多的社会领域和人民群众。

效果，即成效和结果，主要是指目标的达成情况。农耕文化保护有效性效果的衡量，需要从农耕文化本身，以及农耕文化保护与传承目标的实现情况出发。农耕文化保护有效性从农耕文化本身来看，对农耕文化的保护传承需要保证农耕文化的原真性。农耕文化的原真性是指农耕文化真实的、原本的面貌，而不是虚假的、仿制的形态。农耕文化的原真性对历史研究与借鉴有重要意义，仿制的农耕文化无论外表有多么相似，都不是原本的、真实的农耕文化。农耕文化保护有效性原则要求农耕文化保持原真性，破坏与重建都不能达到有效性原则。农耕文化保护与传承效果的另一层面，主要是看目标的实现情况，即农耕文化保护与传承是否达到了与社会进步相适应，与经济发展相协调，与生态保护相契合的目标。目标的完成程度决定农耕文化保护与传承效果。

农耕文化保护有效性原则要从效用、效率以及效果三个方面综合考虑。农耕文化保护与传承的效用、效率影响最终的效果。坚持农耕文化保护有效性要使农耕文化能够充分发挥使用价值，并满足人民的需求。在农耕文化保护与传承过程中，保护好利用好农耕文化资源，提高农耕文化保护与传承的效率。坚持农耕文化的原真性，推动农耕文化保护与传承目标的实现，使农耕文化保护与传承取得好的成效与结果。

（三）开发适度性原则

农耕文化保护与传承要坚持开发适度性原则。"适"是"合适，"刚好"，是"量"的单位。而"度"是指所达到"程度"、是评价"质"的限度。农耕文化保护与传承坚持适度性原则，即要达到农耕文化保护"质"与"量"的统一。使农耕文化开发控制在一定的范围之内，在"过"和"不及"中达到平衡状态；使农耕文化能够保持自身的存在，避免因过度开发和无序开发而造成的破坏和消失，促使农耕文化保护与传承在实践中取得成效。

坚持开发适度性原则要遵循农耕文化自身的发展规律。农耕文化的产生发展与生产力的发展密切相关。从刀耕火种到铁犁牛耕，农耕文化的每一次飞跃都伴随着生产力水平的大幅提升。但文化的发展并不是与经济、政治发展亦步亦趋。文化具有相对独立性，有时先于社会的发展，有时会落后于社会的发展。每一时代的文化在适应新的经济基础时，都存在一段过渡时期。中国古代农耕文化适应社会主义经济基础，同样也需要一定的时间，不能企图一蹴而就，迅速使传统农耕文化为社会主义现代化服务。从一定意义上说，农耕文化的发展本身是"扬弃"的结果。农耕文化经历了不同的发展时期，从萌芽到发展，再到成熟。每一次发展都是对前一时期的扬弃，变革所不再适应生产力发展的落后文化，保留有利于社会发展的合理因素，再与新的历史条件相结合，以获得新发展。

从农耕文化的总体来看，农耕文化的物质层面变革较大，制度层面次之，精神层面的农耕文化变革最小。从变革的难易程度上说，物质层面变革难度最小，制度层面次之，精神层面的农耕文化变革最大。农耕文化开发要顺应农耕文化自身发展的规律，要有重点、有主次的依次推进，同时不能顾此失彼。物质文化层面的农耕文化所要扬弃的内容较少，绝大多数都是需要保护的内容。而制度文化层面与精神文化层面所要扬弃的内容较多，在保护与传承过程中，要"批判传承"保护和传承合理成分的农耕文化。农耕文化保护与传承重点扬弃制度层面与精神层面，并不是减少对物质层面农耕文化的关注。农耕文化的物质层面、制度层面、精神层面都是农耕文化的不可或缺的重要组成部分，是我们宝贵的历史遗产，都需要合理的保护与传承。农耕文化开发需要顺应农耕文化自身发展规律，有节有度，分清主次，推进农耕文化保护与传承取得成效。

坚持开发适度性原则还需重视农耕文化的真实性和完整性。农耕文化的真实性和完整性是衡量农耕文化保护与传承是否适度的标尺。现实中多数农耕文化开发成为了市场化的行为，市场主体承担了农耕文化开发的任务。在市场的影响下，农耕文化被肢解成几个部分。对于能够获利的农耕文化，市场主体对其趋之若鹜，争相对其进行保护和开发，而获利较少或没有开发利用价值的则无人问津。这使得农耕文化完整性遭到破坏。受到追捧的农耕文化，容易陷入过度开发的困境，而遭受忽视的农耕文化则容易造成资源的流失和浪费。此外，由于市场的自发性、盲目性与滞后性，往往一个地区的农耕文化开发获得可观的收益，那么其他地区或其他市场主体会争相模仿，以期从中获益。农耕文化具有地域性特征，每个地区的农耕文化都各具特色。农耕文化的地域性差异才是推动农耕文化开发的有效推力，采取同质化的开发模式，并不能取得理想的效果。农耕文化开发要基于农耕文化特色，将农耕文化完整、真实的展现出来，充分发挥农耕文化的吸引力。

农耕文化开发在一定程度上能够促进农耕文化的保护与传承，但在开发上存在过度开发与无序开发的问题。商业化行为一般以利益为驱动力，对于其他因素的考虑较少，使得农耕文化在商业开发过程中，造成不同程度的破坏。农耕文化开发适度性原则需要尊重农耕文化发展的规律，重视农耕文化的真实性和完整性。

（四）发展可持续原则

农耕文化保护与传承需坚持发展可持续原则。可持续发展从表层含义上看，主要是指自然资源和经济的永续发展。从深层含义上看，主要是指自然资源和经济背后，人的持续发展。可持续发展的因果链条可以推导为：自然资源的持续发展——经济的持续发展——人的持续发展。自然资源是经济可持续发展的基础，经济可持续发展推动着人的可持续发展。反之，自然资源制约着经济的增长从而制约着人的发展。

马克思指出："自然界，就它自身不是人的身体而言，是人的无机的身体。人靠自然界生活。这就是说，自然界是人为了不致死亡而必须与之处于持续不断的交互作用过程的人的身体。"自然资源对于人的发展而言是最为基础资源，是人的无机身体。农耕文化是自然资源与人在交互过程中形成的文化系统。自然资源是农耕文化载体，农耕所需要的水源、土地都取资于自然资源。农耕文化发展可持续发展最为基础的就是与农耕自然资源的可持续发展。失去了农耕赖以生存的土地和水源，农耕文化也不复存在。在农耕文化保护与传承过程中，自然资源与环境的保护也是十分重要的环节。科学技术的发展，极大的改善了农耕生产的效率，同时也对农耕自然环境造成了一定的破坏。化肥、农药的滥用超出了土地的承载能力，同时造成了环境的污染和破坏。农耕文化可持续发展要坚持绿色发展理念，建设生态文明的社会。

农耕文化是中华民族宝贵的历史遗产，我们必须将其完整的传递下去，延续中华农耕文明。这就要求我们在保护与传承农耕文化过程中必须坚持发展可持续原则。树立唯物史观，将农耕文化保护传承与过去、现在、未来相联系，从长远发展的角度出发，科学地保护与传承农耕文化。农耕文化作为不可再生的文化资源，资源流失和损坏都将对其造成不可逆的影响。在保护与传承过程中，需要树立"保护优先"的理念，积极抢救濒临灭绝的农耕文化，避免农耕文化的完整性和原真性受到影响。

可持续发展需要处理好农耕文化和经济发展的关系，推动农耕文化与经济协调发展。农耕文化蕴含着丰富的自然资源、人文资源，这些资源都可以成为推动经济发展的有效动力。在利用农耕文化创造经济价值时，不能随意破坏农耕文化，要把农耕文化与未来发展相联系，不能只顾眼前利益而忽视农耕文化的长远发展。

农耕文化保护与传承可持续发展原则强调农耕文化是发展的，而不是机械的、无意义的活动。农耕文化保护与传承需要促进农耕文化自身与经济、社会、生态的发展，并且是发展是可持续的，而不只在历史当中的一段时期内有所发展。在保护与传承农耕文化时需要考虑公平性原则，将代内的横向公平与代际的纵向公平结合起来，使农耕文化保护与传承，不仅造福于当代人民，也造福于子孙后代。此外，中华农耕文化作为世界文化的组成部分，促进农耕文化的可持续发展，对保护世界文化的多样性，促进世界文化的可持续发展也具有重要意义。

农耕文化保护与传承可持续发展原则，需要保护农耕文化自然资源，推动农耕生产的绿色发展。处理好农耕文化保护传承与经济发展的关系，使农耕文化与经济协调发展，增强农耕文化发展的可持续性和经济发展的可持续性，从而实现人的持续发展。

三、中华农耕文化保护与传承的具体策略

农耕文化保护与传承的目标与原则为具体实践提供了重要的方向指引。在具体农耕保护与传承的实践中，还需从认知、践行、技术、制度四个方面同时发力，保证农耕文化保护与传承的科学有效。农耕文化保护传承的具体策略是农耕文化

保护与传承问题的解决之道，是破解农耕文化保护与传承困境的有效方法和途径。

（一）认知策略

树立农耕文化的科学认知，是保护与传承农耕文化的起点。只有正确的认识和把握农耕文化的科学内涵和时代价值，才能唤醒人们的保护与传承意识，促进农耕文化科学有效的保护与传承。农耕文化保护与传承认知策略主要包括：树立科学农耕文化保护传承思维模式，多渠道宣传农耕文化，推进农耕文化教育普及，加强农耕文化研究阐发四个方面。

1.树立科学保护与传承的思维模式

思维方式是思维主体认知事物所表现的具体方式，表明思维主体进行思维活动的行为与趋向。思维主体是复数形式的"人"。既可以指单个的人，又可以指由人所组成的团体、组织乃至人类。农耕文化保护与传承主体同样也是复数形式的"人"，是泛指的对象，并不特指某个体或某类群体。农耕文化保护与传承的思维模式决定了人们如何看待农耕文化，如何保护与传承农耕文化。基于农耕文化的内容与特点，科学保护与传承农耕文化需要树立系统思维模式、多元思维模式以及辩证思维模式，推动农耕文化科学保护与传承。

第一，农耕文化保护与传承需要树立系统思维模式。

农耕文化保护与传承是一个复杂的系统，涉及农耕文化保护者、传承者、受益者等主体，涉及保护与传承的内容、手段与方式，保护与传承效果的衡量体系等方面。需要树立系统的思维模式，妥善处理其中错综复杂的关系。

首先，树立全局意识。农耕文化是一个整体，需要从大局出发，注重整体的保护与传承效果，避免碎片化的保护与传承。同时，农耕文化内涵丰富，形式多样。在保护与传承过程中，不能顾此失彼，不能重视物质文化的保护而轻视精神文化和制度文化的保护。需将农耕文化作为一个整体，明确农耕文化无论缺失任何一部分内容，都对会对其完整性带来破坏。此外，农耕文化保护与传承还需要将其与整个地区的经济发展、人文习惯结合起来，不能将农耕文化孤立于整个地区的发展之外，而是要将农耕文化作为地区文化的一部分，统筹规划。

其次，农耕文化保护与传承需具体问题具体分析。将农耕文化区分层次，分类指导。农耕文化既需要制定整体保护规划，又不能忽视具体的任务规划。在实施过程中需要保证具体任务不偏离整理保护规划的路线，以目标为中心，做到整体与部分的统。从农耕文化的主要内容上看，虽然农耕文化是一个整体，但物质文化、精神文化、制度文化三者之间各有特点，不能将其混为一谈。具体策略的制定不能笼统对待，而是要根据各自具有的特点进行规划。

最后，系统思维模式要求树立协同合作意识。农耕文化保护与传承涉及多个行为主体，同时受多个部门的监管和监督。这就要求农耕文化保护与传承各个主体与部门间需要加强合作，树立协同合作意识。每个行为主体对于农耕文化保护与传承的内容与方式不同。例如，农民对于农耕文化的保护与传承主要是通过日常生产生活实践进行保护，保护与传承的内容也是与其生产生活息息相关。市场主体对于农耕文化保护与传承主要是基于可盈利的内容进行开发。而政府在农耕文化保护与传承过程中起着兜底的作用，任何有关农耕文化保护与传承的内容都有所涉及。农民、市场主体、政府主体以及其他社会团体对于农耕文化的保护与传承不是孤立的，而是相互联系的，需要寻找其中的相关性与耦合性，促进农耕文化保护与传承的合作与协同，发挥合力。

第二，农耕文化保护与传承需要树立多元思维模式。

多元模式相比一元、二元模式而言，有着更加开阔的视角和知识容量，能够唤醒思维的活力与创造力。农耕文化保护与传承虽然指的是"农耕文化"这一限定的文化内涵的保护与传承，但是农耕文化所涉及到的内容却不仅仅局限于文化这一范围，而是涉及到经济、社会、生态等多个范围。所以，在农耕文化保护与传承中需要把视野打开，建立多元的思维模式，使农耕文化保护与传承获得更好的效果。农耕文化保护与传承多元思维模式的建立要求我们运用多学科知识去分析和解决农耕文化保护与传承问题。农耕文化的研究不仅是人类学、历史学、社会学等人文社会科学所研究的内容，同时农耕文化研究还涉及到天文学、生物学、物理学等自然科学的内容。对于农耕文化而言，其本身就是涉及多学科、综合性的内容，所以农耕文化保护与传承不能从单一学科视角去定义、阐发和研究，而应该进行跨学科研究，树立多元化的思维模式。

第三，农耕文化保护与传承需要树立辩证思维模式。

首先，需要一分为二的看待农耕文化的内容。农耕文化所蕴含的内容鱼龙混杂，精华与糟粕都交杂在其中，辨别农耕文化的优劣成分是农耕文化保护与传承的出发点。我们所保护与传承的农耕文化是优秀的农耕文化，而不是农耕文化的全部内容。辩证思维模式要求我们一分二的对待农耕文化，将优秀的农耕文化保留下来为今所用，将落后的农耕文化内容剔除。

其次，对待农耕文化保护与传承的行为也需要辩证的看待。不是所有农耕文化保护与传承都是有意义的行为，而是需要基于一定的评价标准和衡量目标。有些农耕文化保护与传承打着幌子，实际上对农耕文化造成了破坏。这就需要我们摒弃无意义的保护与传承，从实际出发，将农耕文化保护与传承建立社会进步、经济发展、生态保护之上，以保护人民群众的根本利益为落脚点。

最后，从马克思辩证唯物主义的视角出发，农耕文化不是孤立的存在于世界之上，而是存在于普遍联系的世界之中。农耕文化的发展演变不可避免的和周遭的事物产生各种各样的联系。在农耕文化保护与传承过程中，要把握这种联系，尽可能辩证地看待农耕文化与其他事物的联系。传统农耕文化历经多个社会形态，其在每种社会形态中所扮演的角色各不相同。在保护与传承过程中，要用历史的眼光看待，将农耕文化置于当时的社会背景之下分析其作用和功能。将其拿来为今所用的时候，要以当下社会发展的标准进行取舍和定义。在评价农耕文化时不能陷入"要么对，要么错"的二元对立的错误之中。农耕文化保护与传承需要树立多元思维模式，避免将农耕文化引入僵化、固定的发展模式。要用多学科视角分析和研究农耕文化，采取历史发展的眼光评价农耕文化，引入多方式激活农耕文化内涵与价值，使农耕文化充满生机与活力。

2.多渠道宣传农耕文化

宣传是富有感染力的一项活动，能够激励和引导人们向着所倡导的目标和方向前进。人们对于中华农耕文化的了解，仍然停留在表面，甚至有些人对于农耕文化还存有误解。当前农耕文化保护与传承所面临的困境，很大程度上是由认知层面存在的漠视、误读、误解导致。在一定程度上，从认知层面获得对农耕文化的认同，是农耕文化保护与传承的第一步。怎样才能够让人们更多的了解农耕文化、认同农耕文化？农耕文化宣传的重要性就此突显。对于农耕文化的宣传，不能局限于某一种宣传方式，或者局限于某一场所。而应该采取多种方式，多渠道地进行宣传农耕文化，这样农耕文化的受众面会更加广阔。同时，多种宣传方式能够使人们更易于接受农耕文化的宣传内容，从而更好的达到宣传目的。

农耕文化保护与传承的宣传，主要由两个方面：一是对内宣传，二是对外宣传。对内宣传，主要是对农耕文化的保护者、传承者，以及本区域内农耕文化的所有者进行宣传，宣传的内容主要包括农耕文化的具体内涵、重要价值、时代意义等内容，以及科学保护与传承农耕文化的方式与途径。使之提高农耕文化保护与传承的意识，发挥主观能动性，积极主动的投身于农耕文化保护与传承中来。而对外宣传，所面向的人群，主要是特定区域外的群众，即外地人。主要是宣传特定区域的农耕文化特色，以吸引更多的人来体验农耕文化。对内宣传和对外宣传需要制定不同的宣传目标，选择不同的宣传内容以及确定不同的受众范围。在具体宣传工作的开展过程中，二者需要达到一定的平衡，不能因为对内宣传而忽视的对外宣传。同样，也不能重视对外宣传而忽略了对内宣传，二者都是农耕文化宣传的重要任务。

农耕文化的多渠道宣传指的是采取多种宣传方式、使用多种宣传媒介进行农耕文化宣传，扩大农耕文化受众的范围。在进行宣传活动时，需要确定农耕文化的宣传机构，不同的宣传机构所宣传的内容、方式都有所不同。以农耕文化外部宣传为例，进行农耕文化外部宣传的可以是农耕文化旅游产业的开发商、当地政府、公益组织等。不同的宣传机构对于农耕文化宣传的侧重点有所不同：开发商所宣传的农耕文化主要是围绕开发的景点或物品为中心展开；当地政府对外宣传农耕文化主要是为了增强农耕文化吸引力，招商引资以带动区域经济发展；公益组织对外宣传农耕文化主要是为了提醒人们爱护农耕文化资源，不随意破坏和损坏农耕文化遗产。

进行农耕文化多渠道宣传时，要确定农耕文化宣传机构和宣传目的，不同的宣传机构有着不同的宣传内容以及方式、方法。农耕文化宣传方式主要取决于农耕文化的宣传对象、宣传内容，要根据宣传对象和宣传内容的特点，采取简洁明了、通俗易懂的语言，贴近实际生活，力求给受众留下深刻印象。此外，宣传媒介的选择也十分重要。传统媒介如报刊、书籍等传播速度较慢，目前传统媒介的受众主要以中老年人为主。网络媒体传播速度快，更新迅速，但内容庞杂，容易出现"信息超载"的情况，人们在浏览网络信息时，注意力容易分散，受众主要以青年人为主。为了达到农耕文化有效传播的目的，在选择宣传媒介时要结合受众的情况以及媒介的优缺点，使用多种媒介组合，采取多种宣传方式进行宣传。

多渠道宣传农耕文化，能够让人们进一步的了解农耕文化内涵，破除对农耕文化的误解。在宣传农耕文化时，要注意不同宣传方式、途径以及媒介之间的功能和作用，围绕农耕文化宣传的内容、受众的特点进行有的放矢的宣传，而不是漫无目的的宣传。多渠道不意味着混乱与无序，多种渠道之间可以实现相互协同与配合。同时，多渠道宣传也并不意味高效的宣传，只是为宣传提供了多样化的选择。农耕文化的宣传效果取决于人们对于农耕文化的接受程度，以及对农耕文化内容的掌握程度。

3.推动农耕文化的教育普及

教育是一项提升人类知识、技能与道德的活动。教育普及，则是指凡是需要受到教育的人都能够接受教育，使教育涵盖到每一个需要教育的人，以及每一处需要教育的方面。当前，农耕文化尚未形成系统的教育体系。农耕文化的教育只零星散落在大、中、小学的课外农耕文化实践体验，以及农耕文化旅游开发的专项培训等方面。农耕文化的教育不仅仅是实践的环节，也应有理论的环节。要把农耕文化理论教育与实践教育统一起来，让人们清楚地明白农耕文化的内容与价值，才能更好发挥农耕文化的教育意义。

推动农耕文化教育普及，从范围上看，要把农耕文化教育涵盖到学校教育、家庭教育、社会教育等各个环节；从内容上看，要促进农耕文化与人的知识、技能、情感联系起来，发挥农耕文化教育与涵养人的作用。

在学校教育层面，需要在大、中、小学设立农耕文化基础知识课程。在理论上让学生了解农耕文化发展与演变的历史过程，掌握农耕文化的主要内容，明白农耕文化的历史价值与现实意义。同时，还需要设立农耕文化实践课程，让学生到农耕文化博物馆参观，到农耕文化实践基地进行农事生产体验，让学生切身体会到农耕文化的实践。只有理论教育与实践教育相统一，才能实现教育效果的最大化。农耕文化教育在学校层面，需要贯彻这一原则，让学生理解和掌握农耕文化相关知识。

家庭教育是农耕文化教育的基础环节。人们接触世界的第一站就是家庭，家庭教育对人的塑造和影响起着十分重要的作用。"耕读传家"是农耕文化在家庭教育中的体现，要求孩子既要"耕作以谋生"又要"读书学做人"。中国古代社会很多家风家训都与农耕文化相关，以规劝子孙"吃苦耐劳""勤学上进"。农耕文化在家庭教育层面要汲取优秀农耕文化的精华，将育儿哲理运用到家庭教育之中，使孩子树立"自强自立""艰苦奋斗"等优良品格。此外，在家庭教育中，"乡愁"情感的传递也十分重要。在改革开放以前，绝大多数中国人都生活在农村，许多人都是农民的孩子，家乡的田野，烟囱的炊烟都深深的留在了人们的记忆里。新生一代的孩子对于"乡愁"的理解是十分模糊的，他们没有亲身经历，没有切身体会到这一情感。在家庭教育中要将爷爷奶奶的乡愁故事告诉给孩子，让孩子能够明白"土地的情感"与"家乡的牵挂"。

社会教育，指的是除学校、家庭外的社会组织或团体实施的教育。社会教育不仅面向青少年群体，还面向社会劳动者。在进行农耕文化社会教育的环节，要把农耕文化与社会主义先进文化相结合，让农耕文化的优秀内容促进社会主义社会的发展。在宣传环节，需要加大对农耕文化的宣导。通过利用基础设施，如利用公交站台、广告栏目进行农耕文化知识的投放，在博物馆、图书馆、歌剧院安排农耕文化相关的知识内容。让农耕文化进入人们的日常生活之中，拉近人们与农耕文化的距离。农耕文化社会教育的另一方面是农耕文化技能培训。通过开办培训班加强农耕文化的保护与传承，抢救濒危的农耕文化手艺与技能，使农耕文化传统技术能够得到延续。

农耕文化的教育普及是矫正农耕文化错误认知，加强农耕文化保护与传承意识的重要手段，能够使人们受到系统的农耕文化教育。通过梳理、强化、应用农耕文化相关知识，从而加深对农耕文化的理解。此外，对于农耕文化教育普及而言，不仅是农耕文化自身发展的需要，其蕴含的优秀价值观念对于促进人的发展、文化的延续、社会的进步都有着十分重要的意义。

4.加强农耕文化的研究阐发

农耕文化蕴含着丰富的内容，是我们珍贵的历史遗产。加强农耕文化的理论阐释和基础研究，具有重要的学术价值和实践意义。在学术价值层面，加强农耕文化研究，能够促进历史学、政治学、社会学等方面的发展。探究农耕文化对中国传统社会产生的理论价值，以及对当今社会的现实意义。农耕文化是历史的"活化石"，通过解剖和分析农耕文化，可以折射和反映出最真实的中国历史现状。从农耕生产到人民生活，从政治制度到社会形态的状况都能一一从农耕文化那里得到反馈和印证。

在实践意义层面，农耕文化有着丰富的实践内容，其所包含的农事节气、农事典籍仍对当今的农耕生产有着重要的指导意义。传统农耕器具对现代农耕器械的设计与运行也具有一定的借鉴意义。其中部分传统农耕生产工具如镰刀、锄头等至今仍可以使用，古代所建造的大型水利工程，如都江堰依然在造福百姓。但是，从目前来看，我国对于农耕文化的研究远远不够。专门的研究机构较少，农耕文化研究经费也较为短缺，许多农耕文化精华内容没有得到挖掘与阐发。鉴于此，亟须加强农耕文化的基础研究和阐发，让农耕文化价值得到进一步的发挥，同时让人们能够更进一步的了解农耕文化，自觉的参与到农耕文化保护与传承中来。

加强农耕文化研究与阐发，需要建立农耕文化专门的研究。农耕文化涉及到农业、建筑、医药、习俗、饮食、科技等各个方面。对于农耕文化的研究不能单线进行，需要使各部分内容有机统一起来。目前我国对于农耕文化的研究，主要使将其内容拆分到各个专门的研究机构。例如，农耕文化涉及到农业的部分由农业研究机构进行承担研究工作，涉及到医药则有医学研究部门进行研究工作。这样的研究机制能够在一定程度上节约研究的人力、物力和财力，但在一定程度上也割裂了农耕文化各部分内容之间的联系，忽略了农耕文化的整体性。农耕文化各部分之间不是单个的个体，而是有机的整体，各部分之间都存在着有机的联系。所以，在进行农耕文化研究时，要加强各个研究部门之间的交流与合作，不能只深耕于农耕文化的某一部分。组建专门研究机构的目的在于，将各个领域的人才集中起来，使农耕文化各个部分的研究形成一个统一的合作、交流平台。农耕文化专门机构的设立可以是一块牌子，农耕文化各个领域的研究专家仍然可以在原机构从事研究工作，但农耕文化专门研究机构成为联系各领域专家的桥梁和纽带，农耕文化不同领域的专家可以进行思维的碰撞，整合与深化农耕文化研究成果。

中华农耕文化多姿多彩，不同地域间的农耕文化各具特色。在进行农耕文化研究时，需要将农耕文化的共性与个性结合起来。在研究农耕文化具体内容时，不能生搬硬套其他地区农耕文化的研究方法与研究手段，需要从本地区的实际出发，对本地区的农耕文化做系统的梳理和总结。每个地区都应该建立相应的农耕文化研究机构，通过加强大专院校科研机构与当地农耕文化的合作，依托大学科研基础设施与科研团队对农耕文化进行深入研究。在进行农耕文化研究时，不能忽略人民群众的集体智慧，要将熟悉当地农耕文化的人民吸纳到研究机构中来，让他们能够充分参与到农耕文化的研究中，为农耕文化研究提供不一样的视角与方法。

此外，对农耕文化进行研究的同时不能忽略对农耕文化成果的输出。要将农耕文化研究成果运用到实际中去。对于农耕文化理论成果，需要进行梳理、归纳、总结，形成系统的理论成果。根据使用的场景不同，采取不同的表述方式和表达方法。进行农耕文化宣传的理论成果，需要采取通俗易懂、简单明了的语言进行表述和阐发，让人民大众能够明白农耕文化的奥妙。运用到学术领域的农耕文化理论成果，需要用规范的学术语言进行编撰和阐释，让农耕文化的理论价值得到充分的展示，推动农耕文化学术化进程。对于农耕文化的实践成果，需要投入到生产实践中去，充分展现农耕文化的实用性价值，让农耕文化服务现代社会的功能得到进一步提升。在农耕文化实用性成果转化时，需要对其进行进一步的阐释，让人们知道这是农耕文化成果的转化，让人们能够切实体验到农耕文化的使用价值。

加强农耕文化的研究阐发也是对农耕文化认知领域的深刻变革。通过农耕文化研究成果的展示与运用，改变人们对于农耕文化是"封建的、落后的"刻板印象，在农耕文化的实用性中对农耕文化树立科学的认知，增强农耕文化的保护与传承意识。

（二）践行策略

农耕文化的科学认知还需要在践行中实现。在具体策略上，要以"农"为根本，加快第一产业、第二产业和第三产业的融合发展，促进农耕文化产业化进程，提高农耕文化产业效益。对于农耕文化的保护与传承的规划要从整体出发，统筹农耕文化的各部分内容，避免破坏农耕文化的完整性。加大对农耕文化保护与传承的资金投入与人才投入，拓宽农耕文化融资渠道与社会参与渠道。在进行农耕文化保护与传承时需要从实际出发，立足本地区的实际情况，因地制宜，充分体现农耕文化的特色，避免同质化。此外，还需要积极借鉴其他地区和国家农耕文化保护与传承的经验教训，促进农耕文化与时代要素相结合，敢于创新，为农耕文化增添新内涵与发展新动力。

1.以农为本，三产融合

农耕文化是在农耕生产生活基础上所形成的文化形态，其产生、发展都与农村、农业、农民联系密切。农村是农民生产生活的重要场所，是农耕文化的承载中心。农业作为农耕生产的主要产业，是农耕文化的核心内容。农民是农耕文化的创造者，扮演着农耕文化保护与传承进程中的重要角色。在农耕文化保护与传承过程中要坚持以"农"为本，围绕"农村、农业、农民"来进行，任何脱离农村、农业、农民的农耕文化保护与传承都不可取。

首先，农耕文化的保护与传承要适应农村的发展。目前，许多地区农耕文化保护与传承与农村发展存在矛盾。在偏僻、发展落后的乡村，往往保留着最为原始的农耕文化，而在经济状况发展较好的乡村，传统农耕文化资源流失较为严重，农耕文化生态被遭到破坏。由于经济发展的需要，有些地区对农耕文化重视程度不够，为了改善农村生活环境，对传统古建筑进行随意拆迁、复建，传统民居被新式楼房所取代，使农耕文化的完整性遭到破坏。习近平总书记强调："乡村文明是中华民族文明史的主体，村庄是这种文明的载体，耕读文明是我们的软实力。城乡一体化发展，完全可以保留村庄原始风貌，慎砍树、不填湖、少拆房，尽可能在原有村庄形态上改善居民生活条件。"农村发展与农耕文化保护传承之间的矛盾不是不可调和的，农村发展不一定会对农耕文化造成破坏，农耕文化保护传承也不会妨碍农村发展。二者可以实现相互促进，共同发展。将农村发展与农耕文化保护传承相统一，在保护与传承过程中合理利用与开发农耕文化，带动农村经济的发展。农村发展在一定程度上拥有更多的资金与人力，能够促进农耕文化保护与传承。需要明确的是，农村发展要建立在农耕文化可持续发展的基础之上，不能牺牲农耕文化以促进农村发展。同时农耕文化保护与传承不能机械的保护与传承，在要保护与传承过程中创造价值，促进农村的发展。

其次，农耕文化的保护与传承要重视农业生产。我国自古以来是农业大国，农业是我国经济的基础，农耕文化的保护与传承不能忽视农业生产。在农耕文化保护与传承过程中，旅游业的地位被突显出来，然而农业却处于边缘化的地带，时常被人们所忽视。农耕文化最早是服务于农耕生产的文化形态，同时也是最早运用在农耕实践上的文化。所以，农耕文化保护与发展不能忽略农业生产，要在农耕生产实践中保护与传承农耕文化。挖掘农耕文化对农耕生产的积极价值，并投入到现代化生活过程中。农耕文化虽是传统农耕生产的经验总结，但其蕴含着许多农耕生产亘古不变的真理，对当今农耕生产仍具有十分重要的价值与意义。

最后，农耕文化的保护与传承要坚持农民的主体地位。农民是农耕文化的直接创造者，也是农耕文化最主要的传承人。农耕文化与农民的接触最为密切，不能将农民排除在农耕文化保护与传承之外。要发挥农民在农耕文化保护与传承中的主体地位，让农民自觉地参与到农耕文化的全过程。在开发农耕文化时，要保护农民的权益，让农耕文化保护与传承造福农民。政府要处理好与农民在保护与传承农耕文化过程中的角色，政府应该作为农耕文化保护与传承的指路人，引导农民积极参与农耕文化保护与传承，而不是全权包揽农耕文化保护与传承任务。要让农民增强责任感和使命感，同时也要保证农民的获得感，使农民在农耕文化保护与传承过程中发挥主体作用。

此外，农耕文化保护与传承要促进第一产业、第二产业、第三产业的融合。农耕文化能够参与第一产业、第二产业以及第三产业之中，作为三产融合的催化剂。农业作为第一产业，承担着粮食等农作物生产的重要任务，农耕文化在第一产业中的作用主要是指导农业生产。第二产业即工业，农村中的工业主要是进行农产品加工。农耕文化能够通过其自身的附加值，如将传统手艺的流程转化成机器编程进行大规模的工业生产，打破进行农产品加工的生产局限性。并且还能将自身的农耕文化标识印在加工后的农产品包装上，增加农产品的吸引力。第三产业在农耕文化保护与传承中主要以旅游业和文化产业为主。近年来，乡村旅游业发展迅速，快节奏的城市生活使人们越发向往静谧、悠闲的田园风光，以"农耕文化"为主题的旅游小镇也不断增加。在旅游业中，农耕文化产业开始显露优势。例如，在屈家岭农耕文化节上，印有屈家岭农耕文化元素的丝巾成为热门爆款，人们争相抢购。旅游业中各式各样的农耕文化纪念品，农耕特色民居、特色饮食也成为了带动旅游业发展的重要引擎。

"集循环农业、创意农业、农事体验于一体的田园综合体"成为农耕文化促进"三产融合"的重要载体。农耕文化在"田园综合体"中能够贯穿农业生产、工业生产、服务业生产的全过程，在各个产业间互相渗透，延长产业链条，增加产业附加值。促进"三产融合"，实现农耕文化产业化，必须要把握好农耕文化的特质，农耕文化不同内容具有不同的应用价值。农耕文化在第一产业中，秉持"天人合一"的理念，尊重自然，发展"绿色农业"。通过运用信息技术，将"二十四节气"等农耕文化科学的内容纳入到农耕自动化生产管理中，促使传统农业向现代农业转变。在农耕文化产业化过程中，"三产"之间没有清晰的界限。在农业第一产业生产中，应用了第二产业的运行方式，第三产业的管理方法，充分发挥了三个产业间不同的优势。

在农耕文化保护与传承践行过程中，以"农"为本，要求与农村发展相适应，重视农业生产，坚持农民的主体地位，围绕"农村、农业、农民"进行。并且要发挥农耕文化产业化的优势，推进"田园综合体"的建设，促进农村第一产业、第二产业、第三产业的融合发展，推动农耕文化保护与传承取得成效。

2.统筹谋划，注重整体

农耕文化保护与传承是一项系统性的工程，需要进行从全局出发，对其进行整体、系统的谋划，将各个方面、各个层次、各个要素统筹起来，相互配合发挥合力。目前，我国农耕文化保护与传承面临碎片化保护的问题，没有对农耕文化进行整体的规划和保护。农耕文化的主要内容包括物质文化、精神文化、制度文化，这些文化内容构成了有机整体，在进行农耕文化保护与传承时，不能顾此失彼。不同内容的农耕文化决定了农耕文化的功能与作用，物质文化作为有形的文化，人们看得见摸得着，使用价值更为明显，能够直接运用的生产实践中去，并且在一定程度上能够创造经济价值，在保护与传承过程中受到重视。而精神文化和制度文化由于隐藏在人们日常生活的背后，是无形的文化，导致人们日用而不知，在农耕文化保护与传承过程中时常被人们所忽略。在农耕文化保护与传承时，不能片面的将农耕文化的实用性进行排序，只对使用价值突出的农耕文化进行保护，而忽略了其他隐性的农耕文化。

农耕文化内容十分丰富，所涉及的方面也十分宽广。这对于农耕文化保护与传承规划而言具有一定的难度，要求制定规划的团队必须具有扎实的理论功底、宽广的视野以及掌握科学调查和测量的方法与工具。在农耕文化保护与传承的总体规划上，要基于农耕文化普遍性的基础上制定具有指导意义的纲目规划，而不过多地涉及具体内容。在制定总体规划时，需阐明农耕文化保护与传承的意义与价值，明确农耕文化的目标、原则、保护内容与主要措施，对农耕文化保护与传承总体上做出整体性保护的要求，强调科学保护传承的重要性。在具体规划上，要结合当地的实际情况，以总体规划为指导，对本地区的农耕文化保护与传承做出具体的布局，给出保护与传承的具体方法和步骤，避免农耕文化的具体内容在保护与传承过程顾此失彼。需要强调的是，无论是总体规划还是具体规划都要立足长远发展的目标，不能只顾及当前发展需要，而忽视了农耕文化的持续发展。

无论是总体规划还是具体规划，在制定过程中，都要增强农耕文化各部分内容之间的联系，推动各部分内容相互促进共同发展，不能将农耕文化不同方面的内容割裂开来。农耕物质文化、精神文化、制度文化并不是相互分隔的，而是相互影响，相互作用的文化内容，三者的有机结合共同构成了农耕文化。通过物质文化可以折射和反映出制度文化和精神文化，制度文化和精神文化可以塑造物质文化的形态。物质文化是人们在农耕生产实践过程中所创造的物质形态的成果，制度文化则是反映人与他人、群体之间在农耕实践中所形成的约定关系，精神文化则是指人在农耕实践中所形成的价值观念、思维方式、道德情感等内容。三者虽然文化形态不同，但却有着十分紧密的联系。在农耕文化保护与传承过程中，物质文化层面的古建筑是乡民农耕生活的重要见证，随着农村古建筑的逐渐拆毁，人们对于古建筑所凝聚的农耕情感也随着时间的流逝而逐渐淡忘。常言道"触景生情"，农耕文化的"景"消失不见，"情"也会随之流逝。

农耕文化的物质文化、精神文化、制度文化是紧密相连的，牵一发而动全身。虽然在短时间内并不会造成影响，但随着时间的增加，农耕文化资源在悄然无声中流失。需要加强农耕文化整体保护意识，统筹农耕文化各个层面的文化。把整体保护纳入到农耕文化保护传承规划之中，在实践中努力践行。

3.加大投入，扩宽渠道

资金投入对于农耕文化保护与传承而言具有十分重要的意义。在调查了解中发现，农耕文化保护与传承在实际运行中，资金缺口较大，很多地方虽然想加大对农耕文化保护与传承的力度，但苦于缺乏资金。加大对农耕文化的资金投入，需要从国家财政、地方财政、社会资本三个方面出发。

在国家财政方面与地方财政方面，在现有的条件下，需要对农耕文化保护与传承加大财政的支持力度，尽可能提升专项资金的使用效率。可以在原有基础上规范和确定资金投入到农耕文化保护与传承方面的口径，把不属于农耕文化保护与传承范围的内容分离出去，确保资金完全用于农耕文化保护与传承。加强农耕文化资金管理，每一项农耕文化保护与传承内容的资金都必须设立一定的完成指标，提高资金使用效率，确保每一笔资金投入都是有效的。加强资金监管，使农耕文化保护与传承的专项资金标准化、透明化。在使用程序上，要尽量简化，避免层层审核，设立具体标准，只要符合的都能够申请到专项资金。

在国家财政和地方财政支出配比上，要进行协调。国家财政与地方财政对于农耕文化保护与传承的投入需要因地制宜，根据经济发展状况，实施不同的资金配比。国家财政要向中西部地区倾斜，减少地方财政在农耕文化保护与传承中的资金配比，增加国家财政投入，使欠发达地区的农耕文化得到有效保护与传承。对于发达地区需要加大地方财政的投入力度，适量减少国家财政配比。二者需要进行协调，避免出现单纯依靠国家财政或单纯依靠地方财政的情况。

在增加财政支出的基础上，也要积极探索新思路，整合农耕文化资金资源，拓宽渠道。目前，国家对于农耕文化保护与传承资金投入有所提高，但与农耕文化保护与传承需要相比，仍远远不够。需要动员与鼓励社会资本参与到农耕文化保护与传承中来。社会资本的参与主要有两种形式：一是市场驱动，企业根据政府的引导以及市场运行规律，对农耕文化进行投资，有盈利的要求。一旦出现亏损会及时退出。二是以慈善捐赠的形式，不追求利益回报，以公益的形式回馈给社会。调动社会资本参与到农耕文化保护与传承中的积极性，首先要使社会成员了解农耕文化保护与传承的价值与重要性。其次，政府要提供多种渠道，让社会资本能够顺利参与到其中，为市场驱动型社会资本投资提供宽松、有利的政策环境，使社会资本能够顺利流通。对于无偿捐献的社会资本，需要给予一定的表彰与鼓励，让更多的公益行为参与到农耕文化保护与传承中。

加大对农耕文化保护与传承的投入，需要在增加资金的同时需要避免无效支出，增加资金的利用率。协调国家财政与地方财政在农耕文化保护与传承上的支出，让国家财政加大对欠发达地区的农耕文化保护与传承的投入。同时，还需要拓宽渠道，加大对社会资本的引入，让社会资本充分参与到农耕文化保护与传承中来，发挥积极作用。

4.因地制宜，体现特色

农耕文化具有地域性，每个地区的农耕文化各具特色。在农耕文化保护与传承中需要因地制宜，把本地区的农耕文化特色体现出来，增加农耕文化的吸引力。在具体实践中，一种保护与传承模式兴起，许多地方就会开始争先模仿，导致许多地区的农耕文化保护与传承出现雷同。似乎每个地区的农耕文化保护与传承运用了相同的一套模板，相同的布局，相似的游玩项目，参观者的体验也变得一样，使人们误认为每个地区的农耕文化没有太大的区别，都是样板式的内容，以致于失去了对农耕文化的兴趣。

如何因地制宜，发挥农耕文化的特色，是农耕文化保护与传承所要解决的重要问题。因地制宜要求实事求是，充分调查本地区的实际情况，摸透本地区农耕文化的优势与劣势，扬长避短。明确各地不同的农耕资源禀赋、自然条件、人文条件所孕育的农耕文化的区别。这些不同就是区别于其他农耕文化的显著优势，要突出特色内容，将特色作为竞争优势，千篇一律的农耕文化没有任何意义。只有普遍性与特色性相结合的农耕文化才是中华民族的瑰宝，一切抹杀特殊性的农耕文化保护与传承都不值得提倡。调查和了解农耕文化是因地制宜的第一步，只有进行实地的考察才能掌握农耕文化的全貌。

经济较为发达的区域与经济欠发达的区域，在农耕文化保护与传承方面具有很大的区别。经济发达的区域能够为其提供充足的资金与人才支撑，但是在农耕文化资源方面有所欠缺。因为在经济发达地区工业化和城市化进程较快，农耕文化资源流失较严重，当意识到农耕文化保护与传承的重要性时，农耕文化资源已经较为紧张了。所以，在经济发达地区的农耕文化开发大多数为仿制或者以少数农耕文化为中心，以新式的农耕文化为主题，将农耕文化融入了许多外来文化的元素。加之经济发达地区的资金充足，人才队伍也比较壮大，对于农耕文化保护与传承有清晰的主题和规划。对于欠发达地区而言，经济发展缓慢，农耕文化保护与传承资金和人才不足，但农耕文化资源受到外来文化的冲击较小，保护较为完善。如果欠发达地区采取经济发达地区的形式对原有农耕文化进行拆毁、重建，一方面会造成原有农耕文化的破坏，另一方面也会造成资金的浪费。

在原有农耕文化生态完整的情况下，对于农耕文化保护与传承要以真实的农耕文化为主，探索农耕文化在保证原汁原味的情况下对其进行多样化的开发，让农耕文化发挥拉动经济增长的作用。经济欠发达地区和经济发达地区的农耕文化保护由于经济、历史等原因在操作模式上有很大的区别，如果照搬照抄农耕文化保护与传承经验，不仅不能创造价值，反而会使农耕文化资源造成破坏。所以，农耕文化保护与传承采取何种方式要以结合当地的具体情况，不能不加以分析的机械化模仿其他地区的经验。

除经济发展程度以外，判断农耕文化保护与传承是否适应于本地区的发展，还需要从本地区农耕文化资源形态和当地人民的精神文化需求出发。不同的农耕文化资源形态具有不同的保护与传承形式。物质文化的保护与传承主要通过展示或者直接用于生产生活，而制度文化则融入到乡村制度体系建设当中，精神文化则用于浸润人民的精神生活。三种不同的文化形态在具体保护与传承当中具有很大的区别，要把握其中的特点，发挥三种不同文化形态的优势。人民是农耕文化的创造者，也是农耕文化所服务的对象。农耕文化保护与传承要坚持从当地人民的根本利益出发，将农耕文化进行创造性转化和创新性发展，让农耕文化满足当地人民日益增长的精神文化需要。

在农耕文化保护与传承过程中，要将农耕文化特色突显出来，不能让其淹没在其他共性的农耕文化之中，要充分挖掘其中所蕴含的特色内容，将其作为农耕文化保护与传承的契机。突显农耕文化特色并不是说重点保护与传承农耕文化具有吸引力的部分，而是要求让农耕文化创造更大的价值。在具体农耕文化实践中，对于农耕文化保护与传承不能只以特色农耕文化为重点，而忽视了其他农耕文化的保护与传承。突出农耕文化特色，非常重要的手段就是扬长避短，将农耕文化的优势发挥出来，在农耕文化保护与传承布局时放在突出的位置，而避免短处。因地制宜和发挥特色是一个过程的两个方面，只有因地制宜才能更好将农耕文化的特色突显出来，促进农耕文化的保护与传承。

5. 积极借鉴，敢于创新

保护是为了更好地继承，继承是为了更好的发展。在农耕文化保护与传承过程中，要积极借鉴其他地区和国家保护与传承农耕文化的经验，敢于创新，努力提升农耕文化的活力与创造力。农耕文化虽具有一定的封闭性但并不是完全意义上的闭合形态，其并不排斥接纳其他文化。中国现有农作物中，外来的农作物高达四十多种，极大的丰富了我国农作物的类型。在保护和传承农耕文化过程中，吸收、借鉴、创新是提升农耕文化活力与创造力的关键。

在世界文明史上，农耕文明辐射地域十分广阔。中华农耕文化不仅对中华民族产生了重要影响，同时也对周边的国家和民族产生了深刻的影响。以韩国、日本为例，二者农耕文化深受中华农耕文化的影响，但在后续的发展演进过程中融入了本国的特色，形成了独具风格的农耕文化，并且在保护与传承过程中取得了一定的成效。日本与韩国同属于"汉文化圈"，在文化结构上的同源加之相似的自然条件，使其更具有借鉴意义。"韩国将农耕文化保护与传承以改善农村生活质量与开发利用农耕文化资源为目的，设定农耕文化保护遴选的标准，分为价值、合作、效果三大类，将政府和居民在农耕文化保护与传承中的参与和合作程度作为衡量标准。"政府在政策、基础设施、制度方面提供了大力支持，并且构建了多方参与渠道，注重交流与合作，使科研机构、社会团体、普通群众都能够参与其中。"日本对农耕文化保护与传承，制定了申报、管理、监测评估等一系列程序，并积极推动国际合作，扩大区域农耕文化的影响力及加强经验的交流与合作。"除韩国、日本外，中华农耕文化保护与传承还需要借鉴其他国家的突出成就和有效经验。在进行经验借鉴之前，需要根据本地区的实际情况进行选择，不是盲目、随意地选择学习的对象。在农耕文化保护与传承过程中，需注重经验的积累、借鉴和总结。对于其他地区做地好的经验加以吸收、归纳，不好的经验要对照自身进行反思、提升，对于自身积累的经验要加强总结。积极借鉴经验是为了本地区农耕文化更好地发展，要立足于本地区的实际情况，实事求是选择合适的农耕文化保护与传承道路与经验。

对于农耕文化自身来说，创新农耕文化形式是提升其活力和创造力的密钥。保护和传承农耕文化的重要方面是推动农耕文化的发展，使其有益于社会的发展和进步。农耕文化蕴含着丰富的内涵，农耕文化要取得发展，必须要立足社会和人民的需要。农耕文化的价值不仅存在于历史教科书中，还应该存在于当今社会发展过程之中。提升农耕文化的活力和创造力，可以从技术方面出发，运用互联网和大数据时代的优势，对农耕文化的传承方式进行一定的处理，以数字化形式还原传统农耕文化的场景。从内容方面出发，将农耕文化元素与现代文化元素相融合，创造新的时代价值。将农耕文化的元素运用到现代装潢、公园设计、服饰装饰等方面，用农耕文化元素与现代美感相结合，提升农耕文化活力与创造力。在保护与传承农耕文化方面要借鉴其他民族与国家的有益经验，同时要加强对农耕文化传承与创新，使其更加符合社会的发展和人们的需要，保护与传承才有意义。

（三）技术策略

"技术"的本质是科学知识，含义十分广泛，"可以从'作为对象的技术''作为过程的技术''作为知识的技术''作为人的力量'的技术四个方面来理解"。"作为对象的技术"是指实践工具。"过程的技术"指的是生产过程中的作业方法。"知识的技术"则是指在用知识解决问题的规则。而"人的力量的技术"则是指人类将物质因素与精神因素相统一，反映人类能动的作用于自然的关系。人类的精神因素，知识、经验、技能不断地更新，总是通过物质因素表现出来。

在农耕文化保护与传承过程中，需要运用到各种技术，包括农耕文化科学保护管理技术、现代高新信息科学技术、传统农耕工艺技术等。这些技术之间不是孤立的，而是相互联系的，但每种技术的侧重点有所不同。在保护与传承农耕文化过程中需要最大程度的发挥技术策略的积极作用，让技术助推农耕文化的发展。

1.提高农耕文化科学管理技术

农耕文化的保护传承的管理技术可以分为"对物的管理"和"对人的管理"。农耕文化保护与传承所涉及到的不仅是农耕文化的物质载体，同时还涉及到农耕文化的制度、精神，表现为人与人、人与自然的关系。

首先，不管是对物的管理还是人的管理，都需要专业的管理人才，他们是管理技术的掌握者和运用者。人才与技术密不可分，加强农耕文化科学保护管理技术首先需要引入科学保护管理人才。当前，农耕文化保护与传承面临着人才困境，大城市的"虹吸效应"使得农耕文化资源丰富的欠发达地区留不住人才。需要加快培养当地熟悉农耕文化人才，吸引本地区的有识青年回归家乡，为农耕文化保护与传承助力。保证关键岗位有一名专业性的人才，并加强与相关科研机构的交流与合作，发挥科研机构的人才集群效益为农耕文化保护与传承提供智力支持。

其次，在物的管理层面，农耕文化保护与传承所涉及"物"有许多方面，农耕文化的物质载体，如传统农耕器具、传统民居等；农耕文化保护与传承的基础设施，如博物馆、文化馆等。关于农耕文化的物质载体，在管理上要坚持"保护第一"的原则，避免开发破坏。根据物质载体的使用性质和范围，对其进行整理和归类，以更好发挥其作用。在基础设施建设上，要完善博物馆、文化馆等公益文化场所的基础设施建设，增加其吸引力，让更多人前来参观。并且要加强对博物馆、文化馆建设管理，引导人们文明参观，避免出现破坏农耕文化的行为。

最后，关于人的管理，可以分为个人和组织。单个人主要有乡民、政府工作人员、企业工作人员、企业家等主体。组织主要分为政府组织、社会团体、公司等。农耕文化在保护与传承过程中，对人的管理是最有难度的管理。在管理人的过程中，需要使其明确科学保护传承农耕文化的目的、原则及正确做法。采取宣传、教育等多种途径，让其掌握科学保护与传承农耕文化的方法。对于不同的个人、组织要采取不同的方式进行，不能千篇一律。此外，关于人的管理，还涉及到农耕文化保护与传承的参与者、受益者、破坏者等多个角色。在管理上，需要目标群体的角色，根据不同的角色采取不同的管理措施和方法。需要鼓励农耕文化保护与传承的参与者，并努力使其成为受益者，让更多的人参与到农耕文化保护与传承中来。对于农耕文化保护与传承的破坏者，要制定相关的法律法规对其进行约束和惩罚。

2.充分运用现代高新信息科学技术

现代高新信息科学技术是人类的文明发展的最新成果，是农耕文化保护与传承的重要技术手段。现代高新信息技术能够使农耕文化实现永续保护，将农耕文化资源纳入数字化信息平台，能够快速实现信息的整理、分类、提取和传送，并且能够实现不同地域农耕文化的互联互通与资源共享。农耕文化保护与传承要充分运用现代高新信息科学技术，用技术提高农耕文化保护与传承效率，丰富农耕文化时代内涵，促进其发展。

建立统一的农耕文化资源保护与传承信息平台，实现信息、技术资源共享。将各地的农耕文化资源上传至统一的信息平台，研发农耕文化分析软件，对农耕文化资源进行统一的处理和分析，各地都能够从自己的端口获取有关本地区的农耕文化资源，同时也能够获取其他地区的农耕文化资源，实现资源共享与互通。运用统一的信息平台，能够使每个地区的农耕文化都能够实现信息化分析与处理，使欠发达地区的农耕文化不会因为技术等原因造成农耕文化资源的流失与浪费。同时，在统一的信息平台上，不同区域的农耕文化之间的交流与联系得到深化，能够拉近不同地区农耕文化的距离，让当地的人民群众感受到其他地区农耕文化的风采。在统一信息平台上，设立监控安防系统，对不可移动的农耕文化资源进行监控，一旦出现破坏农耕文化的倾向便进行报警，阻止破坏农耕文化的行为发生。

运用VR技术（虚拟现实技术），重现农耕文化场景。对农耕文化进行数字化处理，录入农耕文化保护与传承数据库，通过图像、声音、灯光建立三维模型还原农耕文化场景，让人们身临其境感受农耕文化。人们可以通过现场模拟体验原始农耕，感受传统农耕建筑的建造过程，还可以通过历史人物感受农耕文化的发展演变，更为直观地了解和体验农耕文化。通过高新技术可以让农耕文化的宣传、教育更有成效，相比传统媒介，现代信息传播和现场沉浸体验能够人们加深对农耕文化的理解。

运用卫星遥感技术、现代工程技术、计算机技术等集成现代农业，发展农耕文化，丰富农耕文化内涵。现代农业是传统农业的发展，在一定程度上也是农耕文化的继承与发展。现代农业对农业生产进行预测、监控、调整，最大程度地保证农业生产率。与传统农业相比，现代农业所运用的技术有所升级，但是所遵循的农耕规律并没有发生改变。现代技术的运用仍然需要遵循农作物的生长规律，尊重自然界的发展规律，农耕文化的农学思想对当今农业生产仍然具有指导意义。将高新技术运用到农业生产过程中，让农耕文化与现代科技融合，推动农业现代化生产，丰富农耕文化的内涵。

高新信息科学技术对于现代生活的影响是广泛而深刻的。在农耕文化保护与传承过程中，要使农耕文化融入到现代科技中，让农耕文化更具有时代性和科技感。

3.传承与革新传统农耕工艺技术

中华传统农耕工艺技术凝聚着中国智慧，是中华民族宝贵的历史遗产。在五千多年前的屈家岭文化时期，已有相对成熟的制陶工艺和纺织技术。在屈家岭出土的彩陶，薄如蛋壳，制作精美，还有各式各样以小动物为模型制作而成的陶制工艺品。在遗迹中出土的彩陶数量多且大小不一，证明了当时纺织技术已经较为成熟。在中国历史发展的长河中，还有许许多多的传统农耕工艺，在医药方面有针灸、按摩、中药等，在饮食方面有酿酒、茶道等，在生活用品方面有纺织、刺绣、陶艺等，在休闲娱乐方面有年画、皮影、舞龙等。这些传统农耕工艺技术产生于人们的生产生活实践，并不断发展演变。传统农耕工艺虽从农耕实践中而来，但经过时间的发展，其适用范围和影响力超出了农村地域，成为了整个民族共同的财富。

传统农耕工艺技术与人们日常生活联系紧密，随着时代的发展，生产力水平的提升，很多传统农耕工艺技术被工业化大生产所取代，逐渐的淡出人们的视野，但传统农耕工艺技术对当今发展仍然具有十分重要的促进意义。以中医药为例，在2019新冠肺炎疫情防治过程中，中医药对新冠疫情干预与治疗取得成效，并通过中西医结合的方式提高了新冠肺炎的救治成功率。中华传统农耕工艺技术是中华民族的瑰宝，是先辈留给我们的宝贵财富，亟须对其重视与保护，让其在新时代焕发新的价值。

加快传统工艺基地建设，传承农耕工艺技术。传承人是传统工艺的承担者，保护传承人对于技术传承而言具有重要价值。传承人既可以是单个人的概念，也可以是群体概念。对于农耕工艺传承而言，赋予传承人群体概念，让单个传承人将农耕工艺传授给更多的人，壮大农耕工艺传承队伍。传统工艺基地一方面能够为传承人提供保障，另一方面能够使传承工艺获得规模效益。传承工艺基地将传统工艺的能工巧匠汇集起来，改善小作坊经营的环境。个体式农耕工艺传承具有分散性，制约工艺的改进，并且无法科学的抓住市场的风向标。建设传统工艺基地，能够发挥技术的集聚效应，促进技术的改进，并且能够为传承人提供市场信息和销售服务，使农耕工艺品融入市场经济，让传承人获得可观的经济收入。此外，传统工艺基地同时也是培训基地，政府提供一定的补贴，让社会弱势群体或者对传统工艺感兴趣的群众能够参与到传统工艺的学习中来，通过传承人理论教学加实践操作的方式，习得传统农耕工艺技术。总体而言，传统工艺基地可以通过市场化运作，让农耕工艺技术获得经济效益，同时也能够成为农耕工艺的传习基地，使农耕工艺技术得到传承。

融合时代元素，革新传统农耕工艺技术。传统农耕工艺技术是一门实用性技术。但目前来看，其对于现代生活的实用性远远不够，迫切需要革新工艺，增强其时代感和实用性。传统农耕工艺技术与现代工艺品相比，更为精致，但耗时过长，生产效率低下，不能充分满足当今人们的需求。在运用传统农耕工艺技术进行生产时，对于现代化生产可以替代的流程和步骤，可以不同程度的运用现代技术和机械化进行生产。传统农耕工艺同样也需要有选择性的进行传承，摒弃其中落后性、不合时宜的内容，传承其中的工艺精髓。传承不是机械的照搬照抄，而是为了更好的发展。运用现代工业化对传统农耕工艺技术进行改造，使其提高效率、降低成本。值得注意的是，保住农耕工艺的内涵是进行工业化大生产的前提，不能盲目追求效益，而忽视了农耕工艺精髓。同时，需要考虑当前社会审美及精神文化需求，确保农耕工艺技术生产的产品能够有使用价值。革新传统农耕工艺技术可以从更新原料，改进工艺，提高效率，增添创意等方面融合时代元素，创造人们所喜爱的现代农耕文化工艺品。

（四）制度策略

制度策略是农耕文化保护与传承策略的保障。从制度层面出发，农耕文化保护与传承需要完善社会参与机制，农耕文化保护与传承需要全社会的共同努力，单凭政府的一己之力是无法完成这项历史性的任务。需要健全统筹协调管理机制，从政府的角度出发，各部门之间需要对农耕文化保护与传承划定清晰的权责；从社会层面出发，还需要协调市场主体、人民群众以及政府三者间的关系。此外，在制度层面，还需要完善相关法律法规，推进农耕文化保护与传承法治化进程，使农耕文化保护与传承有法可依。

1.完善社会参与机制

中华农耕文化是中华民族的宝贵财富，保护与传承农耕文化是中华儿女的历史责任。需要积极完善社会参与机制，调动全社会参与的积极性，让社会团体、组织、个人都能够有序参与其中，以形成保护与传承农耕文化的合力。社会力量的参与为农耕文化保护与传承创造了有利条件，能够拓宽融资渠道，提供人才与智力支持。

完善社会参与机制需要确定参与的标准与门槛，具体参与途径与方式以及参与效果的监管与评估。体制机制的设定是为了让人们有序的参与到其中，并发挥积极作用。

首先，需要降低社会参与门槛并加强对参与对象条件的核实和调查。让更多的有利资本加入，同时要防止和避免不利资本的乘虚而入。中央政策和措施向农村倾斜，市场主体闻风而动，纷纷想要参与农耕文化保护与传承项目，获取经济效益。农耕文化保护与传承需要坚持"保护第一"，在保护的前提下进行开发和利用，任何以破坏农耕文化以谋取利益的行为都需要进行遏制。加强参与农耕文化保护与传承市场主体的考察，根据企业运行情况与信用对其进行评估，引入有发展潜力、有社会责任感的市场主体，引导市场主体实现社会价值和市场价值的统一。

其次，需要提供多渠道参与农耕文化保护与传承的途径。加强农耕文化保护与传承的宣传，举办大型农耕文化保护与传承活动，吸引社会各界参与。同时鼓励社会团体和群众自发的举办以农耕文化为主题的活动，成为农耕文化保护与传承的主要参与者。在农耕文化保护与传承的方案制定中广泛征求社会意见，集思广益，发挥集体智慧，并且自下而上所形成的策略能够减少实施阻力。参与农耕文化保护与传承的具体途径与方式需要与人民的日常生活结合起来，让人民树立农耕文化保护与传承意识，才能主动地参与其中，并发挥自身的积极作用。

最后，需要加强参与效果的监管与评估。社会参与机制是动态调整的过程，不是呆板僵化的体制机制。对农耕文化保护与传承社会参与效果进行监管和评估，能够及时促进参与机制的调整。需要制定科学的评估方案与评价标准，发挥人民群众的力量，对农耕文化保护与传承的各个方面进行全方位监管，避免出现破坏农耕文化资源的情况。对各级政府机关、组织、市场主体也需要进行一定的监管和评估，对于不合格的表现给予惩罚。此外，政府在完善社会参与机制中起着关键作用，应当做好联络人的角色，发挥联系纽带的作用。政府是制度的制定者，对制度的实施和推动有着重要作用。在整个社会参与机制中，政府是联系农耕文化保护传承与其他参与者的桥梁，社会团体、组织、个人通过政府提供的具体途径与措施参与到农耕文化保护与传承过程中。

完善农耕文化保护与传承的社会参与机制，在一定程度上能够缓解农耕文化保护与传承资金、人才紧缺的状况。同时也能让农耕文化保护与传承的主体归位，政府组织不能取代人民群众成为农耕文化的保护与传承者，只能为人民群众参与到农耕文化保护与传承过程中提供支持与帮助，人民群众是农耕文化的创造者也是农耕文化的保护者与传承者，政府需要积极引导和提供渠道推动农耕文化保护与传承的发展。

2.统筹协调管理机制

农耕文化保护与传承是一项复杂的任务，其中涉及到内容纷繁复杂，相应的所涉及到的管理部门也十分庞杂，若没有形成统筹协调管理机制，在实际操作过程中会出现多头管理与无人管理的困境。农耕文化保护与传承并没有特定的管理部门，而是将农耕文化的内容按性质和功用拆分到农业部、水利部、文化部、商务部等各下辖部门，每个部门只负责本部门内农耕文化事务，在无法界定归属时存在多个部门共同管理，和各个部门互相推诿的情形。为此，亟须健全农耕文化统筹协调管理机制，让农耕文化得到充分的保护与传承。

加强各部门交流与合作，成立农耕文化专门管理机构。机构成员由所有涉及到农耕文化保护与传承的相关部门成员组成，不是简单叠加，而是经过筛选，选择与其他部门联系密切的工作人员，要求既熟悉本部门业务又对其他部门业务有所了解，能够进行双向沟通。并且需要确定职责范围，权责明晰。对农耕文化保护与传承所涉及到的工作内容进行划分，各自承担任务，遇到难以界定的问题，需要加强协商，杜绝相互推诿的情况。农耕文化专门管理机构，需要确定农耕文化保护与传承的目标和任务，任何与农耕文化有关的任务都属于职责范围之内，对于无法抉择的事务要一切以是否保护与促进农耕文化发展为准绳。由各部门组成的专门管理机构，实现了分散保护到整体保护的转向。农耕文化涉及到农业、水利、工商业、教育等多个方面，在没有形成专门管理之前，每个部门决策都是从本部门的视角出发，忽略了农耕文化的其他方面。成立专门的管理机构能够从农耕文化的整体出发，将各个部门的职责和任务统一起来，为农耕文化保护与传承服务。

统筹协调管理机制还需要处理好农耕文化专门管理机构与其他部门的关系。农耕文化专门管理机构无法独立承担农耕文化保护与传承的所有任务，许多具体事务仍然需要农耕文化相关部门的支持与配合。专门机构的设立是为了统筹与协调农耕文化保护与传承过程中出现的矛盾与问题，破解多头管理与无人管理的困境。农耕文化专门管理机构成员由原来各个部门的成员组成，由他们将涉及到农耕文化保护与传承内容的部门划分到专门的管理机构，而其他内容则由原来部门负责。例如，水稻是农耕文化的重要内容，同时也是农业部门的重要组成部分，对于水稻的管理，农业部门比农耕文化部门更加专业。农耕文化主要研究传统稻作农业的精华及其相关的人文，在保护与传承层面来看，主要侧重于稻作农业给人类文明带来的贡献与价值。二者虽然都与农耕文化相关，但侧重点是不一样的。在具体实践过程中，农耕文化专门管理机构与其他部门之间各司所职，划分好各种所负责的内容，相互独立，职责分明。

3. 健全相关法律法规

农耕文化保护与传承离不开法律法规的保障。目前，我国农耕文化保护与传承尚未形成系统、完善的法律法规。并且，与之相关的各项法律之间在还存在不同程度的盲区，对文化的保护与传承具体实践没有过多的关注。这在一定程度上给农耕文化的保护与传承带来了不利因素。在制定策略上，需要强化和完善农耕文化相关法律法规，使农耕文化保护与传承有法可依，促进农耕文化的发展。

建立一整套整体性的法律法规。把农耕文化保护与传承写入全国性法律法规，并且由地方因地制宜制定地方性法规。中央政府所制定的法律条文适用范围广泛，且不涉及具体性的规定，地方政府所制定的法规将法律条文细化，形成适用于地方农耕文化保护于传承的具体法规。中央与地方从农耕文化的普遍性与特殊性出发，明确各自的职责范围，形成较为完整的一套框架，使法律法规兼具宏观指导性与微观实践性。从农耕文化内容整体性出发，法律内容所涉及到的农耕文化应是完整的，囊括农耕文化的方方面面，让人民能够形成农耕文化整体性意识。在地方性法律法规层面不能将农耕文化拆分使其适用于不同的法律条文，而应将其整合为以农耕文化为主要内容的地方性法规。可以借鉴《非物质文化遗产法》《中华人民共和国文物保护法》等法律条文，但不能照搬照抄。要结合当地农耕文化的具体内容，不能笼统地将农耕文化分为物质文化与非物质文化，要根据农耕文化的内容的性质与特点将其细化为具体内容。

此外，推动配套法律法规的工作。建立健全农耕文化保护与传承长效机制的建设，加大对破坏农耕文化保护与传承行为的惩处力度，防止农耕文化资源流失。研究修订农耕文化保护与传承涉及到的旅游开发、商业竞争、公益捐献等规范性文件。法律法规的推广和运用需要一定的时间，不能一蹴而就，所制定的农耕文化保护与传承法律法规需要在实践中检验和发展。同时，在完善农耕文化保护与传承的相关法律法规过程中，需要在宪法的统领下制定相应的法律法规，结合时代发展和人民的需要对其进行不断的调整。农耕文化保护与传承所涉及到的范围十分广泛，对于原有法律条文可适用的内容应该加以吸收，对于空白区域要加快制定相关法律，促进农耕文化保护与传承法制化进程。

第五章　淡水渔文化的振兴研究

第一节　我国淡水渔文化概述

一、淡水渔文化的历史演进

我国渔业历史十分悠久，渔文化源远流长。早在原始社会，人类便掌握了捕鱼技能作为谋生的手段。在漫长的历史时期内，随着渔业生产技术模式不断推进，以及渔业与人们经济社会生活的多元互动，渔文化的内涵、功能、形态也发生较大的变迁，呈现出盛衰互现的发展曲线，凝结了人类在自然中适应、改进、创造、升华的发展智慧。当前社会经济发展和人们生活水平不断提高，传统渔业生产已经不再是渔业的全部内容，而渔业所寄托的精神文化价值则进一步凸显，并在产业经济发展和文化传承的互相促进中发挥了更大的作用。

当前渔文化已有相当的研究基础，有关文献主要从渔业整体视角或以海洋渔业为重点展开研究，而对淡水渔业的聚焦不足，这与我国淡水养殖大国的格局地位不甚相称。现有的淡水渔业和渔文化研究主要探讨了渔文化形式内涵及其与产业的有机关系，如宁波（2005）讨论了渔文化对产业发展的主要作用效应；刘景景（2020）将淡水渔文化依据地域民族特点、渔业生产方式、价值和功能、文化形态、开发利用程度、产业细分等划分成若干类型并阐述了其功能和特征；张璟（2020）总结了淡水渔业产业文化在大宗淡水鱼、特色观赏鱼、虾蟹贝类等特定产业中各具特色的表现，这些研究成果对于渔文化的开发利用具有一定启发意义。但是，现有研究缺乏从历史演进视角对渔文化传承发展的讨论。渔业作为人类最早的食物来源和劳动对象，其所衍生的渔文化在漫长的历史过程中经历了系统的发展变迁，从而获得渔文化的多元传承价值。本文以淡水渔业发展对渔文化的促进为逻辑起点，从演进的视角梳理淡水渔业发展和渔文化的历史脉络，从而归纳渔文化发展的历史价值和时代特征，在历史和现实的结合中总结传承渔文化的启示。

（一）原始社会的开端：赋予劳动对象以精神境界

原始社会生产力低下，人们以狩猎和采集食物为生，当生产活动扩展至水域出现原始的渔猎活动。海洋捕捞可上溯至七千年前的河姆渡文化时期，原始人类就在东海杭州湾一带乘坐独木舟从事海上捕捞活动。当时人类已经食用淡水鱼，从周口店山顶洞中发现了大量的鱼骨，在这些鱼骨中，有一块草鱼上眶骨的上面钻了一个小孔，并且涂有颜色，说明当时的人类可以在湖泊里打鱼，不仅食鱼的肉，还用鱼的骨头制成饰物，鱼类开始表现出食用功能以外的文化功能，成为联结人与自然关系的有机载体。在旧石器时代，人类就自然而然地形成了鱼类作为食物来源、劳动对象和精神寓意的关联，从而构成渔文化发展的初步基础。

到了新时器时代，人类渔猎活动更为丰富，鱼类食物的种类也更为多元，人类啃食贝壳后留下的贝壳堆，成为距今6000～4000年的贝丘遗址。在磁山文化遗址、仰韶文化遗址、大溪文化遗址、河姆渡文化遗址，红山文化遗址、良渚文化遗址、龙山文化遗址等处，发现了多种捕鱼工具和各类质料与形态的鱼图，从山东大汶口文化遗址中，还出土了5000年前的海产鱼骨和成堆的鱼鳞，生物学家根据鱼骨鉴定，认为包括鳓鱼、黑鲷、梭鱼和蓝点马鲛4种海产鱼类，证明捕捞技术已有相当发展。龙虬庄遗址还出土了暂养鱼类的多个土池，说明至少5500年前中华先民就开始了养鱼的劳动实践网。在以采集捕捞为主要手段的时代，由于不涉及有意识的养殖活动，海洋渔业和淡水渔业的分野不甚清晰，而是随着养殖的发展空间和形式的延伸，淡水领域的地位才逐渐凸显。

这一时期，鱼类一方面是早期人类的重要动物蛋白质来源，另一方面，又超越了单纯的食用价值而被先民赋予精神追求的意义，成为人类物质生产与精神创造的对象，渔文化伴随着人类文明史进入开篇阶段，渔文化的系统开始形成。从物质文化来说，鱼镖、鱼钩、鱼网、渔舟大量出现，呈现了渔业对人类发明生产工具、开启智力活动的推动，早期渔文化是人类智慧进步的典型体现。从精神层面，各类鱼图、鱼信作为信仰与崇拜的载体反映了先民的精神文化世界活动，出现了寄托人们想象和情感的神话传说，比如，燧人氏捕鱼、伏羲氏教人结网，"舜耕历山，历山之人皆让畔；渔雷泽，雷泽上人皆让居"等，鱼类形成有关精神世界的神秘意象，并寄托着人们同化于大自然，受惠于大自然的祈望。原始社会人口增长率低，新生儿夭折率高，而鱼类的生殖力很强，在对生殖规律缺乏认知的情况下，远古人类对鱼的生殖力产生崇拜，"双鲤之形"满足了他们崇拜鱼而繁育自身的美好寄托。位于川东鄂西的大溪文化遗址反映了长江中游新石器文化，大溪三号墓墓主口咬两条大鱼尾，鱼分两边放在遗骸上，表达了人类想要获得鱼类强大的生殖力的原始愿望，仰韶文化中的人面鱼纹，显示了人类对鱼的崇拜与神化，具有鲜明的原始宗教情结。鱼类成为远古人寄托祈愿、沟通天人、探讨人与自然关系的适宜载体。

（二）奴隶社会的进步：淡水养殖的突破与渔文化的礼俗化

自夏朝至秦统一中国前的奴隶社会，人们对自然认识不断深化、渔业活动范围相应扩大，同时生产活动开始转向以农业为主，但渔业仍占重要地位。这时渔业在技术和工具发展的基础上，在经济和制度中确立了一席之地。渔业在沿海诸侯国的经济发展中占有重要地位。齐国地处山东沿海地区，《左传纪事本末》中描绘为："通鱼盐之利，国以殷富，士气腾饱"。燕、楚、越等国的渔业经济率先发展，司马迁在《史记》中所说"燕有鱼盐枣栗之饶"，"楚、越之地，地广人稀，饭稻羹鱼"。在管理制度上，周代开始对渔业设官管理，《周礼·天宫》载，渔人有"中士四人、下士四人、府二人、史四人、胥三十人、徒三百人"，除捕取鱼类供王室需用外，还执掌渔业政令并征收渔税。早期的渔业活动就有着朴素的敬畏自然思想，为保护鱼类资源，周代还规定了禁渔期，一年之中，春季、秋季和冬季为捕鱼季节，夏季鱼类繁殖，禁止捕捞。周代对渔具、渔法也作了限制，不准竭泽而渔。

淡水养殖业在这个阶段取得了突破。中国是世界上最早开始养鱼的国家，一般认为池塘养鱼始于商代末年，最早记载见于殷墟出土甲骨文卜辞。根据殷墟卜辞："贞：今日其雨，十月，在甫渔？"说明我国至迟在距今3000多年前的殷商时期就已经在池塘（一说沼泽地）养鱼。殷墟出土甲骨文"渔"字，有象征双手拉网捕鱼和象征用手持竿钓鱼象形文字。《诗经》大雅的《灵台篇》有云"经始灵台，经之营之，庶民攻之，不日成之……王在灵沼，于牣鱼跃"，记载了当时凿池养鱼的生产活动。到了战国时期，有条件的地方养鱼已经较为普遍，在区域经济发展中受到重视，如《吴越春秋》载："越王既栖会稽，范蠡等曰：臣窃见会稽之山有鱼池二处，水中有三江四渎之流，九溪六谷之广，上池宜于君王，下池宜于民臣，畜鱼三年，其利可以致千万，越国当富盈。"从天然水体中捕捞鱼类到人工建池养殖鱼类是渔业生产实践的重大发展。这一阶段养殖的鱼类是鲤鱼，由于鲤鱼能在人工池塘中自行繁殖，所以鲤鱼苗种来源主要是自繁自养，苗种的培育则是在池塘中与成鱼一起混养。

渔业发展至此还出现了专门的养鱼著作。我国最早的水产养殖文献《养鱼经》是世界上最早的一部养鱼著作，据说是范蠡大约在公元前460年左右写作，当时住在陶，改名为朱公，所以全称《陶朱公养鱼经》（一说是汉代之人假托范蠡之名所作）。全书已佚，现今只靠《齐民要术》的摘录得知它的内容同。单从书中所载内容来说，该书记载了淡水养鱼生产活动中的鱼池构造、亲鱼规格、雌雄鱼搭配比例、适宜放养的时间以及密养、轮捕、留种增殖等养鲤方法，对养殖技术的系统论述仍有科学价值。

渔文化在人类生产实践拓展中随之演化。鱼类生活在江河湖海，在生产力低下的发展阶段被视为神秘，而随着人类对鱼类认识深化和渔业活动的进步，渔文化扩展了形式和内容。这一阶段，在渔业取得突破发展的基础上，鱼的形象全面进入社会经济生活，鱼的文化涵义出现了礼俗化趋向，渔文化开始与社会经济生活紧密相关，从而被赋予了更为广泛的基础。在青铜器和铁器发明所带来的生产力变化中，渔文化的传承也有了新的载体和面貌，铜鼎、铜盘等青铜礼器和餐具上出现大量的鱼形铭文和鱼饰，相关的社会习俗与仪典形成。鱼类的形象在墓葬中占有重要地位，玉鱼、蚌鱼大量见之于墓葬，几乎成为当时必备的随葬品。鱼还是馈赠佳品，代表着喜庆富裕、祝愿美好的意思，孔子的夫人生下男孩，鲁国国君送来几尾鲤鱼，孔子"嘉以为瑞"，为儿子取名鲤，表字伯鱼。渔文化在人类社会的物质生活、精神生活、礼仪规制等全面存在，发挥思想信仰、祭祀礼制、制度阶层、哲学艺术等多元功能。

（三）封建社会的演进：淡水渔业持续发展与渔文化高峰

自秦代至清代，中国淡水渔业持续发展。汉代，池塘小水面养鱼发展为湖泊、河流等大水面养鱼，在《汉书·武帝本记》中有载："武帝作昆明池学水战法。后昭帝年少，不能复征伐，于池中养鱼，以给诸陵祠，余付长安，市鱼乃贱。"昆明池产鱼不少，以至影响当时长安的鱼价。《史记·货殖列传》有"水居千石鱼陂，……此其人皆与千户侯等"的记载，说明可产千石鱼的大水面陂塘获利之厚。南朝齐时有了河道养鱼，据《襄阳耆旧传》载，湖北襄阳岷山下汉水中所产鳊鱼肥美，以木栅拦河道养殖，禁人捕捞。刺史宋敬儿贡献齐帝，每日千尾。稻田养鱼在东汉末年可能已出现。魏武《四时食制》中称："郫县（今成都西北）子鱼，黄鳞赤尾，出稻田。"据《岭表录异》载，广东一带将草鱼卵散养于水田中，任其取食田中杂草长大，"既为熟田，又收渔利"。

从殷末到唐朝之前，我国养鱼的对象一直是鲤鱼。到唐代，因皇族姓李，李鲤同音，捕鲤必须放生，卖鲤受罚定为法律。因此当时养鲤受到很大影响。在这种情况下，青、草、鲤、鳙作为新的养殖对象逐渐发展起来。这四种鱼由于食性和栖息习性不同，很适合混养在一个池塘里充分利用天然饵料和水域空间，养殖效益更大，还有生长迅速，抗病力强的共同特点，还是适于大众食用的鱼类品种，因而成为我国传统的养殖鱼类。这些鱼类均不能在人工养殖条件下自行繁殖，在人工繁殖技术出现之前，养殖的方式就是从长江捞取鱼苗，然后就近池养口。由于它们是人工养殖的鱼类，故称为"四大家鱼"阳。久而久之，形成了鱼苗产业和主产区，主要集中在长江中下游及珠江流域某些江段，江西九江一带成为是当时主要的鱼苗产区，所产鱼苗运输到江西各县和福建、浙江等省。

宋元时期已实现"四大家鱼"苗种及成鱼混放密养，对鱼苗的存放、除野、运输、喂饵及养殖都有较成熟的经验，根据有关研究对史料的考证，乾隆《绍兴府志》转《嘉泰志》（公元1201～1204年）载："会稽、诸暨以南，大家多凿池养鱼为业，每春初，江洲有贩鱼苗者，买放池中，辄以万计。方为鱼苗，饲以粉，稍大饲以糖糟，久则饲以草。"可见当时整套养鱼技术已渐臻完善。当时对鱼病也有一定认识，苏轼《格物粗谈》中提到"鱼瘦而生白点者名虱，用枫树叶投水中则愈"。元代渔业养殖"近水之家，凿池养鱼"。《王祯农书》辑录的《养鱼经》，介绍了有关鱼池的修筑、管理、饲料投喂等方法。金鱼作为观赏鱼类的饲养也始于宋代。此外，我国还是最早开始人工养殖珍珠的国家，在北宋时期就已经掌握了人工淡水珍珠形成的原理。

到了明代，淡水渔业自鱼苗到商品鱼的饲养过程，如鱼池的建造、放养密度、搭配比例、分苗、转塘、饲料、施肥等各个方面积累了丰富的经验，达到了较高的技术水平。基塘式养鱼也开始形成。明万历郭棐《粤大记》记述："近年蚕桑之家，将地挖深，泥复四周以为基，中凹下为塘，基六塘四，基种桑，塘畜鱼，桑叶饲蚕，蚕屎饲鱼，两利俱全，十倍禾稼。"清代淡水养鱼仍以长江三角洲和珠江三角洲发展最盛，养殖技术主要继承明代，但在鱼苗饲养方面有一定发展，出现了最早的撒鱼法和挤鱼法。明清时期，人们对鱼池清整、投饵、施肥技术等不断总结细化，明黄省曾《养鱼经》、徐光启《农政全书》和清屈大均《广东新语》等文献都总结了当时淡水养鱼的经验。随着江南资本主义萌芽的出现，淡水养殖有了长足发展，太湖流域苏州无锡等附近的农村，养鱼的专业化程度和商品化程度显著提升，出现了集中连片的专业养殖区。

这期间的渔文化可谓进入高峰期，渔文化与渔业生产既紧密联系，又高于生产实践，经过信仰再造、民间流传、艺术加工、生活应用等方式，衍生出多姿多彩的渔文化事项，集中反映了古人思想智慧的结晶。一是使用范围的扩大，朝礼国律、婚丧习俗、金银饰件、鱼钥骨器、灯具乐器、画作娱乐、建筑构件等方面，鱼及其相关元素大量出现，渔文化在广阔空间里得以应用传承。二是文化意象更加凸显，人们对鱼类的文化再造从生殖崇拜向祥瑞寓意转化，在渔文化中寄寓美好愿望，例如"连年有余""双鱼吉庆"的吉祥图案，"鱼龙图"寄托招财进宝、逢凶化吉的愿望，胭脂鱼背鳍高大似帆，寓意一帆风顺等，鲤鱼产卵多，因而有富贵有余之意，"鲤鱼跃龙门"寓意登科及第、飞黄腾达等。三是从高高在上的礼制、宫廷和陵墓走向民间，广泛应用于大众的日常生活，在与人民日常生活的紧密结合中传承发展至今。奉祀神鱼、纹鱼祈福、佩戴鱼符、鱼传尺素等大多上层社会的文化活动，而随着文明日趋进步和开明，渔文化逐步融入普通百姓日常生活，迎来根植于民众的新生与发展，形式更加多样，寓意更加广泛，应用更加普遍。渔文化在年画、剪纸、建筑、家具、玩具、瓷器、餐具、书籍、织绣、服装等诸多领域融入到民间社会文化生活之中，从而获得长久的生命力流传至今。"鱼趣"更为明显，鱼类作为游乐和赏玩的对象，衍生出如明清宫廷的双鱼宫灯，民间上元节提灯会鱼灯，以及各种鱼形玩具、节日、游戏等游乐赏玩的文化功能。四是渔文化成为文学艺术创作的素材，是文人士大夫的精神志向的寄托，以及隐逸、才情、智慧的象征，凝结更为丰富文化价值。如唐代诗人柳宗元的"千山鸟飞绝，万径人踪灭。孤舟蓑笠翁，独钓寒江雪"描绘了一幅渔翁寒江独钓图，表达了诗人革新失败后，虽处境孤独，但仍傲岸不屈的性格。"江上往来人，但爱鲈鱼美。君看一叶舟，出没风波里"忧国忧民的范仲淹体察渔民劳作的艰辛，唤起人们对民生疾苦的注意。

（四）近代以来的发展：淡水渔业与渔文化的现代化转型

近代以来，渔业在战乱频仍中陷入混乱，由于粮食供应紧张，大量鱼塘被改种粮食或丢荒，渔业生产受到极大的破坏，渔民谋生无路。抗日战争胜利后，渔业恢复缓慢。1948年渔业人口仅剩100万人，比抗战前减少几十万人，渔船总数比抗战前减少近一半。淡水渔业也在战争中损失巨大。例如，洞庭湖区的渔业遭到毁灭性的打击，湖区渔船损失达80%以上，渔具损失达60%以上，渔民生产生活均受到极大影响。1946—1949年，洞庭湖鱼类年产约在10万市担以上。而在1934年鱼产总量在39万担左右，据《湖南实业志》记载，"捐税之负担，渔民贷款之高利，渔业技术之幼稚，经营资本之薄弱"，渔业恢复发展困难重重。

新中国建立前，水产供销几乎全部操纵在渔霸、鱼行手中，他们凭着政权的支持和黑社会关系，对渔民进行残酷的压榨和剥削。在旧中国，广大渔民过着十分悲惨的生活。渔民挨冻受饥、流离失所。1934年上映影片《渔光曲》就是渔民生活的真实反映，电影同名主题曲《渔光曲》以凄婉的笔调描写了当时渔民的苦难生活，对渔民所遭受的苦难寄予深厚同情。渔民也有着光荣的斗争传统。在新中国成立前，不少渔民参加了舟山群岛的东海游击总队、海南岛的琼崖纵队以及洪湖赤卫队，经历了多次战斗，威名远扬。在百万雄师下江南、解放舟山、解放海南岛等著名战役中，广大渔民为部队运输大量物资、装备和战士，要船出船，要人出人，许多渔民还参加了战斗，有的冒着生命危险抢救落水官兵，为新中的诞生以及解放沿海岛屿做出了贡献。1961年上映的电影《洪湖赤卫队》讲述了1930年夏国内革命战争时期，地方革命武装洪湖赤卫队与敌人展开艰苦斗争，保卫湘鄂西革命根据地红色政权的故事。"洪湖水，浪打浪，洪湖岸边是家乡，清早船儿去呀去撒网，晚上回来鱼满舱"。一曲《洪湖水浪打浪》唱响了洪湖鱼米之乡的渔业风光，也唱出了对家乡美好生活的期盼。由此，渔文化还融入了反映人民疾苦、弘扬革命精神、开展伟大斗争、歌颂美好生活的情感要素，与红色旅游资源结合起来。

新中国成立后，在中国共产党的领导下，渔业生产由恢复走向了发展，但经历了曲折的过程。在对全国渔业资源全面调查的基础上，党和政府采取了有力举措，改变了渔业积贫积弱的面貌。淡水渔业上大力发展水产养殖，淡水养殖技术水平不断提高，水产品购销实行多种经济并存、自由购销政策，活跃了市场，繁荣了渔业经济。但在大跃进时期，水产业和其他生产事业一样受"左"的干扰，"高指标、浮夸风"使得群众积极性受挫，渔业生产出现徘徊，水产品市场供应紧张加剧。到1961年，中央对国民经济实行"调整、巩固、充实、提高"方针，渔业生产才在调整中略有回升。在"文化大革命"中，渔业再次遭到严重破坏，行政管理工作基本瘫痪，渔业基本建设投资停止，家庭养鱼被禁止，水产品购销政策实行统派购政策，渔业生产、流通和消费秩序陷入"铁板一块"的恶性循环网，直至70年代，社会形势趋于稳定，渔业生产才有缓慢回升。在这样的情况下，我国作为一个渔业大国却长期普遍面临"吃鱼难"的问题。因此，改革开放以后渔业发展的主攻方向是解决渔业供给。

党的十一届三中全会后，经济体制和流通体制改革相继开展，适时调整了渔业工作重点和生产结构，使得渔业生产获得飞跃式发展，水产品的市场供应明显改善，渔民生活水平提高，渔业生产呈现出前所未有的繁荣局面。1985年3月11日，中共中央、国务院发出了《关于放宽政策、加速发展水产业的指示》。这是中共中央、国务院第一次专门为水产业发出的联合指示，把发展水产业作为调整农村产业结构，促进粮食转化的战略部署，确立了水产业的地位，提出以养殖为主，养殖、捕捞、加工并举，国营、集体、个人一起上，使长期存在的重海洋轻淡水，重国营轻集体、个人的思想得以真正扭转过来。政策上，放宽了家庭经营的政策，落实水面、滩涂使用权，对购销政策实行松绑，提倡按市场价值规律办事，提振了积极性。此外，还充分利用淡水养鱼资源，提高技术水平，发展商品鱼基地和城郊养鱼。通过一系列有力措施，养殖在渔业生产结构中比例不断上升，到1989年，水产品产量突破1300万吨跃居世界首位，比1978年增加180%，我国渔业格局实现从捕捞为主到以养殖为主的关键转型。在淡水养殖的贡献下，我国成功解决"吃鱼难"问题。此后，得益于政策推动、市场拉动、科技驱动，中国的渔业经历了高速增长，实现从粗放式发展到资源合理利用，我国渔业逐渐发展壮大，真正形成一个完整产业体系。到2019年，全国水产品产量保持在6450万吨左右，其中养殖产品约占八成份额，市场供应充足、价格平稳、质量安全有保障。

随着现代渔业的发展，我国水产品由紧缺而变为富足，人们对渔业的多种功能产生了更大的需求，由单纯的生产"鱼"演变为通过"渔"来追求文化的享受和精神的满足。现代渔业在保障粮食和食物安全之外更广泛的领域，进一步发挥了生态、经济、社会和文化方面的多元价值，渔文化内涵拓展、功能更为多元，发展空间和受众范围进一步延伸，进一步融入市场经济、现代科技和现代产业，具有广阔的发展空间和市场潜力，渔文化呈现出显著的现代化转型特点。

一是渔文化的历史文化价值凸显。渔文化历史悠久、底蕴深厚，各地各民族在不同的地理环境、气候环境中繁衍生息，形成各自不同的风俗习惯、文化心理，使渔文化具有浓郁深厚的地域和民族特色。新的发展阶段，在物质文明得到显著发展的基础上，这些渔文化元素早已脱离了它产生时的生产方式和生活环境，但在文化层面，历史传统、风俗习惯、民族特色等多姿多彩的文化事项等作为我国渔文化特有的资源，其独特的价值却得到相对完整的保留沿袭，成为现代渔业发展的重要资源。总结研究这些渔文化，对于传承传统、促进文明和发展现代渔业具有重要的意义。

二是渔文化的绿色发展导向突出。自古以来，渔文化体现了人类敬畏自然、尊重生命、希望与自然和谐相处并通过合理利用自然来获得美好生活的价值取向，而在追求数量的发展阶段，我国淡水渔业养殖形成了高密度、高投入、高产出的高效模式，在我国特定历史时期的贡献值得肯定，但是这种模式在现代化进程中的弊端日益明显，渔业发展方式的绿色转型是大势所趋。在这一趋势中，挖掘、保护和传承渔文化是题中应有之义，这就需要以渔文化为载体促进产业转型升级，通过观赏、餐饮、民俗、休闲等与渔文化有机结合，促进"绿水青山"向"金山银山"的有机转化。

三是渔文化传承与消费升级相向而行。渔文化贴近民众生活，具有广泛深厚的群众基础，在人们衣、食、住、行、用等各个方面得到体现。随着经济社会发展和城乡居民收入的提高，文化消费需求日益增长的同时消费加速转型，消费理念更加追求"优、绿、新"，消费需求也更为多元。渔文化的多元价值与消费需求有机呼应，在休闲运动、餐饮美食、娱乐体验、观赏展示、文化宣教等方面都显示出较大的发展空间。在漫长的历史时期中，地方特色渔业品种如黄河鲤、滇池金线鲃等，以及独特的养殖方式如浙江青田的稻田养鱼、安徽休宁山泉流水养鱼等渔文化核心元素，其价值在消费升级的过程进一步凸显，地方特色和名特优新品种得到消费者青睐，涌现出一批叫得响的地方公共渔业品牌。

四是渔文化与产业融合发展。渔文化在休闲渔业、渔旅融合中获得新的发展机遇。人们在休闲渔业中体验独特的文化意义和趣味，象山的开渔节、舟山的鱼文化节、查干湖冬捕等都是渔文化应用于休闲渔业的有益尝试，休闲渔业为传承发展渔文化提供了新的契机和有益载体。渔文化在渔业生产活动和传统文化原貌的基础上加入时代内容，进一步挖掘文化资源、产品和服务，既保存传统文化的精神内核实质，又促进渔文化在新时期取得新的传承发展，以新的形式满足人们日益高涨的物质与精神的双重消费需求，也促进渔业产业进一步由粗放型向集约，由单一走向融合。但不可否认的是，随着渔民的转产转业，不少渔区、渔村加速消亡，景观风俗、建筑特色等历史文脉出现断裂，有很多是不可再生、难以挽回的。在渔文化的产业开发中存在见物不见人、重经济轻文化、重利用轻保护的倾向。渔文化的创造性转化、创新性发展需要实现产业发展的经济价值、人与自然的和谐关系和历史文化的有机统一，渔文化挖掘、研究和保护任重道远。

二、淡水渔文化的类型与特征

我国淡水渔文化源远流长，随着历史演进、渔业生产方式变化、人们对文化功能的需求提升，以及对渔文化资源的开发利用，淡水渔文化得到了长足发展。与海洋渔文化"以海为生""与海共荣"的特性不同，淡水渔文化在地域覆盖范围上相对更加广泛，涉及的民族更加多元，因生产作业方式、区域和对象与海洋渔业有所不同，淡水渔文化逐渐形成了自己的特色，也发展出了不同的类型。分析这些不同类型淡水渔文化的功能和特征，对保护和挖掘渔文化资源，促进文化传承和渔业经济可持续发展具有重要意义。

（一）渔文化类型的几种划分依据

依据地域（民族）特点、渔业生产方式、价值和功能、文化形态、开发利用程度、产业细分等，我国淡水渔文化可划分为多种类型。

1.根据地域或民族特点划分

正所谓"百里不同风，千里不同俗"，淡水渔文化也有其显著的地域及民族特色。不同的民族或族群，对渔业的感受和认知存在差异，表现在民族文化或族群文化上也有不同。汉族等大多数民族认为鱼是珍贵、吉祥的象征，自古有"年年有余（鱼）"的说法。我国大部分地区都有"无鱼不成宴"的饮食风俗，鱼是逢年过节喜庆日子里不可缺少的美食，但在藏区，因宗教民族信仰而基本不吃鱼。不同地区有不同的捕鱼工具、技巧，鱼的加工方法各不相同。各地还形成不同的渔风渔俗。同是婚礼，南北方不同地域间有不同的婚俗文化，新安江"九姓渔民"有抛新娘的习俗、白洋淀渔家有船轿迎亲的礼仪。此外，满族的鱼图腾、云南白族的渔潭会、维族同胞的鱼生肖、赫哲族的鱼皮服、藏族的马头船、摩梭人的猪槽船、台湾高山族的渔祭节、贵州苗族的杀鱼节、黎族的鱼茶、侗族的酸鱼席、撒尼族的酸菜鳅、布朗族的卵石鱼汤，渔文化呈现出多彩的民族特色。

2.根据渔业生产方式划分

从渔业生产方式的发展历程来看，渔业经历了从捕捞到养殖的转变。捕捞就是水体中的采捕活动。这一活动的对象是生活在水体中的各类水生动植物。捕捞对象包括鱼类、爬行类、两栖类、哺乳动物以及水生植物等。在此活动中，各地渔民根据水流、地形特点、季节变化及水族的特性，逐渐发明创造出各种渔船、渔具以及各式渔法。如东北的旋网、挂子网、趟网，冬捕常用的大拉网，江浙一带使用的卡具、撒网，广东的吊网捕捞装置、湖北的麻罩和洪湖捕鱼工具、云贵高原的扳曾、四川的鱼笼子、虾耙、鱼罩子、鱼槺槺，重庆的溪流笼网捕鱼等。随着人类对鱼的了解，慢慢识别了鱼的品种、习性，继而开始适时捕捉与蓄养，淡水养殖逐渐兴起；随着经济社会发展和技术进步，又发展出相应的养殖技术、渔业工程等，并随着时间迁移，逐步形成专门的学科门类，使淡水养殖成为一大产业部门；改革开放之后，特别是进入新世纪，加工业、休闲渔业等获得长足发展，淡水渔文化的类型、层次也日渐丰富。

3.根据价值和功能划分

渔文化具有多重价值和功能。依据价值和功能来划分，渔文化可以包括饮食、服饰装饰、劳动工具、景观、建筑风格与格局、遗址等物质文化和观赏、垂钓、游船等感受式、体验式的看得见、摸得着的浅层次的休闲渔文化；以及诗词歌赋、画作、舞蹈音乐、民间故事等艺术形态，民间习俗、历史轶事、宗教信仰、节日、生命礼仪、民间技艺等风俗时尚，古籍典藏、宗法制度等涉及观念、制度、精神等体现人类思维活动、美学思想和审美情趣以及改造客观世界的创造力的深层次的渔文化等，反映了人们的生活方式、生产方式和价值理念。

首先，渔文化除了具有满足人们衣食住行等物质需要的经济功能之外，还日益凸显了满足人们猎奇、玩水、观景、审美、享受丰收等精神层面需求的文化功能。淡水饮食文化不光涉及人们对淡水产品的饮食行为，还包括淡水产品的加工制作和保存方式、宴席礼仪等；服饰装饰则体现了就地取材、适应季节和生产生活需要、审美等特点；休闲渔文化包括观赏文化、体验文化等多种文化形态，观赏文化以满足人们的观赏和猎奇娱乐需求为主，垂钓观赏、渔家文化体会等满足人们的体验、精神和文化需求。其次，渔文化还是人类思维活动、美学思想和审美情趣以及改造客观世界的创造力的体现。围绕渔业生产和生活，人们创造出大量艺术作品和艺术形态，滋养精神生活，人们又以约定俗成的民间习俗、宗法制度等来管理现实世界，通过筑造或改变观念、建立制度等维护社会秩序，与此相关的古籍典藏成为人类精神生活世界的佐证。上述浅层次的渔文化与深层次的渔文化共同形成完整的渔文化体系。

4.根据文化形态划分

从文化形态来看，淡水渔文化又分为物质文化和非物质文化。物质文化是指凝结着人类的生产生活状态、思想水平的物质过程及其衍生物质的过程所表现出来的文化，包括建筑遗存、历史文物、生产工具、服饰文化、各类文物的综合体以及乡村与城市遗址等，是文化要素或者文化景观的物化过程。具体来说，淡水渔文化的物质文化主要包括渔民捕鱼所用的渔船、渔网、渔具，养殖渔业的鱼种、设施设备等，以及渔民适应渔业活动所产生的服饰、饮食、建筑等。非物质文化是一种特殊的文化形式，具有重要的历史文化价值以及艺术审美价值，主要依附于人类的代代相承得以延续留存下来。非物质文化主要包括曾繁盛于淡水渔区活动范畴、失传或至今仍流传的口头传说和表述（如语言、渔家号子、渔史传说）、表演艺术（渔歌）、岁时节令、社会风俗（渔谚、渔俗信仰）、礼仪、节庆祭祀仪式、传统民间工艺，以及有关自然界和宇宙的知识和实践等。

5.根据细分产业划分

淡水渔业中包含各个不同的细分产业，如大宗淡水鱼、特色淡水鱼、虾蟹产业、贝类产业等，每一类产业均有诸多代表性的产业文化。在大宗淡水鱼产业中，"四大家鱼"是家喻户晓的淡水鱼品种，除了深受消费者喜爱，"四大家鱼"养殖展现了我国古代劳动人民的智慧；在特色淡水鱼产业中，观赏鱼文化是极具特色的代表；虾蟹产业中以小龙虾和大闸蟹为代表的饮食文化是淡水渔业消费文化的重要组成部分；在贝类产业中，淡水珍珠产业也具有深厚的文化底蕴。

（二）不同类型淡水渔文化的特征与发展

1.南北渔文化的共性与特性

文化的重要功能之一是区分不同的社会和群体。地域文化是人文基因的重要组成部分，是基于不同地区、民族在某一特定环境下形成的与其他地区、民族有差异的文化。基于淡水渔业这一大的产业背景，南北地区的淡水渔文化有一定共性，而处于不同环境下，从北到南，也各有其特性。

（1）南北渔文化的共性

总结南北渔文化形成的历史和发展过程，可以发现南北渔文化有以下几个共同的特点：

一是文化的构成要素虽然复杂，但都始于吃穿用度等基本的物质需求。生存需要是淡水渔文化产生的根本动力。在传统社会中，淡水渔文化首先是以渔业为生产的基础，渔业的首要功能是满足人们的衣、食、住、行需要。例如，赫哲族食鱼肉、穿鱼皮，以及因渔业生产需要而沿江河高岗处建筑房屋、制造船只，生产方式始终是决定赫哲族社会生活方式的主要因素。由生产方式再逐渐衍生出生产文化、生活文化、文体、宗教等其他文化形态，这些文化要素经过融合，才发展成为具有总括意义上的渔文化。

二是淡水渔文化的形成必须与其当地的自然地理环境相协调。例如，北方寒冷的气候条件下，为了生产生活方便，北方渔民选择的衣服对保暖性、防水性要求更高，如赫哲族的鱼皮衣既轻便、保暖、耐磨，又防水抗湿，还不会硬化或结冰。而南方渔民的服装则更加宽大、舒适、透气性强，既要方便生产，又要适应南方的湿热气候。如太湖渔民一般穿特制的包裤作业，其特点是裆深腰大，裤管肥大，方便起蹲作业。穿着时可将上衣束于裤腰内，这样捕捞作业时渔网蓑缆等渔业用具不会在身上挂缠，又可保护上衣不受鱼腥、鱼水的浸润侵蚀。住房方面也是如此。赫哲族传统住房选址上多傍水依山，夏季建在地面上，因河流两岸灌木繁茂，往往建造一次性住房；冬季多为地穴式，住房材料使用河岸常见的灌木干、柳条、桦树皮等。正是出于对自然环境的适应，千百年来渔民还总结出了各种渔汛、风信等规律。

三是强调协作性、契约精神和包容性。水上作业是一种多人合作的集体行为。渔民们只有相互协作、依靠团队的力量才能在捕捞作业中有所收获，因此这种作业方式培养了渔民们的协作意识和文化。渔船上的活动都要在船长指挥下完成，全体船员需要分工明确、听从指挥、默契配合。这种生产活动性质也决定了渔民的纪律性、组织性意识很强，按渔民朴素的语言说就是"老大多了要翻船"。同时渔民因为缺少耕地，需要依赖贸易交换来换取日常生活所需，从而形成了良好的契约精神。另外水上作业使得渔民的作业空间相对广阔，所到之处也较普通陆地居民更为广泛，渔民们见多识广，对新鲜事物的接受能力也比较强，这种生产生活特点也使得渔民比一般人更具包容性，渔文化也被赋予了"海纳百川，有容乃大"的精神内涵。

（2）南方渔文化的特性

在特定的自然、社会环境下，南方渔文化也形成了自己的特色：

一是南方渔文化发展的自然条件优越，较早开始了养鱼经验的总结。与北方农业相比，我国南方农业开发相对较晚，东汉以后，北方战乱频繁，黄河水患加剧，人口大量南迁，南方农业才有了比较稳定的持续发展。南方地区热量、水分条件较好，河湖密布，水源充足，渔业本身发展条件优越。范蠡虽是北方人，但春秋末年他在太湖地区养鱼并著有《养鱼经》，著有另一本《种鱼经》的明代黄省曾是苏州人。透过养鱼历史这些笔端记载的蛛丝马迹，可以看出南方渔业的发达程度和渔文化发迹较早。

二是南方渔文化秉持了南方人的性格特质，相对更加精细化。唐代后期开始，北方黄河中下游地区的旱地农业逐渐被南方长江中下游地区的水田农业所超越，人们的生存压力相对较小，而北方战乱较多，且长期受游牧文化影响，民风日渐粗犷，并有大量民众南迁。"仓廪足而知礼节"，正是得益于较好的物质条件，南方人才有更多的时间、精力进行文化建设，淡水渔文化也依托于这种地方性格特质，形成了精细化、细腻化的特点。仅以食蟹的餐饮文化为例，早在明代，能工巧匠即创制出一整套精巧的食蟹工具，有锤、徽、钳、铲、匙、叉、刮、针8种，苏沪杭一带称之为"蟹八件"，吃蟹也成了一种潇洒逸致的高雅餐饮活动。晚清时期"蟹八件"甚至演变成了苏州女的嫁妆。而北方的食鱼文化相对粗犷豪放，内蒙古满洲里的全鱼宴一般情况下都是由10到20个菜组成一桌，而且菜量非常大。

三是与南方地理资源特色的多样性相对，南方渔文化的多元化特征明显。我国北方多地势平坦的高原和平原，交通联系方便，老百姓交往、交流的机会也多，文化融合性更强。而南方多丘陵山地，地形崎岖多样，河川众多，交通相对闭塞，少数民族也比较多。基于这种地形多样、水系众多、民族多元的特点，南方地区渔文化相对更具地域特色和民族特点。比如，傣族人民喜欢逐水而居、依水而居，傣族谚语说，大象跟着森林走，气候跟着竹林走，傣族跟着河流走。傣族人敬畏和崇拜水，极其重视水环境，并形成了传统稻渔文化以及赛龙舟等富有民族特色和地域特点的渔文化形式。

（3）北方渔文化的特性

一是北方渔文化有显著的"农时"特色。不违农时、因地制宜是北方淡水渔业的重要特点。北方地区四季分明，虽一年四季均可捕鱼，但往往多在春秋两季。北方春季一开河（江），在冰下生活的鱼一个冬天没有进食，腹内杂物几乎为零，最是肉质肥厚鲜嫩的时候，"开江鱼"是东北民间著名的"四大香"之一，开春后捕捞上来的第一批鱼在北方很多地区都被誉为"开春第一鲜"。夏天虽然也可捕鱼，但鉴于夏季鱼易腐烂，且鱼的繁殖期多在夏天，渔民往往不在这个季节捕捞，而利用这段时间修补渔具。秋季是鱼类较为肥美的季节，也是捕鱼的黄金季节，渔民们会利用各式渔具渔法进行捕捞。冬捕则是北方特别是东北地区的渔业特色。赫哲渔民将二十四节气与渔业生产的季节有机结合起来，有"立春棒打鱼，惊蛰忙织网"的《捕鱼节气歌》。

二是北方淡水渔文化有明显的渔猎色彩。北方的政治、军事活动历来比较活跃，历史上的国都也主要在北方，因此，北方地区的渔文化带有较为浓郁的皇家色彩。在北方少数民族当权的时代，渔文化表现出浓厚的渔猎文化气息。辽代以来，捕鱼就不再简单是松花江流域百姓赖以生存的生产方式，而是王公贵族巡游活动的盛事之一。清朝入关后还设立了以渔猎为主的打牲制度，建立了打牲乌拉总管衙门，专门采捕鲟鳇鱼、东珠等贡品。体型巨大、性情凶猛的鲟鳇鱼备受皇室青睐，每到春节，皇室与达官显贵们必躬亲蒸尝，遇有婚丧大典，也以进大鳇鱼为祥。鲟鳇鱼不仅是珍贵物产，某种程度上已成为清代统治者权利的象征。

三是与冰相关的活动成为北方淡水渔文化的一大特色。北方地区冬季漫长，特别是东北地区冬季寒冷，水面长期冰封，加上冬季捕鱼有利于产品保存、运输，逐渐形成了北方极具地域特色的冬捕文化。冬捕是自古至今一项全民参与的盛事，查干湖冬捕已被列入国家级非物质文化遗产名录，并成为集民族、民俗、宗教、经济、地方特色等于一体的特色渔文化项目。查干湖冬捕一般采用冰下拉网、马拉绞盘等极富地域特色的捕鱼方式，冬捕前一般有隆重的冬捕仪式，开展念经咏咒、查玛舞"醒网"仪式、冰上祭祀、头鱼拍卖等活动。当然，渔文化也因地、因时而异。在西藏，虽然大多数藏族人并不吃鱼，但在雅鲁藏布江流域，却有一个青藏高原唯一的世代以打鱼为生的村落——俊巴渔村。

2.捕捞渔文化和养殖渔文化并存互补

伴随着历史发展特别是人类渔业活动范围的变化，淡水渔文化由最初的捕捞文化逐渐扩展至养殖文化。在历史的车轮中，二者慢慢形成了一种并存互补的关系。

（1）捕捞渔文化是渔文化的初始形态

考古学家在仰韶文化的彩陶图案中发现许多网纹图形，西安半坡遗址中出土石网坠两百多样，这足以证明人类在那个时代就已经学会了用石坠的网来捕鱼。历史上还出现了多种多样的淡水捕捞技艺。例如，浙江嘉善在乾隆年间的县志上就记载了17种渔法，现在渔民所知道的渔具渔法也有多达50多种。在一些地区，捕捞不仅是一种生产方式，也是地域文化、群体文化的标志性符号，目前较为知名的渔文化村落基本都是以捕捞起家。姚庄是浙北唯一的纯渔民建制的淡水渔村，该地张安村遗址出土的网坠证明捕捞在当地至少有四千多年历史，渔民也世代沿袭着与水有关的一些生活习俗以及引鲤鱼、打甲鱼等奇特的捕捞方法。

（2）养殖文化日渐兴起

我国是世界上淡水养殖历史最为悠久的国家，也是世界上最早开始池塘养鱼的国家。公元前11世纪的殷末周初，我国就已经有养鱼的记录。秦汉时期，开始了稻田养鱼和大水面养鱼以及较大规模地利用陂塘养鱼。唐代时，养殖模式由单养发展到多种鱼混养。宋明时期，池塘养鱼逐渐从粗养进步到精养。清朝时，人们对鱼苗的生产、分类、运输等有了详细记述，并发展出池塘养鱼和种桑养蚕结合的综合经营方式。民国时期，淡水养殖的发展因战乱原因相对放缓。新中国成立后，随着渔业复苏，捕捞资源衰退加剧，养殖发展加快。

在产业转型的同时，淡水渔文化也随之由捕捞加快向养殖转变，渔文化的多元化、层次性和可持续性特征日益凸显。首先，文化的表现形式更加多元。除了技术、艺术、景观、村落风貌、建筑、信仰以及礼仪民俗等形式外，养殖渔文化目前以经贸交流、节庆体验、摄影、多媒体、互联网等多种形式示人，文化背后的经济目的更强。其次，文化的层次性增强。养殖文化兴起以来，除了外在表现形式的多元，淡水渔文化向内在隐形文化延伸的步伐加快了。特别是随着经济发展水平提高，文化向精神、心理层面递进，人群的阶层多样，文化的层次也更加丰富。既有适合追求高雅品味的文化，如摄影作品、电影等艺术作品，也有适合小众口味的特色体验。最后，可持续性也在淡水养殖文化中体现得淋漓尽致。淡水养殖发展的初始目的虽然是为满足物质需要，但发展的过程却离不开生态平衡理念的指导，或者说要使之变成一种可持续的行为，就必须遵循生态理念。养殖发展的最高境界不是独创某种形式，而是越接近自然、仿生性越强，才越可持续。以稻鱼系统为例，鱼表面的分泌物对水稻纹枯病有显著抑制作用，鱼可吃掉稻田害虫的50%以上，杂草、虫卵、水稻枯枝落叶等田间废物以及鱼粪便等又可变作水稻生长发育的肥料。另外，鲤鱼等鱼类的掘食特性还可减少土壤板结。

3.休闲渔文化一枝独秀

休闲渔业是将传统的渔文化资源融入现代渔业发展方式中，利用水域资源、渔业器械、渔产品等，通过垂钓观赏、游船观光、渔家文化展示和体会等一系列吸引游客的体验式渔业活动，它是按照旅游业运营规律设计、整合后形成的一种新型经济业态。

（1）餐饮渔文化源远流长

鱼在我国传统文化中是富庶、繁荣的象征。作为优质蛋白质的获取来源之一，我国烹制鱼类的方法很多，历史也很悠久。在人们喜爱的各大菜系中，都有不少鱼类名菜。例如，河南的鲤鱼焙面，安徽的臭鳜鱼，江浙一带的宋嫂鱼羹、西湖醋鱼，荆州的鱼糕等，都是以鱼为主要原料的美味佳肴。少数民族也有特有的餐饮渔文化，如赫哲族的刹生鱼。除了淡水鱼，其他淡水产品同样有悠久的饮食文化。餐饮渔文化作为各具地域特色的饮食文化代表，逐渐成为独具特色的地方民俗文化。

（2）观赏渔文化从宫廷走向寻常百姓家

观赏渔文化是休闲渔业的重要组成部分，是以水生动植物生产、欣赏为基础的一种文化形式。我国古人很早就开始了观赏鱼的养殖和赏玩，并据此创作了大量的文学作品。金鱼起源于我国南方，其祖先是野生鲫鱼，明正德年间，北京的皇宫和皇府开始养育金鱼，金鱼又被称为"国鱼"。后来，上至达官贵人，下至平民百姓，都有养金鱼的，金鱼尤其受到老北京人的喜爱。历史上，不论诗词歌赋，还是国画作品，都有对金鱼的生动描绘。宫廷金鱼还是佛教、道教放生的对象。

经过多年培育，金鱼在鼎盛时期曾多达四大类三百多个品种。锦鲤也是重要的淡水观赏鱼品种，原产在中亚细亚，后传到中国，近代又传入日本，现在许多优良品种都是日本培育出来的，锦鲤是日本的国鱼。

（3）垂钓和游船文化方兴未艾

垂钓是自古以来人们喜爱的一项高雅、文明、显示身份地位的休闲娱乐活动。古时钓鱼多是特权阶层、达官贵人或隐士、文人等用于休闲鱼类或陶冶情操的活动。文人墨客们留下不少关于钓鱼活动的诗词、字画、典故等，对垂钓活动的描绘还体现在绘画、陶瓷、雕像等艺术形式中。随着人们生活水平提高和闲暇时间增多，垂钓已经形成一个完整的产业，并成为一种群体性活动。随着休闲产业的发展，游船文化也大有方兴未艾之势。游船根据其功能不同，分为埠船、画舫、明瓦船等，在不同地域，船的形态、功能和体验又各有差异，形成了各具特色的游船文化。游船文化还体现在一些民间竞技活动上，如赛龙舟、龙船节、泼水节等竞技、庆祝活动的背后都蕴含着深厚的渔文化。

4.物质文化与非物质文化交相辉映

物质文化和非物质文化是淡水渔文化的不同表现形态，在中华民族的历史长河中，两者可谓并驾齐驱、各领风骚，但又水乳交融、共生共荣。

（1）物质文化

物质文化是淡水渔文化的外在显现，它是人类从事淡水渔业相关活动及这一过程中创造出来的成果，是以物质实体形态表现出来的、可感知的、显性的成果。渔船、渔具是最典型的物质渔文化表现。渔船对渔民有极其重要的意义，渔民一般尊称渔船为"木龙"。渔具、渔法也是物质文化的重要体现，适应当地水生物种、气候、地形特点，渔具、渔法又有着特殊性能。例如，曾是水源丰富地区的罗布泊也有其独具特色的捕捞工具和方法，他们的渔猎方式随四季变化而不同，春季根据水的流向捕鱼，夏秋季从湖泊里捕鱼，使用的主要工具是渔网、卡盆、渔叉，冬季凿冰捕鱼，主要使用斧头。在渔业生产活动之外，以淡水渔业为生的人们还发展出了相应的服饰、饮食及建筑等其他物质文化形式。如赫哲族的鱼皮衣、各类以淡水产品为原料的美食、附有龙、鱼、船、锚等图案象征的壁画、廊绘等。

（2）非物质文化

非物质文化是淡水渔文化的内在隐形化。古人很早就在鱼身上注入了一种文化理念，从各种出土文物到诗歌词赋，鱼的身影随处可寻，甚至鱼还被认为是龙、凤的原型。因此，在非物质文化方面，淡水渔文化的表现形式更加多样。在精神层面上，人们通过渔家号子、渔史传说、表演艺术、传统民间工艺等形式传承着渔文化。如赫哲人创造出了伊玛堪、说胡力、特伦固等民间艺术文化，以及嫁令阔、赫尼哪、白本出、博布力等曲调。历朝历代的文人墨客都曾用诗歌辞赋、绘画等艺术形式描写渔村、渔民的生产生活景象,仅在《宜昌府志》《归州志》《东湖县志》等地方志中就载有明清以来文人墨客赞美桃花鱼的诗赋达数十篇之多。

在制度文化方面,淡水渔文化主要是通过社会风俗、礼仪、节庆祭祀仪式、岁时节令等社会规范对人们的行为进行约束。从根源上来说,它是人们为了社会共同生活的需要,在社会互动过程中约定俗成或由人们共同制定并明确施行的一些规则,在渔文化中主要表现为一些民俗禁忌及礼仪等。过去生产工具落后,水上作业危险大,渔民认识局限,祈求神灵庇佑是他们唯一的心理安慰和精神寄托,虽然这些可能在科学上没有道理,但在渔民的精神、心理因素上却起到很大作用。例如,渔民造新船要经过择吉日开工、安龙骨、安龙目、择吉日下水等一系列程序,下水时一般还有进庙拜神、敲锣打鼓、鸣放鞭炮等活动,甚至日常生活也有很多禁忌。渔民还通过岁时节令的形式对人们的捕鱼行为进行规范。随着旅游业发展,一些传统的节庆活动也成为普通人感受渔文化的渠道之一,如查干湖冬捕、太湖开捕节等原生态渔民习俗活动。

5.渔文化传承和产业文化发展之间的关系

历史是文化的载体,文化是历史的血脉。淡水渔文化是中华民族的伟大创造之一,也是我国文化史上光彩夺目的一章。通过对文物、遗迹的研究,对文献资料的梳理,可以让人们有更清晰的历史观和对渔文化的认识,有利于寻找事实,并利用这些信息去描述、分析和解释渔业、渔文化的过去,从而帮助我们找到解决问题的路径,以及对未来有一个更准确的预判。

(1)渔文化的传承

近年来,我国的一些渔文化系统已作为人类共同的文化遗产,得到世界的认可和保护,如青田稻鱼共生系统、从江稻鱼鸭复合系统被选入全球重要农业文化遗产(GIAHS)进行示范保护,但还有很多渔文化类型尚未引起更广泛的关注和保护。随着渔业经济发展,渔文化日益得到重视,但全社会文物保护意识普遍不高,尚难以满足渔文化遗产保护的要求。一些地方只看重文化遗产的眼前开发,而轻视具体的保护、发掘和长远的发展,只重景区景点设施建设,而忽视渔文化资源的深层挖掘。渔文化遗产是历经千百年传承、发展的文明成果,是应当珍视和发扬光大的文化宝藏。静态的、博物馆式的保护,并不能遏制渔业遗产文化的衰退,需要探索对遗产文化的动态的、可持续的保护和传承。

(2)产业文化对渔业历史文化营养的汲取和发展

文化不是孤立的,它的存在和演变一定要与产业相联系。渔文化面临的挑战实际上是传统生产方式的存亡问题,渔文化的危机一定程度上也是渔民的生存危机。渔业历史文化的传承,需要产业发展作为载体,但也要防止以单纯的产业文化替代传统渔文化，使之"变味"。

产业文化是在经济活动中注入文化内涵，使产品人格化。随着科技发展和经济发展，文化已经渗入经济活动，通过产品的创意设计与渔文化结合，渔文化资源逐渐转变为经济资源、渔文化的产业化发展也在促进着渔业经济发展。渔文化通过发挥食品安全、基因资源、生计安全、生活休闲、景观保留、文化教育以及科学研究等多重价值和功能，满足了人们的物质生活和精神需求。渔文化蕴含的独特品格和地域气质，充分体现了渔区人民的审美追求、生存智慧，乃至丰富多彩的生活情趣，具有独特的开发利用价值。在产业发展的同时，人们又进一步向文化要效益。"渔文化搭台，渔业经济唱戏"已经成为很多地方渔业经济发展的模式。

第二节　我国淡水渔文化的现状

人类早在170万年前就开始渔猎，先人们在捕鱼食鱼过程中创造了灿烂辉煌的淡水渔文化，并代代积累传承，时至今日依然影响着国人的生产生活。党的十九大报告明确指出："中国特色社会主义进入新时代，我国社会主要矛盾已经转化为人民日益增长的美好生活需要和不平衡不充分的发展之间的矛盾"。人民的美好生活需要包含丰富的内容，美好的精神生活需要也是一个重要方面。而丰富多彩的淡水渔文化是满足人民美好精神生活需要的重要内容。在水产品极大丰富并满足了人们的物质需求之后，充分挖掘、研究和发展淡水渔文化，既是我国淡水渔业转型升级的迫切需要，也是丰富人们精神家园的现实需求，具有重要意义。

我国历代一直有不同角度的淡水渔文化研究，对后人了解渔业发展历史、研究与传承渔文化有着重要的参考价值。改革开放后，特别是近年来，中国淡水渔文化研究方兴未艾，相关文献层出不穷。归纳起来，这些淡水渔文化文献主要集中在渔文化的内涵与价值、食鱼文化、渔民与渔村文化、渔文化的保护与开发等方面。其中，既有实证研究分析淡水渔文化作用机理，又有规范研究提出淡水渔文化发展路径，可谓见仁见智。

一、渔文化的内涵与价值

淡水渔文化历经200多年的发展，自成体系，具有丰富的内涵、多元化的功能和重要的传承价值。学术界对渔文化内涵的界定尚不统一。有的学者将渔文化等同于渔业文化，认为两者基本同义，是以渔业生产为中心的文化总称。有的学者认为渔文化是渔业文化的一个分支，将渔文化定义为人类在社会历史实践中受到渔业影响所创造的物质财富和精神财富的总和。有的学者从广义上界定，渔文化是人类在渔业活动中所创造出来的人与经济水生生物、人与渔业、人与人之间各种有形无形的具有流转性和传承性的物质文化、非物质文化及制度文化的成果总和，既包括地表遗留痕迹，又包括各种文学、艺术、民间工艺，还包括渔民长年累月积淀而成的特定风俗习惯、生活方式及其价值追求等。还有的学者从哲学视角理解渔文化，认为它蕴含着"与鱼共生""人鱼和谐"的思想内涵。即便如此，大家却都公认，渔文化不仅具有显著的经济价值，还具有不可估量的观赏与审美价值、文学艺术价值、科研价值和社会价值。

（一）从金鱼到锦鲤、观赏鲤鱼——观赏与审美价值

我国最早的观赏鱼当属金鱼。金鱼作为观赏鱼养殖和传播与佛教的中国化有着密不可分的关系。由于佛教宣扬放生可使人消除罪孽和代表了向善之心，于是在佛教传入中国后，寺庙及其放生池越来越多。到了唐宋时代，达官显贵家庭饲养红鲫鱼渐渐形成风气，南宋时期出现了专门养殖金鲫鱼的职业，名为"鱼把式"或"鱼儿活"，金鲫鱼养殖的专业化使得原为上流社会所独享的金鱼观赏逐渐开始走向了寻常百姓家。到了明代中期，稳定的社会环境和繁荣的经济，使得金鱼养殖繁殖和鉴赏上升为理论。民国时期金鱼养殖起起落落，抗战胜利时约有40个品种。新中国成立以后，金鱼品种大为增加，1968年有154种，到今天已经有300多种，成为数十亿元的大产业，每年有金鱼选美活动数十场，金鱼养殖者数百万人。沈伯平认为，金鱼被广泛应用于年画、雕刻、刺绣、彩绘等各类工艺，文化艺术形态从一个侧面反映了人们高雅的审美情趣和文化追求。

中国是鲤鱼的故乡，但现代锦鲤起源于日本。17世纪，日本发展稻田养殖鲤鱼。在人工饲养过程中，出现了一些颜色艳丽的鲤鱼，因其美丽和与众不同而具有神秘的色彩，被称为"神鱼"。1889年日本人培育出红白锦鲤，到1914年，日本已经有27种颜色的锦鲤。而今，锦鲤品种达到100多个。我国虽然不是现代锦鲤培育的国家，但是在长期的渔业育种工作中也培育出了中华彩鲤、兴国红鲤、荷包红鲤、玻璃红鲤、瓯江彩鲤、龙州镜鲤等观赏鲤。傅莉心认为，养殖锦鲤能怡情养性，美化环境，而且只要具备正确的鉴赏眼光和饲养方法，中小锦鲤还可以保值增值。刘雅丹等心在《锦鲤》一书中列举了锦鲤鉴赏的基本方法：匀称健硕的体型、清晰艳丽的色质、匀称合理的花纹、优美顺畅的泳姿。2010年9月30日，北京朝阳公园首次举办了观赏鱼大赛，福州金鱼协会的"兰寿"与北京红运锦鲤养殖中心的"白写"分别摘取了金鱼组、锦鲤组的冠军。在随后举行的观赏鱼拍卖会上，这尾"白写"拍出了全场最高价120万元，足以看出这些鱼类的观赏与审美价值。

总之，在现代观赏鱼以其艳丽体色、奇特体态、多样习性而受到人们的喜爱。

林学钦向指出，世界鱼类有5万种左右，其中有观赏价值的为1000～2000种，利用普遍的则在500种左右，且绝大部分是淡水鱼类。我国观赏鱼有250多种，大多是经过人工长期培育出来的，蕴含着丰富的历史文化信息。饲养这些鱼类，不仅给人们带来了美好的视觉享受和愉悦的心情体验，还传达出美学理念和审美价值。

（二）从《诗经》、远古鱼纹到绘画、民歌和文艺创作——文学艺术价值

鱼类的文学艺术价值与多种文化艺术形态有着密切的联系。一是鱼类与文学创作。春秋战国时代的《诗经》就对养殖鲤鱼有较多的阐述和记载，出现鱼字和鱼名的地方有30余处，涉及的鱼名有鲂、鱼鳣、鳟等12种，关于咏鱼的诗篇，有描述当时捕鱼方法的，也有表达鱼在人们生产生活中的诸多作用。唐诗中关于鱼的诗歌数目有3000首之多，自北宋诗人苏舜钦和苏东坡在诗词中涉及金鱼以后，随着蓄养金鱼的普及，以金鱼为艺术题材的诗词也大量出现，如清代词人陈维松以词牌《鱼游春水》吟咏金鱼的词即多达三四首；近代鸳鸯蝴蝶派作家周瘦鹃先生曾写了颇富情趣的散文《金鱼话》上下篇，来记述他养金鱼的乐趣；现代著名文学家邓拓也有一首七律诗歌咏金鱼。二是鱼类与绘画艺术。从远古鱼纹到绘画创作再到邮票设计，鱼类的文学艺术价值不断得以体现。清末著名画家——天津的梅振瀛、扬州的虚谷等都特别擅长以金鱼入画；近现代绘画大师——齐白石、吴作人、刘奎玲、汪亚尘、赵少昂、凌虚等也都有金鱼绘画传世。赫哲族常常以绘画、雕刻、伏帖等方式，将以水波纹、鱼鳞纹、鱼网纹等几何文饰为主的图案形状运用于服装、器皿的装饰上。这些异彩分呈的图案造型艺术，让人们强烈地感受到赫哲族渔文化的韵味。三是鱼类与民歌民谚。我国渔民先辈们在渔业生产生活中创作了许多渔谣、渔歌、渔谚和歇后语等。如赫哲渔民根据各种鱼类的活动规律和自然季节的变化，将"二十四节气歌"与渔业生产的季节性结合起来，编撰出"立春棒打鱼，惊蛰忙织网"的"捕鱼节气歌"。另外，还有口头说唱文学"伊玛堪"、说胡力（民间故事）、特伦固（历史故事、民间传说等）、嫁令阔、赫尼哪、白本出、博布力等曲调，也是赫哲人在捕鱼生产之余触景生情创作的优美动听的曲调。

（三）从鲤鱼到松浦镜鲤、福瑞鲤——科研价值

渔文化的科研价值表现为以下几个方面：一是物种价值。从远古鱼种到现代鱼种，鱼类的繁衍更迭产生了巨大的物种价值。世界上已知鱼类有26000多种，淡水鱼有8600余种。我国现有鱼类近3000种，其中淡水鱼有1000余种。英国生物学家、进化论奠基人达尔文在《物种起源》《动物和植物在家养下的变异》等著作中，以中国金鱼为例，证明他的物种进化论学说。二是生物学研究价值。形态特征的多样性和数以百计的品种，使金鱼的变异和遗传蕴含着丰富的科学知识，成为遗传育种和教学研究的重要对象，也是面向青少年进行科普宣传教育的生动教材。我国著名科学家陈桢教授的《金鱼的家化与变异》一书，成为遗传学研究领域中的经典文献；世界著名生物学家林奈在其名著《自然系统》中将中国金鱼作为研究鲫鱼的模式标本。淡水鱼的科研价值一旦转化为经济价值则可以造福于民。国家大宗淡水鱼产业技术体系岗位科学家们持续选育含肉率高、生长速度快、成活率高、适应性强和抗病力强、易垂钓或捕起、人工驯化程度高、养殖经济效益高的新品种，如松浦镜鲤、福瑞鲤等，通过体系推广到各个综合试验站进行养殖，为西北贫瘠大地和西南贫困山区的渔民送去了致富的种子和希望，促进了当地的渔业技术进步。

（四）从渔猎到养殖——社会价值

渔文化的社会价值表现在以下几个方面：一是生产方式转变带来的社会价值。从渔猎到养殖，渔业生产方式发生了转变，渔民的生活方式也随之变化，由此带来渔村的繁荣与发展。如陶思炎指出，鱼类是最早的人工食物，对初民生产领域的开拓、劳动工具的发明及智力的开启与艺术创作的推动，甚至对巫术与原始宗教的发展，都具有十分重要的意义。王为华认为，对自然崇拜的生存观念、游动迁徙的生存方式、合作和分享的平和心态构成了渔猎文化的基本特征。蒋高中指出，根据殷墟出土的甲骨卜辞，证明我国早在殷商末年就开始养殖鱼类，至秦汉时期淡水鱼的养殖已从小型水体的池塘发展到大型水体的湖泊。刘景景、陈洁的研究表明，洞庭湖区淡水养殖业发展迅速，池塘精养是主要养殖模式，养鱼收入成为当地养殖户主要收入来源，渔业对当地大农业产值的贡献率很高。二是文化资源开发带来的社会影响力。丰富多彩的饮食文化、垂钓文化、观赏鱼文化等促进了我国休闲渔业的长足发展，使渔文化传播速度加快，呈现出潜力巨大的社会影响力以及不可估量的生态价值。以浙江青田稻鱼共生系统为例，在距今1300多年的唐代，青田即有稻田养鱼，但长期以来都是人放天养为主。20世纪50年代青田县鼓励农民饲养田鱼，但仍以自然养殖为主。直到农村改革开放以后，当地的田鱼饲养才在单产、面积等方面有了较大的发展。2002年，联合国粮农组织（FAO）发起全球重要农业文化遗产保护项目后，我国科学家与FAO保持密切联系，国内外专家学者多次实地考察，2005年被FAO列为首批"全球重要农业文化遗产"，青田稻鱼共生系统由此蜚声世界，每年都有数万名游客前来观赏取经，当地农民群众因此受益，而与青田稻鱼共生系统伴生的山水风光、特色建筑、传统村落古建等也一并焕发出新的光彩。三是增进友谊和国际交流。鱼类是和平、幸福、美好、富足的象征。古代贤达之人有以干鱼作为贺诞礼物的传统，彰显了君子之交淡如水的美德四。唐代盛行"鱼符""鱼袋"制度，是渔文化在政治制度层面的体现。在国际交往中，鱼类还起到友好和平使者的作用，如1976年墨西哥把稀有的盲鱼作为贵重礼物赠送给北京动物园；1997年日本则把经过挑选的珍贵的锦鲤作为礼品送给我国政府。

二、食鱼文化

中国人的食鱼习惯由来已久，并逐渐形成风格独特的食鱼文化，成为中华饮食文化的重要组成部分。随着社会经济的发展，食鱼文化朝着多样化、健康化、市场化的方向发展。这里从食鱼文化的历史渊源、食鱼的制作工艺、食鱼的风俗习惯三个方面对相关文献进行梳理。

（一）食鱼文化的历史渊源

我国丰富的鱼类资源是先民饮食中的重要食材。人类对鱼鲜的食用为时甚早，但食用方法以及由此演进的饮食文化却是漫长的历史过程出力。随着捕鱼技术的进步和渔业产量的增加，古人对鱼类品种的认识逐渐增多，制作和食用各类鱼鲜的工艺和方法也不断增加，并由此创造了丰富的鱼类饮食文化。在汉代马王堆汉墓的遣册中，白鱼、鲤鱼、鲍鱼、鲂鱼、鱼等多种鱼类品种被记录在册，砖石画像和墓葬壁画中，鱼鳖的图像经常出现，反映了民间喜好吃鱼的习俗唐代食鱼之风风靡一时，蒸鱼、鱼鲊、鱼炙等食鱼方法多种多样，其中鱼鲙成为唐人主要的食鱼方式，诗歌、笔记小说等诸多史料都记载了唐人对国会品的喜爱。

（二）食鱼的制作工艺

在原始社会，人们食鱼一般是即捕即食，可以生食也可以熟食。随着捕鱼、吃鱼技术的不断进步，食鱼制作工艺逐渐增多。比如赫哲族吃鱼方法名目繁多，既有蒸煮炸炒、烤烧炖等熟制的吃法，也有凉拌、吃鱼片、刨鱼花、烤生鱼、直接吃冻鱼等生食之法。随着渔业产量的增长，人们捕鱼渐渐有了剩余，为了延长保存时间和提高使用价值，开始出现了其他的制作工艺，其中用盐腌制和晒干是最简单、最普通的加工方法。《家语》中就有记载"周武王喜食鲍鱼"，这里的"鲍"即指鱼干。《清艺录》记载的南方名菜"玲珑牡丹鲊"，要求色泽微红，形如"牡丹初开状"，体现了长江下游地区精细的饮食风格。

（三）食鱼的风俗习惯

渔民们日常食鱼中形成的风俗习惯与他们的捕鱼生计息息相关。虽然各地区、各民族在食鱼的风俗习惯上会有所差异，但也有一些共同的认识，很多专家学者从不同视角，运用不同研究方法对其进行了分析。郑春柳以案例形式介绍了食鱼生的进餐规矩与禁忌，比如鱼生餐桌摆放规矩、饮食者性别、年龄规定、食鱼礼节等。王世卿等通过口传资料的采集，分享了赫哲族人吃鱼的习俗。王婷荣即结合不同地区的实地调查，比较分析了人们的食鱼禁忌与食鱼习惯等。张家捷对比分析了中日两国食鱼的历史和习惯，认为中国人吃鱼尤其是吃整条鱼的时候有一定的礼数和习俗，从一定程度上来看是受传统的儒家思想影响。在中国素有"无鱼不成席"一说，中国八大菜系中都有鱼菜，而且鱼通常作为压轴菜登上餐桌。张义浩从鱼鲜的美好寓意视角分析了人们养成吃鱼习惯的主要原因。在我国长江中下游地区，由于水产丰富，当地人民对于鱼的新鲜程度要求较高，形成了吃时令鱼鲜的习惯。吴地的四时鱼鲜、鱼馔，古今闻名。苏州人吃鱼历来讲究时令季节，太湖渔民同样如此，一年12个月都有时令鱼品，而且渔民注重"吃鱼要吃原汁"。我国少数民族也有各自独特的食鱼习惯。如赫哲人喜食鱼生和鱼炙，"鱼生"对地域饮食文化影响甚大，成为族群的重要徽志。食鱼也有一定的遵循，如鱼头要对准长辈或客人，长辈或客人不动筷，则其他人不准先撮鱼头。由于常年捕鱼吃鱼，赫哲人还总结了一些用鱼治病的方法。我国西南地区的苗族因过去缺少食盐而形成以酸辣调味的习惯，苗族人吃鱼最有代表性的就是酸汤鱼加。

三、渔民与渔村文化

渔民与渔村文化是中国渔文化的重要内容。国内学术界对渔民与渔村文化的研究主要集中在渔民生活习俗、渔民信仰、渔民服饰文化、渔村历史演变以及渔村民居建筑几个方面。

（一）渔民文化

一是渔民生活习俗。渔民们在长期的渔业实践中养成了许多生活习俗，衍生出独具特色的民俗活动。诸多太湖渔民喜欢在船艄摆一盆"万年青"以消灾辟邪；南太湖渔民定亲时女婿必定要手提一对"鲤鱼"并贴上红纸，来看望未来的岳父母，而在成亲之后连着3年也要以鱼为礼孝敬岳父母；南太湖渔家生子3天要做"三朝"，生儿子的菜肴必上鲤鱼（寓"连子"），生女儿的菜肴必上鲤鱼（寓"离女"）等。二是渔事禁忌。渔民常年水上作业，风里来浪里去，随时可能遇到突发事件，因此对大自然心存敬畏，在渔业生产中也形成了种种禁忌。比如赫哲人捕鱼忌讳大声喧哗、说怪话，要用隐语，对妇女、孕妇等的行为也有严格的禁忌；太湖渔民在开捕前都会在甲板上举行简单的祭祀仪式，焚香上供，叩拜各路"水神"。王婷荣即将这些禁忌分为语言禁忌和行为禁忌两大类。陶思炎将渔事禁忌分为船忌和渔忌，船忌是渔船下水后的各种约定俗成的禁规，旨在免祸求安；渔忌是直接与捕鱼相关的禁忌，旨在避祸和求获。三是渔民信仰。包括天后信仰、龙王信仰、渔宗信仰等，很多渔村都建有天后宫、天后庙、龙王庙、龙母庙、郎君庙等。现如今祭拜信众已不再仅限于渔民。四是渔民服饰文化。程丽云从历史的视角，分析了渔民服饰的演变过程。谭杰吨以赫哲族人为例，分析了渔民服饰的种类与制作加工过程。张敏杰介绍了渔民服饰上的装饰物件，体现了渔民服饰文化的艺术价值与美学价值。

（二）渔村文化

一是渔村历史演变。在我国漫长的渔业历史中，很多地区的渔民都是以船为家，到处漂泊，他们一般分散捕捞，单独行动，没有组织。而形成比较独立的社会村落已是进入近现代社会以来的事情。国内不少学者以个案的形式分析了我国渔村的历史演变过程与发展现状。二是渔村民居建筑。因地理位置及传统文化内涵的差异，各个区域所呈现出来的渔村文化也是不尽相同。从居住方式上来看，北方沿海地区大多是院落形式的，以海草房为代表；而南方大多以船为家，衣食住行都在船上。程丽云以赫哲族为例，分析了渔民住宅建筑的由来，并将民居建筑分为临时性住房和固定住房两类，分别介绍了两类住房的特点与功能。在传统景观保留较为完好的渔村，很多民俗文化在传承和发展中展现着旺盛的生命力目前渔村传统居民几乎已经很难看到，取而代之的是逐渐汉化的新农村建设规划下的新型民居，但在新房外墙上仍可看到体现当地渔文化特色的传统装饰西。要按照自然优先、整体设计、地方性、以人为本等原则，对渔村文化进行科学论证、筛选和提取，对现存的具有渔村特色的物质元素进行选择性保护的。

四、渔文化的保护与开发

几千年形成和发展的渔文化，是先辈们渔业生产、生活智慧的结晶，是中华文化、渔村乡愁的重要组成部分，时至今日依然具有重要的传承价值。然而，随着社会经济的发展，一部分渔文化正面临着衰落和流失的威胁。很多专家、学者已经认识到保护和传承渔文化的必要性和紧迫性，并提出了相关对策建议。

（一）渔文化的保护

刘红梅认为，我国渔文化保护和发展取得了一定成绩，但与日韩、欧美等渔业发达国家相比，我们做得还远远不够，我国渔文化保护和发展与我国的渔业大国地位极不相称。路幸福认为"中国开渔节"传承了海洋渔文化的主要活动、价值观念、参与主体及文化空间，在文化内涵、文化活动、市场运作、社会功能等方面又有所发展。一些学者认为，应充分挖掘渔文化，构建渔文化生态保护区，加强渔文化整理性、系统性和动态性保护，重视渔文化的知识产权保护，建立政府主导、多方参与的渔文化保护和发展的体制机制，完善相关法律法规，提倡渔业"文化自觉"，提高全社会对渔文化的保护意识。

（二）渔业文化遗产

国内学术界对渔业文化遗产问题进行研究的相对较少，在现有文献中，有的从利益相关者视角、从现代产业发展视角，分析渔文化遗产的保护与开发；有的从文化生态学视角分析渔文化遗产保护、渔文化遗产生态保护区建设。还有的从社会变迁视角下分析渔文化遗产保护路径河，从法律视角研究渔文化非遗管理制度国、总的来看，渔文化遗产研究以个案研究为主。张丹、闵庆文即以贵州从江侗乡稻-鱼-鸭系统为例，分析了稻-鱼-鸭系统独特丰富的生物景观、天人合一的生态智慧、和谐共生的生态机制以及严谨缜密的技术体系等。吴敏芳、邹爱雷总结了全球重要农业文化遗产地——浙江省青田稻田养鱼生态系统保护和发展经验。

（三）渔文化资源开发路径

开发渔文化旅游资源，也是传承的一种方式。国内学者认为，合理开发渔文化资源，推动其产业化发展，可以更好地发挥渔文化资源的精神价值、艺术价值和经济价值。周彬等构建了包括资源价值、资源承载力、资源影响力、市场开发条件、市场需求条件5个方面14个评价因子的渔文化旅游资源开发潜力评价指标体系，为渔文化资源开发提供了理论参考与借鉴。祝丽云等提出，充分利用渔村、渔具、渔船、渔场、渔港、渔汛、渔灯、渔歌、渔曲、渔鼓等原生文化资源，通过举办钓鱼节、开渔节等节庆活动，深一步挖掘各地渔区拥有的具有浓厚地方特色的传统历史文化和各种人文遗存，创造满足现代人寻根问祖、返璞归真等体验需求的休闲渔业景区。还有的学者提出，要通过落实旅游资源开发资金，加强旅游产品建设，形成合理的产品体系，构筑特色旅游线路，加强区域旅游合作，政府主导参与、协调监管各方利益相关者等方式促进渔文化资源开发。

第三节　渔文化振兴的路径选择

一、当前研究的局限

回顾渔文化的研究文献，可以发现，渔文化研究目前以介绍性文献居多，研究方法多采用案例分析、描述分析等定性分析方法；研究内容多集中于整体渔文化或海洋渔文化，对淡水渔文化的研究较为零散，缺乏系统性。中国淡水渔业发展历史悠久，现阶段淡水渔业村、淡水渔业人口、淡水渔业从业人员、淡水渔业传统渔民的数量和淡水渔业产值均多于海洋渔业村、海洋渔业人口、海洋渔业从业人员、海洋渔业传统渔民的数量和海洋渔业产值。淡水渔文化内涵丰富，研究空间巨大，而目前对淡水渔文化的研究相对滞后，研究成果数量有限。

二、未来研究方向

中国地域辽阔，本身就是一个巨大的文化宝库田，今后一段时期，淡水渔文化的研究还可以从以下方面深入：一是淡水渔文化变迁研究。文化的变迁有其自然规律和历史规律，如何把握淡水渔文化发展变化的理性规律，需要从更长的历史视角、更宽广的全球视野来进行系统研究。二是淡水渔文化对产业发展影响研究。在大力弘扬中华传统文化、全面实施乡村振兴战略的背景下，如何挖掘淡水渔文化元素价值，让其转化为生产力、产生效益，助力乡村振兴，值得研究。尤其是将淡水渔文化保护传承与农村一二三产业融合发展如何有机结合，探索具有文化内涵的三产融合发展模式，以文化打造产品品牌、提升产业核心竞争力，可能是未来研究重点之一。三是国外渔文化发展研究。淡水渔文化研究要有国际视野。国外许多国家和地区对渔业十分重视，如印度、日本、泰国、菲律宾等国的渔文化也有其发展和演变规律。从国外渔文化发展研究中找出国外渔文化发展的特点，找出保护和传承中国淡水渔文化的借鉴经验，这也是未来淡水渔文化研究的重要内容之一。

第六章 重要农业文化遗产的保护研究

第一节 重要农业文化遗产的内涵

一、遗产的概念与内涵

（一）农业文化遗产概念缘起与界定

农业文化遗产的研究最先始于西方，早在1993年英国学者Richard Prentice对遗产分类时，将农业文化遗产定位为"人类智慧和人类杰作的突出样品"，其内容主要包括"农场、牛奶场、农业博物馆、葡萄园、捕鱼、采矿、采石、水库等农事活动"，并将农业文化遗产定义为"历史悠久、结构复杂的传统农业景观和农业耕作方式"。对于农业文化遗产的概念，一般认为有广义和狭义之分，广义上的农业文化遗产是指人类在长期农业生产活动中所创造的、以物质或非物质形态存在的各种技术与知识集成。狭义的农业文化遗产是指历史时期创造并延续至今、人与自然协调、包括技术与知识体系在内的农业生产系统。学者石声汉认为，"农业遗产的概念应该包括农业活动的具体实物、工具和农业操作技术方法两部分，如农具、农书、农谚语等"。农业文化遗产一般被认为是农业遗产的一部分，前者更强调农业系统的生物多样性，农业生产地的农业文化和技术知识，以及在长期的历史环境中形成的农业景观等，全球重要农业文化遗产与中国重要农业文化遗产正是属于这样的范畴。

农业文化遗产是一种"活态"的绿色遗产，它强调大自然和人类和谐共处的平衡，以及当地社会经济文化的可持续发展，从而形成的一种农业景观或者是农业系统，其中包括多样性的物种、农业景观、农业技术和知识文化等。简单来说农业文化遗产是能够代表一方农业文化的具有特色的并富有深刻意义的农业项目，它可以是一项农耕技术的传承，也可以是美丽壮阔的田园景观，还可以是现代化的农业耕作方法……它表现的不仅仅是农业方面的一项遗产传承，更重要的是其中的农业文化传承，这是一种活态的、绿色的，有生命的农业文化传承。

（二）重要农业文化遗产的概念和内涵

按照2002年联合国粮食及农业组织发起的全球重要农业文化遗产保护项目，将全球重要农业文化遗产定义为"农村与其所处环境长期协同进化和动态适应下所形成的独特的土地利用系统和农业景观，这种系统与景观具有丰富的生物多样性，而且可以满足当地社会经济与文化发展的需要，有利于促进区域可持续发展"。粮农组织的定义强调的是"历史上创造的并延续至今的，是一种活态的农业生产系统，它不同于一般的农业遗产，更强调对生物多样性保护，是一种具有重要意义的综合农业系统，包括农业技术、农业物种、农业景观、农业民俗等多种农业文化形式"。以此类推，李文华等学者给出中国重要农业文化遗产定义指"我国人民在与所处环境长期协同发展中世代传承并具有丰富的农业生物多样性、完善的传统知识与技术体系、独特的生态与文化景观的农业生产系统，包括由联合国粮农组织认定的全球重要农业文化遗产和由农业部认定的中国重要农业文化遗产"。

中国重要农业文化遗产与农业文化遗产并没有大的区别，重要农业文化遗产是农业文化遗产中价值地位比较重要的一部分，是由农业部在全国范围内评选出的重要遗产。

中国重要农业文化遗产包括了农村系统的所有价值，具体来说主要是自然资产、社会资产、物质资产、经济资产、人力资产这五大方面。在李文华主编的《中国重要农业文化遗产保护与发展战略研究》丛书中将重要农业文化遗产具的特点概括为六点：第一，它是农、林、牧、渔复合系统；第二，它还是植物、动物、人类与景观在特殊环境下共同适应于共同进化的系统；第三，重要农业文化遗产系统是通过高度适应的社会与文化实践和机制进行管理的系统；第四，它是一个能够为人类提供食物与生计安全和社会、文化、生态系统服务功能的系统；第五，它是在地区、国家和国际水平具有重要意义的系统；第六，它是一个正面临着威胁的系统。从以上这些特点可以看出，中国重要农业文化遗产并不同于一般的遗产，它有其独特性。首先，它的覆盖面很广，不单单指农田一项，更是涉及到林业、牧业、渔业等复合产业。其次，它还是一个共同作用的结果，不仅仅有人类的促成作用，还离不开动植物的参与其中。最后重要农业文化遗产是一项"动态的""活态的""绿色的"遗产，它具有一定的历史继承性，并且对一方的水土文化具有重要的意义。中国重要农业文化遗产系统所富有的农业生物多样性、传统的知识与技术体系以及独特的生态文化景观，不仅在历史上推动了农业发展，保障了一代又一代的百姓生计，同时也促进了社会进步，由此演进并创造出的灿烂的中华农业文明，对我国农业文化传承、农业可持续发展和农业功能拓展具有重要的意义。

二、重要农业文化遗产的现实意义

（一）遗产发展历史

中华文明是世界上四大古老文明之一，并且从未中断过，而同样随着延续的是中华农业文明。我国历史悠久的农耕文化，以及各族劳动人民长久以来的农业生产、生活实践所总结的智慧结晶，都体现了中华民族的生命力和创造力。

我国的农业具有悠久的发展历史，随着国际对文化遗产的关注，农业文化遗产也开始受到世人关注，但是重要农业文化遗产却是近几年随着国际组织的提出才开始关注发掘。2002年联合国粮农组织启动的全球重要农业文化遗产发掘保护项目后，中国便成为最早响应并积极参与这一项目的国家之一。此外，中央对农耕文化也是高度重视，习近平总书记在中央农村工作会议上指出"农耕文化是我国农业的宝贵财富，是中华文化的重要组成部分，不仅不能丢，而且要不断发扬光大"。这主要强调要让农业丰富起来，让农业文化遗产活起来。由此，农业部先后制定出台了《中国重要农业文化遗产认定标准》《中国重要农业文化遗产申报书编写导则》和《中国重要农业文化遗产管理办法（试行）》等文件，对中国重要农业文化遗产的概念进行界定、规范其保护与管理方法，以及明确相关职责等。

2012年农业部对中国重要农业文化遗产进行发掘认定，至今已公布了三批共62项中国重要农业文化遗产，并且第四批重要农业文化遗产的发掘认定工作正在部署中。这些遗产主要包括"传统稻作系统、特色农业系统、复合农业系统和传统特色果园等多种类型，具有悠久的历史渊源、独特的农业产品、丰富的生物资源、完善的知识技术体系以及较高的美学和文化价值"。重要农业文化遗产是文化遗产在农业方面新诞生的一项内容，将其发扬光大有着重要的意义。

（二）遗产项目内容

我国农业部于2012年开始正式启动"中国重要农业文化遗产"的发掘与保护工作，截至2015年底入选三批共62项农业文化遗产入选，覆盖涉及我国25个省市自治区。具体的遗产名录见下表6-1。

表 6-1 中国重要农业文化遗产名单

批次	时间	遗产内容	
第一批 （共计 19项）	2013年 5月21 日	传统漏斗架葡萄栽培体系-河北宣化传统葡萄园	
		世界旱作农业源头-内蒙古敖汉旱作农业系统	
		南果梨母株所在地-辽宁鞍山南果梨栽培系统	
		传统林参共种模式-辽宁宽甸柱参传统栽培体系	
		沼泽洼地土地利用模式-江苏兴化垛田传统农业系统	
		传统稻鱼共生农业生产模式-浙江青田稻鱼共生系统	
		山地高效农林生产体系-浙江绍兴会稽山古香榧群	
		湿地山地循环农业生产体系-福建福州茉莉花种植与茶文化系统	
		竹林、村庄、田地、水系综合利用模式-福建尤溪联合梯田	
		世界最早的栽培稻源头-江西万年稻作文化系统	
		南方稻作文化与苗瑶山地渔猎文化融合体系-湖南新化紫鹊界梯田	
		大面积山区稻作农业生产体系-云南红河哈尼稻作梯田系统	
		世界茶树原产地和茶马古道起点-云南普洱古茶园与茶文化系统	
		传统核桃与农作物套作农耕模式-云南漾濞核桃作物复合系统	
		传统稻鱼鸭共生农业生产模式-贵州从江侗乡稻鱼鸭系统	
		干旱地区山地高效农林生产体系-陕西佳县古枣园	
		古梨树存量最多的梨树栽培体系-甘肃皋兰什川古梨园	
		农、林、牧循环复合生产体系-甘肃迭部扎茄那农林牧复合系统	
		大型地下农业水利灌溉工程-新疆吐鲁番坎儿井农业系统	
第二批 （共计 20项）	2014年 6月12 日	天津滨海崔庄古冬枣园	河北宽城传统板栗栽培系统
		河北涉县旱作梯田系统	内蒙古阿鲁科尔沁草原游牧系统
		浙江杭州西湖龙井茶文化系统	浙江湖州桑基鱼塘系统
		浙江庆元香菇文化系统	福建安溪铁观音茶文化系统
		江西崇义客家梯田系统	山东夏津黄河故道古桑树群
		湖北赤壁羊楼洞砖茶文化系统	湖南新晃侗藏红米种植系统
		广东潮安凤凰单丛茶文化系统	广西龙胜龙脊梯田系统
		四川江油辛夷花传统栽培体系	云南广南八宝稻作生态系统
		云南剑川稻麦复种系统	甘肃岷县当归种植系统
		宁夏灵武长枣种植系统	新疆哈密市哈密瓜栽培与贡瓜文化系统
第三批 （共计 23项）	2015年 11月17 日	北京平谷四座楼麻核桃生产系统	北京京西稻作文化系统
		辽宁桓仁京租稻栽培系统	吉林延边苹果梨栽培系统
		黑龙江抚远赫哲族鱼文化系统	黑龙江宁安响水稻作文化系统

续表

批次	时间	遗产内容	
第三批 （共计 23项）	2015年 11月17 日	江苏泰兴银杏栽培系统	浙江仙居杨梅栽培系统
		浙江云和梯田农业系统	四川美姑苦荞栽培系统
		安徽休宁山泉流水养鱼系统	山东枣庄古枣林
		山东乐陵枣林复合系统	河南灵宝川塬古枣林
		湖北恩施玉露茶文化系统	新疆奇台旱作农业系统
		四川苍溪雪梨栽培系统	宁夏中宁枸杞种植系统
		贵州花溪古茶树与茶文化系统	新疆奇台旱作农业系统
		云南双江勐库古茶园与茶文化系统	甘肃永登苦水玫瑰农作系统
		安徽寿县芍陂（安丰塘）及灌区农业系统	

从农业部公布的这三批名单来看，自2012年开始评选后基本是每隔一年就评选一次，并且公布的重要农业文化遗产的数量在逐年增加。另外，第一批公布的遗产的名单名称与第二、三批皆不一样，比较独特。第二、三批遗产公布名单是地名与具体农业形式相结合形成的名字，而第一批重要农业文化遗产的名单除了有地名与具体农业形式外，还有对遗产的重要特点、农业构成的描述。显而易见，自农业部开始启动该项目后，在第一批重要农业文化遗产的项目发掘上比较重视，对其名称的商榷也较严谨，同样这一批的遗产也是极富代表性的。至于评定发掘到后期简单定名，这也是重要农业文化遗产保护利用方面存在的一个问题。

（三）遗产发展现状

中国重要农业文化遗产的发掘与保护是并举的，自农业部提出开始挖掘传统农业时，就同时出台了一系列的相关文件法规来确保农业文化遗产的长久传承和可持续发展，构建重要农业文化遗产动态保护与传承机制。

在农业部印发的《农业文化遗产保护与发展规划编写导则》中，提出"保护优先、适度利用，整体保护、协调发展，动态保护、功能拓展，多方参与、惠益共享"的规划原则，要求"各遗产地政府提高认识，加大投入，立足实际情况，确定保护与发展目标，将遗产保护与发展规划纳入当地国民经济和社会发展规划、土地利用总体规划和城乡建设规划，科学划定遗产地范围，明确农业生态保护布局、农业文化保护布局、农业景观保护布局和生态产品发展布局"。

此外，为了科学指导中国重要农业文化遗产发掘与保护工作，农业部于2014年3月成立了包括4位院士27位相关专家在内的第一届"中国重要农业文化遗产专家委员会"。并且还由政法司牵头，出台了《重要农业文化遗产管理办法》，这也是世界上第一部国家级农业文化遗产保护的规范性文件。而在地方上，各中国农业文化遗产所在地的省市自治区也均配合制定了保护与发展规划，有一些地方还出台了有关管理办法。如"云南红河州颁布实施了《红河哈尼梯田保护管理办法》《云南省红河哈尼族彝族自治州哈尼梯田保护管理条例》，内蒙古敖汉旗制定了《敖汉旗全球重要文化遗产标识使用与管理办法》《敖汉小米国家地理标志产品保护专用标志使用管理办法》，河北宣化区先后出台了《关于加快葡萄产业发展的补助办法》、《宣化传统葡萄园保护管理办法》和《宣化城市传统葡萄园建立标准示范漏斗架葡萄种植管理方案（试行）》等"。

无论是政府出台的文件法规，还是各遗产的地方部门组织针对本地的遗产实施的措施，都是为重要农业文化遗产的保护而做努力。随着经济的大力发展以及快速推进的城镇化进程，当前的重要农业文化遗产很多正陷入被破坏、遗忘的境地。

三、重要农业文化遗产保护的路径选择

中华民族在数千年的演进中，依靠独特又多样的自然条件与朴实劳动人民的勤劳智慧，创造了如今才有的这些种类繁多、特色明显，有着高度经济、生态价值的传统农业生产系统。因此对于这笔宝贵遗产的挖掘、保护与传承在农业文化遗产、发展乡村经济和建设美丽中国方面具有重要意义。

（一）对文化遗产的意义

农业文化遗产的提出是文化遗产的一项新内容，对其发掘与保护可以填补我国遗产保护在农业领域的空白，丰富文化遗产的内容。农业文化遗产是古人创造并传承至今的独特农业生产系统，具有丰富的生物多样性、传统的知识技术体系、独特的生态理念和文化景观，发掘这些文化遗产的价值，并加以传承和利用，除了可以填补文化遗产在农业领域的空白，还能推动农业可持续发展和农业功能的拓展，具有重要的科学价值和实践意义。

中国重要农业文化遗产因其独特性与生物多样性在农业文化遗产中有着重要的地位，这也同时丰富了文化遗产在农业方面的内容。发掘与保护重要农业文化遗产这不仅可以让陈列在广阔大地上的多样性农业遗产活起来，还能提升遗产的知名度，对增强全社会的保护意识也有重要意义。重要农业文化遗产作为自然与人类共同创造出来的美丽景观，既存有独特的田园景观艺术这一看得见的物质文化遗产，又存有历史传统流传下来的耕作技术，以及与农耕相关的习俗文化等看不见的非物质文化遗产，因此对其进行保护与合理开发有重要意义。

（二）对发展乡村经济的意义

利用和发展重要农业文化遗产是促进贫困地区农民就业增收的有效途径，重

要农业文化遗产既是重要的农业生产系统，又是重要的文化和景观资源。在保护的基础上，与生态农业、有机农业、休闲农业发展结合，既能促进农业的多功能化，又能带动当地农民的就业增收，推动经济社会可持续发展。

宣传和推广重要农业文化遗产是增强我国农业软实力的重要途径，对乡村经济的发展有着重大影响。做好农业文化遗产的发掘保护与传承利用，实现在利用中传承和保护，不仅对增强产业发展后劲，带动遗产地农民就业增收，促进农业可持续发展具有重要作用，而且对传承农耕文明，弘扬农耕文化，增强国民对民族文化的认同感、自豪感，增进民族团结和维护社会稳定，实现中华民族永续发展都具有重要意义。另外，发展重要农业文化遗产在增强遗产地产业发展后劲、带动遗产地农民就业增收、促进农业可持续发展、传承农耕文明和弘扬农耕文化方面发挥出了积极作用。农业部国际合作司姚向君副司长在总结全球重要农业文化遗产——浙江青田稻鱼共生系统建设的前期项目时说"农业文化遗产的保护与可持续利用，不仅对于维护乡村景观，保护生态多样性，传承传统农业文化，促进区域可持续发展方面有重要意义，并且在建立和谐的新时代'三农'社会和新农村中也扮演着重要角色"。因此保护与发展重要农业文化遗产是推动我国农业可持续发展的基本要求。

重要农业文化遗产发掘保护在推广宣传后，其独特的生态为所在农村地区带来很大的经济价值。重要农业文化遗产本身的农产品因其品种优良、产量高等特点而受大众好评，而随着重要农业文化遗产品牌效应的推广，更加扩大了农产品的市场，从而带动农民收益增加，促进乡村经济的发展。此外，以美丽田园景观为特色的重要农业文化遗产凭其美丽景观吸引着海内外的游人前来观赏游玩，旅游带来的经济效益也丰富了乡村的经济建设发展。

（三）对建设美丽中国的意义

由于重要农业文化遗产文化本身具有丰富的文化内涵和独特的自然田园风貌，因此在发展休闲农业和乡村旅游方面是不可多得的重要资源，这也正迎合了近几年来提出的美丽乡村、美丽中国建设的目标。2012年，党的十八大报告提出"努力建设美丽中国，实现中华民族的永续发展"的奋斗目标，要做到实现经济、政治、文化、社会、生态和谐的可持续发展，强调应当把生态文明建设放在突出地位，尊重客观规律，以循环经济的发展模式，建立"人-社会-自然系统"三者之间的和谐发展。

中国重要农业文化遗产的项目包括农、林、牧、畜、渔多个农业体系，这些项目遍布全国各地，每一项田园绿色遗产都是大自然的馈赠与人类的勤劳智慧所合作的最好作品，将其发扬光大无疑是构建美丽中国的必由之路。十八大报告提出美丽中国的建设要把生态文明建设放在突出地位，要融入经济、政治、文化、社会各方面建设，实现中华民族永续发展。重要农业文化遗产的发展与保护就是要从生态文明出发来展示各遗产的灿烂农业文化遗产，这无疑是响应美丽中国的建设方案。只有将中国重要农业文化遗产各遗产项目都保护发展好，在生态文明领域才能更好地建设美丽中国。

第二节　重要农业文化遗产的现实意义

一、重要农业文化遗产的分类体系

由农业部公布的62项中国重要农业文化遗产并不仅仅指一般的农业，从内容上来看它还包括种植业、林业、牧业、渔业以及复合系统农业等等；从地区上看农业文化遗产分布我国各个省市，涉及多个民族，分布范围广，影响大。另外，在地位层次上看62项遗产中又有11项遗产被评为全球重要农业文化遗产，其评定对整个农业遗产具有重要的意义。因此本论文接下来从将分别从重要农业文化遗产的地区分布、内容分类、全球重要农业文化遗产分类这三部分进行系统分析。

（一）遗产地区分布

对农业部公布的62项重要农业文化遗产进行统计分析，从地区分布来看，重要农业文化遗产遍布全国各地，涉及多个民族在内。按照七大行政划区来统计，华东地区共有19项遗产，约占了总数的31%，其中浙江省的重要农业文化遗产最多，达到7项之多，并且也是位居各省之首。西南地区的重要农业文化遗产共有5项：华北地区共有7项；华南地区有3项；西南地区有11项，其中云南省最多，共有6项，仅次于浙江省，主要遗产内容有红河哈尼稻作梯田系统、普洱古茶园与茶文化系统、漾濞核桃作物复合系统、八宝稻作生态系统、云南剑川稻麦复种系统、云南双江劫库古茶园与茶文化系统。另外东北地区农业遗产共有6项；西北地区共有10项。在省市分布当中拥有较多遗产的是浙江、云南、甘肃三省，分别占有7项、6项、4项。

重要农业文化遗产虽然在全国各省市分布较平均，但在有些地区仍有较大差异。首先，从地区上来看，华东地区的重要农业文化遗产分布数量最多，虽说这与其拥有较多数量的省份离不开关系，但是具体而言，还是华东地区的地形复杂多变。从省市来看，评选出重要农业文化遗产最多的省份——浙江省也因为其独特的地理环境而拥有多种类型的遗产内容。浙江省的地理特征丰富，山河湖海兼备，全省地形起伏较大，素有"七山一水两分田"之说。如浙江省的重要农业文化遗产中的陡坡山地高效农林生产体系——绍兴会稽山古香榧群、仙居杨梅栽培系统、云和梯田农业系统、西湖龙井茶文化系统、庆元香菇文化系统都是依靠有一定坡度的山地地形种植发展的。另外，遗产中的传统稻鱼共生农业生产模式——青田稻鱼共生系统和湖州桑基鱼塘系统，也是对湖泊水域有一定的要求才能形成。因此因地制宜是形成多样而有独特的重要农业文化遗产重要原因之一。

总结来看，重要农业文化遗产的评选与各地区的地理环境密切联系，比如梯田类的遗产有福建尤溪联合梯田、湖南新化紫鹊界梯田、云南红河哈尼稻作梯田系统（如图四）、河北涉县旱作梯田系统、江西崇义客家梯田系统、广西龙胜龙脊梯田系统、浙江云和梯田农业系统共七项，梯田是在在丘陵山坡地上沿等高线方向修筑的条状阶台式或波浪式断面的田地，因此其形成对地形地势要求比较高。正是因为我国独特的地形地貌环境要求，才形成了如此众多、富有特色的重要农业文化遗产。

（二）遗产内容分类

从遗产的内容来看，中国重要农业文化遗产涵盖多种类型、多种模式，现根据大农业的一般分类方法将其大致分为五大类，即种植业重要农业文化遗产、林业重要农业文化遗产、渔业重要农业文化遗产、畜牧业重要农业文化遗产以及资源利用与生态保育遗产。另外，根据遗产的具体农业资源形态以及数量分布对62项重要农业文化遗产再细分，将种植业重要农业文化遗产分为梯田垛田类、稻麦旱作物类、蔬果类三个亚类；林业重要农业文化遗产分为茶树类、果枣树类、古树群三个亚类。下面笔者具体阐述这五种类型的重要农业文化遗产。

1.种植业重要农业文化遗产

种植业是指栽培各种农作物以取得植物性产品的农业产业或农业生产部门，因此也称作农作物栽培业。种植业文化遗产借用联合国粮农组织对"农业文化遗产"定义的精髓可以将其定义为"农作物与其所处环境长期协同进化和动态适应下所形成的独特的土地利用系统和农业景观，这些系统与景观具有丰富的生物多样性，而且可以满足当地社会经济与文化发展的需要，有利于促进区域可持续发展"。根据种植业重要农业文化遗产具体内容可以分为四部分：第一，珍稀农作物种质资源；第二，独特传统农作技术；第三，特有农业景观、第四，复合农业系统。

我国农业部公布的62项重要农业文化遗产中共有22项种植业农业文化遗产，其中"特有农业景观"即农业中可用来观赏的部分，主要包括梯田、垛田类的重要农业文化遗产系统，主要有江苏兴化垛田传统农业系统、福建尤溪联合梯田等8项。这一类的梯田、垛田都是依据当地富有特色的地形、文化而形成的。如江苏兴化的垛田，就是一种特殊的耕地形态，其形态或方或圆，或长或短，形态各异且大小不等，它四面环水，垛与垛之间各不相连，形同海上小岛，在全镇约有三万亩这样的耕地，有几千个垛子，因此兴化也被称为"千岛之乡"，其种植以"油菜"最为盛名。清明节前后，金灿灿的油菜花在千口垛田之上盛开，异常美丽，吸引着万千慕名而来的游客。兴化垛田是几千年以来，当地先民开拓进取、垒土成垛、与水和谐相处的历史产物，它蕴含了大量的历史文化，是兴化里下河地区水文化的独特代表，具有较高的历史文化价值。

再如福建的尤溪联合梯田，是代代农人依托山势，用筑田岸、铲田坎的古老技术，在不同的等高线上修筑大大小小的水田，形成的一个个优良的水利灌溉循环系统，其系统模式主要是通过山顶竹林截留、存储天然降水，再以溪流流入村庄和梯田，形成特有的"竹林-村庄-梯田-水流"山地农业系统。种植业农业文化遗产中的"珍稀农作物种质资源"，即稻、麦、旱作物系统被选上的重要遗产主要有江西万年稻作文化系统、湖南新晃侗藏红米种植系统、云南广南八宝稻作生态系统等共3项。这一类型的稻、麦农作物都是祖先在漫长农业生产过程中培育出的优良品种，它们适应性强、制作出的食品也风味独特。虽然另一方面看这些稻麦作物比较单一，但却是散落在各地的珍稀农作物种质资源所保存的优良种质基因。种植业重要农业文化遗产中的另一项拥有独特传统农作技术的蔬果类主要有浙江庆元香菇文化系统、甘肃岷县当归种植系统、新疆哈密市哈密瓜栽培与贡瓜文化系统3项。

综上，包含了梯田、垛田、稻麦旱作物、蔬果类的种植业重要农业文化遗产因其丰富而独特的资源价值，对我国重要农业文化遗产的发展具有重要意义，因此，对农业文化遗产的保护也显得尤为重要。

2.林业重要农业文化遗产

林业是国民经济中的一个重要生产部门，它不仅为国民经济提供各种重要的林产品，而且为社会提供各种防护效益，并改善生态环境。林业重要农业文化遗产也是农业文化遗产的一部分，在62项重要农业文化遗产中林业重要农业文化遗产数量最多，共有32项，占据了整个遗产的一半多，将其细分主要分为古树群类、果枣类以及茶树类，其中果树、枣树类的林业资源最多。

林业重要农业文化遗产中的古树群遗产共有3项，即江苏泰兴银杏栽培系统、浙江绍兴会稽山古香榧群、山东夏津黄河故道古桑树群。被评选上的这3种古树群都是有着较大的规模且拥有悠久的历史，这些树种都是历史传承下来的经过优良选种，有着特殊耕作培育技术的地方特色树种群。

果树、枣树类的林业重要农业文化遗产较多，主要有河北宣化传统葡萄园、辽宁鞍山南果梨栽培系统、浙江仙居杨梅栽培系统、辽宁宽甸柱参传统栽培体系、河北宽城传统板栗栽培系统、山东枣庄古枣林等共16项。在这些遗产中，果树、枣树这些树种都是地方上具有特色的并且有一定历史的资源，如河北宣化的传统葡萄园有1300多年的葡萄栽培历史，以庭院式栽培为主具有独特的漏斗架型特色，形成了一种特殊的文化景观。

再如陕西佳县的古枣园，拥有3000多年的枣树栽培历史，是世界上保存最完好、面积最大的千年枣树群。茶树类资源的林业农业文化遗产有福建福州茉莉花种植与茶文化系统、浙江杭州西湖龙井茶文化系统、福建安溪铁观音茶文化系统、广东潮安凤凰单丛茶文化系统、宁夏中宁枸杞种植系统等共13项。茶树类的农业文化遗产是62项重要农业文化遗产资源中占据最多的一类，这些茶种都具有独特的地方特色，并享有一定的盛誉。如湖北赤壁羊楼洞砖茶文化系统，是茶马古道的三大源头之一，它源于唐，盛于明清，是全世界公认的青（米）成茶鼻祖之地，曾在民族交流过程中发挥了重要的角色。

3.渔业重要农业文化遗产

渔文化是人类在自身发展过程中所创造出来的与水生生物、人与渔业、人与人在渔业活动及有关渔业的文化、风俗等活动之间的各种有形或无形的关系与成果。中国的渔文化源远流长，发展历史悠久，早在一万五千年前的旧石器时代就已发现与生活密不可分的渔猎文化，并被赋予了一定的原始精神意向，与信仰、宗教、社会意识形态有密切关系。现如今我国的渔业文化依然有着丰富的内涵，渔业文化遗产也遍布在全国各个省市自治区。

在农业部公布的62项中国重要农业文化遗产中渔业重要农业文化遗产主要有5项，分别是安徽休宁山泉流水养鱼系统、黑龙江抚远赫哲族鱼文化系统、浙江湖州桑基鱼塘、浙江青田稻鱼共生系统、贵州从江侗乡稻鱼鸭系统。这5项遗产并不只是单一的水产鱼塘养殖，它还包括依据地势的安徽休宁山泉流水养鱼系统，是一种通过"森林-溪塘-池鱼-村落-田园"五个要素构成的一种生态养鱼系统，属于传统技术性劳动密集型产业。

另外还包括稻、鱼共生的复合渔业系统，主要是江青田稻鱼共生系统、贵州从江侗乡稻鱼鸭系统。以贵州从江侗乡稻鱼鸭系统为例。稻田为鱼和鸭的生长提供了生存环境和丰富的饵料，鱼和鸭在觅食的过程中，不仅为稻田清除了虫害和杂草，大大减少了农药和除草剂的使用，而且鱼和鸭的来回游动搅动了土壤，无形中帮助稻田松了土，鱼和鸭的粪便又是水稻上好的有机肥，保养和育肥了地力，这样稻、鱼、鸭三者和谐共处，互惠互利。最后还包括以渔文化为主的黑龙江抚远赫哲族鱼文化系统，抚远以独特的地理位置造就了水富鱼丰的资源优势，并因为盛产鳇鲤鱼、大马哈鱼，成为中国的"鳇鳗鱼之乡""大马哈鱼之乡"，而赫哲族是一支渔猎民族，他们原始、与鱼密切相关的生活特点、饮食习惯、手工制作等特色形成了别具一格的渔文化，其中最为出名的是当地的鱼皮衣服制作文化。

4.畜牧业重要农业文化遗产

畜牧业伴随着人类文明起源与发展，已延续数百年，是最为悠久的农业形态之一。依据全球重要农业文化遗产的定义，畜牧业重要农业文化遗产是指农村与其所处环境长期协同进化和动态适应下所形成的，并传承至今的以畜牧业为主的复合系统或单独的畜牧业生产系统，其主要内涵包括各种畜禽物种资源、传统畜牧业生产知识与技术体系、与畜牧业相关的文化现象等内容。畜牧业文化遗产并不是强调单一的畜牧业物种或组分，而更强调的是系统的问题，以及注重对当地生物多样性及景观格局的保护。

我国的畜牧业遗产主要是农耕畜牧业文化遗产与草原畜牧业文化遗产，主要分布在我国北部、西北部地区，但是入选农业部的62项重要农业文化遗产的畜牧业文化遗产只有一项，即内蒙古阿鲁科尔沁草原游牧系统。科尔沁草原是一片历史悠久的天然牧场，自古以来就是游牧民族狩猎和游牧活动的栖息地。它充分利用大自然恩赐的资源和环境来延续游牧人的生存技能，人和牲畜不断地迁徙和流动，既能够保证牧群不断获得充足的饲草，又能够避免长期滞留带来的草地资源退化，形成了牧民-牲畜-草原（河流）这三者天然的依存关系。畜牧业文化遗产虽然入选的只有一项，但是在我国领土上还是有多种多样形式的畜牧业资源存在，在以后的重要农业文化遗产的评选中会一一突显出。

5.农业资源利用与生态保育遗产

农业资源利用与生态保育遗产主要研究的是具有悠久发展历史的传统农业种植方式下的农业生产系统，其研究的重点是这些传统农业如何高效利用生物资源、土地资源、光热水资源等。

一般认为，农业遗产资源利用与生态保育是农民根据当地的气候、地形、土壤等自然条件，经过长期的实践摸索创造出的一整套具有地方特点的、科学生态的自然资源利用方式。因此，农业资源利用与生态保育遗产有一种"就地取材""因地制宜"的特点。资源利用与生态保育遗产可以分为资源利用与生态保育两方面，农业遗产的资源利用主要有土地资源利用与管理、水资源利用与管理、生物资源综合利用、农业景观资源利用等。比较突出的遗产主要有安徽寿县芍陂（安丰塘）及灌区农业系统、新疆吐鲁番坎儿井农业系统统。其中坎儿井是吐鲁番绿洲特有的文化景观，至少已有两千年的历史，是古代吐鲁番劳动人民改造自然和利用自然的杰出成就，其总长度约五千公里，几乎赶上了黄河、长江的长度，它是世界上最大的地下水利灌溉系统，被称为中国古代三大工程之一，是一种利用地面坡度，引用地下水的一种独具特色的地下水利工程。

重要农业文化遗产以内容分类并不是固定不变的，尤其在农业资源利用与生态保育遗产分类中，多种其他类别的遗产因其独特的生态系统也可以属于农业资源利用与生态保育遗产这一分类中。

（三）全球重要农业文化遗产

自2002年联合国粮农组织发起了"全球重要农业文化遗产"保护项目后，截至到2014年底全球共有13个国家31项传统农业系统被列为全球重要农业文化遗产，这些遗产主要分布在亚洲、非洲以及南美州，入选的国家中中国被选入的遗产项目最多共有11项（如下6-2）。世界各国的重要农业文化遗产具体情况介绍如下：

表6-2　全球重要农业文化遗产名录

全球重要农业文化遗产		
国家	数量	内容
日本	5	能登半岛的山地乡村景观 佐渡岛的稻田-朱鹮系统 静冈县的传统茶-草复合系统 大分县的国东半岛林-农-渔复合系统 熊本县的阿苏可持续草地农业系统
韩国	2	青山岛板石梯田农作系统 济州岛传统农业系统
印度	3	藏红文化系统 科拉普特传统农业系统 喀拉拉邦库塔纳德海平面下农耕文化系统
菲律宾	1	伊富高稻作梯田系统
秘鲁	1	安第斯高原农业系统
坦桑尼亚	2	马赛游牧系统基哈巴农林复合系统
伊朗	1	伊斯法罕省卡尚的坎儿井灌溉农业遗产系统
阿尔及利亚	1	埃尔韦德绿洲农业系统
突尼斯	1	加法萨绿洲农业系统
摩洛哥	1	阿特拉斯山脉绿洲农业系统
肯尼亚	1	马赛草原游牧系统
智利	1	智鲁岛屿农业系统

1.世界其他国的全球重要农业文化遗产

日本入选的全球重要农业文化遗产共有5项，能登半岛的山地乡村景观是以乡村与沿海景观相结合，除了山林、梯田、牧场、灌溉池塘、村舍等农业景观外还有水稻种植、稻谷干燥、传统捕鱼等传统技术。佐渡岛的稻田-朱鹮系统曾被认为是野生朱鹮的最后栖息地，它不仅具有丰富的农业生物多样性和良好的生态环境，同时也成为了朱鹮的生存乐园。静冈县的传统茶-草复合系统是一种典型的绿茶生产与草地管理相结合的传统农业系统，草与茶的结合维持了茶园丰富的生物多样性。大分县的国东半岛林-农-渔复合系统是由橡木林、农田和灌溉池塘组成，其突出的农业生产是利用锯齿橡木原木进行香菇栽培。最后日本熊本县的阿苏可持续草地农业系统是当地人对寒冷高地的火山土壤进行改良，并建造出草场用于放牧和割草，形成了当前水稻种植、蔬菜园艺、温室园艺和畜牧业相结合的多样化的农业生态系统。

韩国的2项是青山岛板石梯田农作系统和济州岛传统农业系统，板石梯田是青山岛人长期努力建成的人造梯田，其典型特征是由石块堆砌而成的涵洞，从而能维持地表及地下灌溉和排水系统。韩国济州岛传统农业系统是利用当地济州岛特殊的地质地形，用土壤中的石头建成石墙来防风固土，这些石墙为当地的农业生物多样性的保存、优美农业景观的维持及农业文化的传承做出了巨大的贡献。

印度的3项是藏红文化系统、科拉普特传统农业系统以及喀拉拉邦库塔纳德海平面下农耕文化系统。其中印度的藏红花文化系统已有两千五百多年的历史，此藏红花也是世界上最昂贵和最珍贵的香料，并具有医疗、美容、调味等作用，同时该系统它本身也承载着令人赞叹的艺术、文化、景观及农业技术。印度的科拉普特传统农业系统具有全球重要而丰富的农业生物多样性而闻名，它包括340种地方品种的稻谷。另外，印度的喀拉拉邦库塔纳德海平面下农耕文化系统一个三角洲地区、回水区，河流、水稻田、沼泽、池塘、园地等各种类型的生态系统镶嵌分布，是印度唯一海平面下种植水稻的地区；菲律宾的伊富高稻作梯田系统，该梯田具有两千多年的历史，被誉为"世界第八大奇迹"，该田主要种植水稻。

秘鲁的安第斯高原农业系统，被认为是世界上最具有多样性的生态环境之一，该系统具有丰富的生物多样性，尤其是由众多的根茎类作物；智利的智鲁岛屿农业系统，该地是世界马铃薯的起源中心，现存的马铃薯种类也约有200多种，这些传统马铃薯品种对于当地的食物安全非常重要，也是改良全球范围马铃薯品种的基因库；坦桑尼亚的2个系统，即马赛游牧系统，在这系统中人类和野生动物和谐相处，具有维持生计和宝贵的自然和文化遗产的作用。另外的基哈巴农林复合系统，该系统中的植被一般分为四层，最上边为稀疏的树木，其下为香蕉树，再下为咖啡树，最下一层为不同种类的蔬菜或攀缘植物；阿尔及利亚的埃尔韦德绿洲农业系统，主要特点是存在若干盆挖式的种植坑；突尼斯的加法萨绿洲农业系统，适应当地恶劣的条件而形成的独具特色的绿洲灌溉方式；摩洛哥的阿特拉斯山脉绿洲农业系统，该系统有着丰富的动植物资源及多种自然景观以及丰富的农业生物多样性；肯尼亚的马赛草原游牧系统，主要位于肯尼亚卡贾地区，有着超过一千多年的历史；伊朗的坎儿井灌溉系统，是一种有着近三千年历史的古代农田灌溉网。

2.中国的全球重要农业文化遗产

中国入选全球重要农业文化遗产的项目共有11项，具体如下（见表6-3）：

表6-3 中国入选的全球重要农业文化遗产

名称	入选时间	所在地区
青田稻鱼共生系统	2005年	浙江
万年稻作文化系统	2010年	江西
哈尼稻作梯田系统	2010年	云南
从江侗乡稻鱼鸭系统	2011年	贵州
普洱古茶园与茶文化系统	2012年9月5日	云南
敖汉传统旱作农业系统	2012年9月5日	内蒙古
绍兴会稽山古香榧群	2013年6月5日	浙江
宣化传统葡萄园	2013年6月5日	河北
福州茉莉花种植与茶文化系统	2014年4月29日	福建
兴化垛田传统农业系统	2014年4月29日	江苏
陕西佳县古枣园	2014年4月29日	陕西

浙江的青田稻鱼共生系统的种养模式具有高效的生态性，鱼为水稻除草、除虫、耘田松土，水稻为鱼提供小气候、饲料，减少化肥、农药、饲料的投入，鱼和水稻形成和谐共生系统，这种模式拥有1200多年的悠久历史，并孕育出了灿烂的田鱼文化。江西万年稻作文化系统中江西万年县享有"世界稻作文化发源地"、"中国贡米之乡""中国优质淡水珍珠之乡"的美誉，并经中美联合农业考古发掘，认定其为当今所知世界最早的栽培稻遗址。云南哈尼稻作梯田系统，拥有独特的灌溉系统和奇异古老的农业生产方式，是一种以江河、梯田、舟寨、森林为一体的良性原始农业生态循环系统，它依山建田，森林在上、村寨居中、梯田在下，而水系贯穿其中是其主要特征。贵州从江侗乡稻鱼鸭系统，主要是稻田为鱼和鸭的生长提供了生存环境和丰富的饲料，鱼和鸭在觅食的过程中，不仅为稻田清除了虫害和杂草，大大减少了农药和除草剂的使用，而且鱼和鸭的来回游动搅动了土壤，无形中帮助稻田松了土，鱼和鸭的粪便又是水稻上好的有机肥，保养和育肥了地力，形成了一种稻、鱼、鸭三者和谐共处，互惠互利的形态。

云南普洱古茶园与茶文化系统中普洱市是世界茶树的原产地之一，也是野生茶树群落和古茶园保存面积最大、古茶树和野生茶树保存数量最多的地区，具有多样的农业物种栽培，农业生物多样性及相关生物多样性丰富。内蒙古敖汉传统旱作农业系统中，敖汉是中国古代农业文明与草原文明的交汇处，有八千年的历史文化遗存，保留原始农业种植形态，是世界农耕文明的源头，其中杂粮生产是其优势产业，盛产谷子、糜黍、荞麦、高粱、杂豆等绿色杂粮。浙江绍兴会稽山古香榧群，古香榧群从2000多年以前就开始嫁接培育，历经千年仍硕果累累，堪称古代良种选育和嫁接技术的"活标本"。福建福州茉莉花种植与茶文化系统是古人充分利用自然资源，在江边沙洲种植茉莉花，以及在海拔较高的高山上发展茶叶生产，逐渐形成适应当地生态条件的茉莉花基地。陕西佳县古枣园，有着3000多年的枣树栽培历史，佳县也有着底蕴深厚的红枣文化历史，是世界上保存最完好、面积最大的千年枣树群，有天下红枣第一村的美称。

中国的重要农业文化遗产能够被选入全球重要农业文化遗产的试点有其一定的特殊性。全球重要农业文化遗产的评选基本标准一般是"以水稻、玉米和块根作物、芋头为基础的农业系统以及游牧与半游牧系统、独特的灌溉和水土资源管理系统、复杂的多层庭园系统和狩猎—采集系统等"。一般而言，这些标准的农业生产系统是农、林、牧、渔相结合的复合系统，是植物、动物、人类与景观在特殊环境下共同适应与共同进化的系统，并且是能够为当地提供食物与生计安全和社会、文化、生态系统服务功能的。虽然全球重要农业文化遗产是在全世界范围内评选，但目前只有亚洲、非洲、南美洲的一些国家的农业文化遗产入选，究其原因，一方面与入选国家的具体地形特征、农业生物多样性特色离不开关系，另一方面与遗产的濒危性和亟待保护的状态离不开关系。而就我国而言，之所以有这么多的重要农业文化遗产入选，是因为中国入选的这些重要农业文化遗产无一不满足以上这些标准，并且中国历来是一个延续至今从未中断过的农业大国，有着丰富多样的农业生态系统；再者，中国地域广阔并有着丰富多彩的地形地貌，这为多样性的农业生态系统提供了基础。此外，全球重要农业文化遗产的试点入选还离不开政府与各部门组织的重视与投入，中国也是最早积极相应联合国粮农组织项目的，并且开始开展国内的重要农业文化遗产评选的国家。

二、重要农业文化遗产的价值分析

重要农业文化遗产作为文化遗产的一种类型，也具有世界自然和文化遗产一样的"突出的普遍的价值"，不同的是农业文化遗产是以活态性、复活性、多形性、濒危性、可持续性为主要特点，故其"突出的普遍的价值"有着自己的内涵，主要表现在生态与环境价值、经济与生计价值、文化与艺术价值以及旅游资源价值等方面。

（一）基于农业产业形式的生态、经济价值

无论是一般农业文化遗产还是重要农业文化遗产生态环境价值都是其最重要

最具特色的功能之一。首先，农业文化遗产都具有丰富的生物多样性，无论是种植业遗产还是林业、渔业、畜牧业文化遗产，它们都是地球生态系统的主体，对整个世界的生态环境起着重要的调节作用。以林业文化遗产中的浙江绍兴会稽山古香榧群为例，历史悠久的香梅树群在维持绍兴地区的水土保持、气候调节、净化环境、固碳释氧方面发挥着巨大的作用。

重要农业文化遗产的经济价值主要来源于社会需求。自古以来都是"民以食为天"，农业在满足自身需求后，往往是走向市场，由于这些入选为重要农业文化遗产的农业系统都是历史悠久或品种优良或独具特色，所以在整个社会的声誉会优于同类一般的农业系统，从而在其农业产品的市场化方面更具优势。在带来市场经济价值外，重要农业文化遗产往往还因其特殊性，如景观资源类或是具有特殊民族特色和区域风格的遗产，而给当地的文化产业以及旅游业的发展兴起带来重要的经济价值。

（二）基于文化遗产性质的文化、艺术价值

同一般的文化遗产一样，重要农业文化遗产也具有艺术与文化价值。中国作为四大文明古国之一，并且是一个农业大国，故而有着悠久的农业历史，这些入选的重要农业文化遗产一般都有着悠久的历史，如拥有一千三百多年的河北宣化的传统葡萄园；还有两千多年以前就开始嫁接培育，历经了千年仍硕果累累的浙江绍兴会稽山的古香榧群；再如云南红河哈尼梯田的一千三百多年的耕种历史……这些重要农业文化遗产少则百年的历史多则是上千年的历史，因此都是具有丰富的历史文化传承价值。随着历史传承下来的不仅仅是经过一代又一代改良的耕种培育技术，更有随之流传的丰富的独具特色的地域文化、农耕文化。

重要农业文化遗产衍生的艺术文化价值也是巨大的，这些美丽的田园景观本身就可以称为一个巨大的艺术品。像梯田、垛田等景观类的农业文化遗产皆因其美丽而壮观的田间景观而吸引众多游人。如湖南新化紫鹊界梯田集自然美、古朴美、形态美、文化美于一体，兼有广西龙胜梯田的秀美、云南哈尼梯田的大气、菲律宾巴纳韦梯田的险峻，特色分明、风格独特，素有"梯田王国"之美誉。再如河北宣化的传统葡萄园以一种漏斗式的搭架方式而闻名，整个葡萄架身向上倾斜，呈放射状，形成一种"内方外圆"的优美而独特的漏斗架，比较适于观赏和乘凉休闲，这种架形的优势是：光能集中、肥源集中、水源集中，具有抗风、抗寒等特点。可以说这都是一代又一代的农耕人留下的艺术瑰宝，因此这些重要农业文化遗产都具有巨大的艺术价值。

（三）基于农业文化遗产景观性质的旅游资源价值

重要农业文化遗产因其独特的景观价值而具有巨大的旅游资源价值。另外，

随着城市化、城镇化的推进，越来越多的农村人放弃田间劳作选择进城务工，对于年轻一代的人而言，田间农作物与田野劳作只存在照片或视频中了，因此游览观赏乡间美丽田园成为当今很多城市人的旅游新选择，而众多的重要农业文化遗产也成了他们的首选。

如江苏兴化的垛田景观在其垛田地区有万岛耸立、千河纵横的独特地貌和独特景色。目前为止，除了江苏兴化，在国内甚至国际上都没有发现其他地方存在这样的垛田形式。而随着现代化以及旅游业的发展，兴化垛田的菜花已逐步被世人了解，而垛田的旅游也是变得日益火爆了。除了最为盛名的堪称世界一绝的油菜花景观外，垛田的其他景观也具有独特的风景，如夏秋季节的满垛碧绿，瓜果飘香的景象、冬天的白垛黑水，满目圣洁也是让人神往。也难怪著名作家贾平凹来对垛田后感慨道："有如此灵性的垛田，施耐庵写出那部不朽的《水浒传》也就不足为怪了。"

作为景观性资源的农业文化遗产的遗产特质与价值内涵，都具有极好的旅游资源，具有巨大的旅游开发潜力。这也使这一类的农业遗产具有了高层次的文化娱乐价值，而有时这些文化娱乐价值所创造的价值甚至可能会远大于其本身农业所提供的物质生产价值。

第三节　重要农业文化遗产保护的路径选择

一、遗产保护现状及存在的问题

（一）保护现状

作为一个历史悠久的农业大国，几千年的发展中我国形成了独特的农业生产方式、技术、体系，有着丰富的重要农业文化遗产。然而随着现代化社会的发展，重要农业文化遗产正面临着越来越多的威胁和挑战。近代以来随着工业化的快速发展以及科技进步的速度不断加快，大量的科技因素被运用在农业生产中，如大量的机械、化肥、农药等广泛的投入使用，使农耕地的土地肥力逐渐丧失，土地的酸碱失衡。另外还有许多历史悠久的传统耕作方式以及生产方式正逐渐被现代化手段取代，大量的传统物种、技术逐渐失传、消失。此外，随着市场经济的快速发展，越来越多的年轻人都放弃繁重的田间劳作而选择进城务工，这就使农田的打理与维护丧失大量的劳动力，致使农田荒废。

就农业部入选的这些重要农业文化遗产来看，虽然这些遗产已经较一般的农业文化遗产而得到大众的关注，对其保护也是比较重视的，整体而言带来了比较可喜的结果，比如湖南新晃侗藏红米稻作系统。从2008年初，新晃开展发掘当地文化资源活动，"侗藏红米"就引起了当地政府及各部门的高度重视，进而开始对其进一步地发掘保护，做好适当的推广实验种植，在一系列的整治维护下新晃红米的产量有了大幅度地提高，究其原因是稻田全部以绿肥为主，实行统一时间的浸种育秧、统一水源灌溉、统一时间移栽管理等"统一模式"。此外，为解决劳动力不足问题，新晃政府提出"专业合作社"的种植管理模式，进行规模化种植的生产问题，这就大大提高了原生态侗藏红米稻种植效率。

虽然重要农业文化遗产的保护方面有很多可喜的一面，但仍有不少重要农业文化遗产正面临着严重的威胁。比如广西的龙脊梯田近年来由于劳动力资源的不足、水资源的浪费以及土地利用竞争等原因使其保护与传承面临着严峻的挑战。龙脊梯田除了劳动力的大量流失以及劳动力老龄化的趋势加强外，近年来由于梯田的美丽景观吸引大量游客前来观赏，这就导致不少的劳动力从田间地头转向旅游服务业，疏于田间管理，使得梯田塌方、撂荒开始出现。另外，以水田为主的龙脊梯田也因灌溉水源的日益匮乏、浪费以及水质的严重污染而导致许多水梯田变为旱田或直接退出历史舞台，这些问题都严重地威胁着农业的生态环境，亟须解决。

总体来看62项中国重要农业文化遗产的保护现状在政府部门、地方组织等合作下，其结果还是比较可观积极的。虽然也有令人担忧的一面，但无论是哪一方面都需要高度重视，区别对待。对于比较乐观的那一类遗产，在维持好现状外也要不断发掘其新价值，开发其更大的经济文化效益。而对于那些目前保护情况不容乐观的遗产也需要积极整治保护，明确重要遗产保护的相关标准。

（二）保护方面存在的主要问题

自三批中国重要农业文化遗产公布后，农业部便委托中国重要农业文化遗产专家委员会对目前中国重要农业文化遗产的发掘保护工作进行评估，从其结果来看，在重要农业文化遗产的保方面目前仍存在很多问题。

首先，农业部目前只是评选出了三批共62项重要农业文化遗产，但中国是一个农业大国，并且历史悠久，有着丰富的农耕文化。显然目前评选出的重要农业文化遗产并不能代表全部，所以在保护方面存在的首要问题就是对全国范围内的重要农业文化遗产数量摸不清。目前，农业部及其他各部门都未对全国范围内的农业遗产进行系统普查，另外，各地方部门也没有对本地的农业文化遗产进行核查上报。此外，评估机构也没有对这些农业文化遗产进行全面科学评估定级，这也就使得全国范围内的重要农业文化遗产的数量不清。因此，重要农业文化遗产的发掘与保护需要自上而下与自下而上两个方面进行改进。虽然目前采取的是由地方申报的方式，集中申报一批、批准一批的评选方式，但这仍是属于农业文化遗产保护工作的初级阶段，放眼全国的农业文化遗产，这样的评选审核方式比较慢，也不利于重要农业文化遗产的全面系统保护。

其次，目前农业文化遗产保护的制度建设还是不够完善，仍然需要不断向前推进。虽然农业部出台了《重要农业文化遗产管理办法》等一系列法规制度，但真正落实好这些政策仍有很长的路要走。有些重要农业文化遗产依照政策等指令开始发掘并保护，但当前最紧迫的仍是缺少生态与文化方面的补偿措施。比如在林业重要农业文化遗产方面，传统林业经营技术方法失传，许多林农为了眼前的经济效益，改用高强度的机械化以及大量使用化肥农药的经营模式，这些都对当地的林业生态系统造成了无法挽回的破坏。从文化传承方面来看，随着当前中国的经济快速发展带来了更多的机遇，许多的年轻人更热衷于进城打工，这就使得遗产地的传统农耕生活对年轻人缺乏吸引力，导致很多传统农耕栽培技艺的传承人面临着后继无人的状况，也许这就需要政府相关部门实施一些鼓励政策来培养年轻的传承人。

另外，重要农业文化遗产保护的组织机构尚不健全。目前，仅有部分遗产地成立了农业文化遗产保护的专门机构，比如内蒙古敖汉旗成立了农业文化遗产保护与开发管理局，云南红河州成立了梯田管理局等等。但是其他大部分的农业文化遗产仍在农业部门或者文化部门管理，缺少专职工作人员管理维护。另外，在保护管理上还存在着多头管理，导致的保护效率低下的结果，这主要表现在风景名胜区、文物等文化遗产分别归属不同的上级主管部门控制，但另一方面，地方政府又是事实上的保护管理主体，其行为在很大程度上影响着文化遗产的工作。对于一些比较重要的农业文化遗产，尤其是会带来很高旅游经济价值的农业遗产，往往会有多个部门主体投入管理，这反而使遗产地的保护工作带来推诿或真空，从而使得遗产地的保护工作质量大大降低，这就急需建立明确完善的保护组织机构。

最后，各个重要农业文化遗产地所在地的经济发展水平很不平衡，这就使得遗产地之间保护与传承工作存在较大的差异。从重要农业遗产的分级来看，有一些遗产既是中国重要农业文化遗产又是全球重要农业文化遗产的农业遗产，其在保护发掘的政策制定与经济扶持上要比一般的重要农业文化遗产获得更多的关注与扶持，尤其是一些刚刚获评的重要农业文化遗产地以及经济条件相对较差的遗产地，它们由于地处偏远、交通闭塞，遗产地民众文化水平不高，以及基层政府资源有限，在资金扶持政策上往往捉襟见肘，举步维艰，面临很大困难。而从地区上来看，往往是沿海发达地区的重要农业文化遗产会得到当地政府的大力支持，比如浙江、江苏的重要农业文化遗产，都是在地方政府部门的关注支持下进行合理开发与发掘。而对比于内陆地区的一些重要农业文化遗产往往是心有余而力不足。

二、国外重要农业文化遗产的保护利用案例借鉴

随着联合国粮农组织评选全球重要农业文化遗产后，世界各国都开始关注本国的农业文化遗产，并对其保护与发展做出诸多努力。本文以日本与韩国的重要农业文化遗产的保护利用为借鉴案例，从而启发我国重要农业文化遗产的保护开发利用，文中引用的日韩案例主要来自各国农业部网站。

（一）日本的田园空间博物馆

日本被选入的全球重要农业文化遗产共有5项，除此之外在国内仍有多项农业文化遗产在候选中。对于这些位于乡村的农业文化遗产，日本以一种田园空间博物馆的形式进行开发管理。

农村本就是一个具有美丽丰富的自然景观的存在，长期以来人们根据日积月累的农业传统和文化习俗等，形成了当地独具特色的乡村文化，这就使得组织农村地区成为一个"没有屋顶的博物馆"，日本对农业遗产以及整个乡村的保护利用的做法是建立"田园空间博物馆"。

以2011年入选全球重要农业文化遗产的石川县的"能登半岛山地与沿海乡村景观"为例。被称为"安宁之乡"的能登所建的田园空间博物馆以"自然和传统文化的宝库"为乡村地区主题。主要将农业、农村的生活，通过"水""土""里"互相交织的地域资源从历史、文化的角度展现在世人面前。

在农业上，利用山地乡村景观吸引着众多游客前往，在其数千亩水稻梯田的栽种、收割中，每年都会招募大量的志愿者前往体验劳动，这不仅解决了劳动力不足的问题，还能将传统农业技术传承下去、传播出去。另外，由于近年来先进化机械化的投入使用，能登高根尾地区村落周边山林间的传统伐木方法逐渐消失，所以在当地部门组织下建立"西村义树"的俱乐部来继承传统农耕方法，并且还组织大量的儿童参与其中，让他们去学习体验。

因此能登也被日本国土厅认定为景观保存最好的"水之乡"。以村庄为主体的能登田园空间博物馆被分割成几个部分，有体验收播水稻的农事体验活动，有为传承传统农耕技术成立的乡间俱供年轻人学习交流，还有与大自然亲近交流的男女瀑布供游人玩乐，最后还有从农田文化出发的石江山祭、舞祭来拉近人与土地的距离。另外在整个村庄中还建有"罗汉柏交流馆"这一核心设施来进行一些与农事相关的演艺活动，以及展示、促销相关的农副产品。

日本的田园空间博物馆从历史文化的角度对整个乡村空间进行设计规划，并

以"原汁原味"为主旨，创造出有魅力、吸引力的美丽田园空间。这不仅对农业文化遗产的开发有积极的帮助，而且在遗产保护上也发挥了重要作用，尤其是对一些传统农耕技术、方法的传承方面。像这样的田园空间博物馆国内也是可以借鉴的。

（二）韩国的乡村主题旅游

韩国自2011年开始启动重要农业文化遗产保护工作以来，至今已有两项农业文化遗产入选全球重要农业文化遗产，另外韩国本土也开展了国家级重要农业文化遗产的认定。韩国对于这些重要农业文化遗产的保护有着自己的经验。

从政府部门来看，主要是确定了由政府主导，多方参与的保护思路。在被认定的重要农业文化遗产中由韩国农林畜产食品部提供经费，用于支持重要农业文化遗产的恢复、保护及环境整治和旅游配套设施建设。另外韩国注重对农业文化遗产的动态保护与多功能利用途径，通过对农村空间的灵活利用，创造更多的附加收入，形成遗产产业促进旅游业的发展。这些位于农村中的农业文化遗产另一方面也带动了乡村旅游的发展。而这些农业景观除了给游客带来壮观新奇的视觉冲击外，游客也更加倾向于乡村"体验旅游"，因此韩国的乡村主题旅游近来比较比较火热，以乡村农事为主题的博物馆也是受到游客的热捧。比如利川猪博物馆以猪为主题，为游客们准备了各式各样的表演和体验活动，诸如猪运动会、猪秀、抱猪体验、手工香肠制作等。这种参与性地趣味活动为乡村猪博物馆每年都招来大量游客。

农业文化遗产带来的效益使韩国的乡村成为了新的旅游亮点，而多样化的农事活动体验项目也成为了远离田野的城市人备受瞩目的对象。由韩国农林畜产食品部和韩国农渔村公社在全国优秀乡村旅游景点中选出了40项乡村旅游景点，这些入选的乡村景点都以各自的地区优势，为游客们提供着别具一格的体验项目和服务，不仅受到了韩国国内游客的欢迎，也得到了国外游客的大量好评。

三、重要农业文化遗产的保护利用建议措施

（一）遗产保护利用的目标、原则

农业文化遗产的保护发展目标是系统完整性的目标，它既是经济保护发展的目标，也是生态、环境、文化保护发展的目标，重要农业文化遗产的保护发展目标也同样如此。保护并不是要原封不动地存留，而是要以科学合理的手法保护，并对其进行活态开发。

我国农耕文化源远流长，是各族劳动人民长久以来生产、生活实践的智慧结晶，体现着中华民族的生命力和创造力，贯穿于中华传统文化的始终。从现今的

发掘保护工作的来看，中国重要农业文化发掘工作在增强遗产地产业发展后劲、带动遗产地农民就业增收、促进农业可持续发展、传承农耕文明和弘扬农耕文化方面发挥出了积极作用。未来工作中，将不断发掘重要农业文化遗产的历史价值、文化和社会功能，在有效保护的基础上，探索开拓动态传承的途径、方法，努力实现文化、生态、社会和经济效益的统一，逐步形成中国重要农业文化遗产动态保护机制。重要农业文化遗产的保护以维护乡村景观、保护生态多样性和传承传统农业文化为目标，这将对促进区域农业可持续发展具有重要意义，并且在建立和谐的新时代"三农"社会和新农村也有着重要意义。

随着工业化和城镇化的加快推进，重要农业文化遗产的保护管理面临着众多的挑战，比如农业生态系统的退化与破坏、传统技术和农业景观的遗失与废弃等。保护是将重要农业文化遗产可持续发展下去的基础，因此重要农业文化遗产的保护管理，应当遵循在发掘中保护、在利用中传承的方针，坚持动态保护、整体保护、协调发展、多方参与、利益共享的原则。

重要农业文化遗产的保护并不是冷冻式的保存，而是要因地制宜采取可持续发展途径，坚持保护优先、适度利用的原则。重要农业文化遗产的活态性决定了其要采取动态保护和适应性管理措施，充分发掘遗产的生产、生态功能和社会、文化功能。遗产的动态保护要与其开发利用整合成一条产业链，依托遗产地的农产品收获与农业景观，建立集农产品生产、加工、休闲观光、特色产品销售为一体的产业集群。此外，重要农业文化遗产是一个复合系统，融合了生态、景观、文化与技术等物质与非物质遗产特质，对其保护要坚持整体保护、协调发展的原则，不能只注重开发其一方面的功能。重要农业文化遗产的保护发展还需要融合多方参与的机制，坚持多方参与、利益共享的原则。这就要发挥好政府、企业、农户、社会组织等主体互惠互助的作用，鼓励当地从事与遗产相关的中小企业发展，促进企业带动农户实现产品增收，农户帮助企业经营种植的关系，从而形成惠益共享的局面。

（二）遗产保护利用的理论建议

从农业文化遗产存在的问题来分析看，重要农业文化遗产的保护从理论上首先要制定全国重要农业文化遗产的普查方案，要将全国范围内的农业文化遗产普查清楚。只有在摸清家底的情况下，才能针对性地具体给出保护发展策略。根据农业部出台的《农业部办公厅关于开展重要农业文化遗产普查的通知》文件要求，各省市地方要将本地方上的农业文化遗产数量以及具体情况查实上报，并将其中重要农业文化遗产选出以备在全国范围内评选。从政府部门来看，农业部等主要部门不仅要监督到位，还要积极督促地方部门进行农业文化遗产的评选，另外要对上报的农业文化遗产进行相应评估，对重要农业文化遗产进行重要保护发展。而各地方部门机构也要积极响应上级部署，积极主动清查地方上的农业文化遗产，并对已评选出的重要农业文化遗产加大保护力度，并对其进行合理开发运用。

其次在制度建设上重要农业文化遗产的保护还要大力推动各地农业文化遗产保护管理办法的制订及完善。制定适宜明确的保护管理办法，这不仅可以系统有效地将全国重要农业文化遗产进行整体保护管理，还可以督促各地方组织部门加大对遗产的保护力度。地方上也可以成立专门的农业文化遗产管理机构，并选拔专门人才来探索文化遗产保护与发展的内在规律。此外还可以制定相关农业文化遗产的生态与文化方面的补偿与奖励规章，针对农村劳动力不足的问题，就可以利用相关的奖励优惠政策来吸引遗产地年轻人回归土地，继承传统农耕财富。另外对于重要农业文化遗产现存在的农耕技艺传承人也要进行保护，可以给予一定的补贴与奖励，这样就可以使重要农业文化遗产的传承工作顺利进行下去。针对已获评的62个"中国重要农业文化遗产"遗产地，可以按照其所处地域、所属农业类型和地区发展水平的不同，来区别制定相应的保护管理措施，制定相应政策措施，使遗产保护工作效率最大化。制度的建设除了要因地制宜外，这些制度还要适应时代的发展需要不断创新，并与国际接轨，使这些重要农业文化遗产不仅在国内发扬光大，更要声名海外。

最后，重要农业文化遗产评选以后并不是将其圈起来保护，而是要在保护基础上对其进行合理开发利用。从现有遗产的开发利用情况来看，基本都是从旅游价值方面开发，这主要是利用重要农业文化遗产本身的美丽景观性质来开发其视觉上的观赏价值，还有一些遗产地将游客体验参与农田劳作当作一大旅游特色点，这无疑是大大吸引那些远离乡村田野久居城市的年轻人。在保护利用上，重要农业文化遗产还可以借鉴国家自然保护区、风景名胜区、文物保护单位、传统村落等经验，建立"农业文化遗产保护专项"，对这些重点项目进行重点支持。另外，近年来国家一直倡导美丽乡村、美丽中国的建设，对于重要农业文化遗产的保护利用而言，这无疑是向公众推广告知的最佳时机，这也有利于重要农业文化遗产与美丽乡村建设、休闲农业和乡村旅游发展相结合，从而建立多元融资、多方参与的机制。除了旅游价值开发外，重要农业文化遗产的利用还可以根植本身的农产品开发。比如稻麦作类、果蔬类、茶树类的重要农业文化遗产、可以利用其本身优质的农副产品来打造品牌，从而扩大其销售市场。这种以农业产品为基础的遗产价值开发利用不仅将传统农耕技艺科学地传承下去，还可以将这些传统的农耕文化面向世界、面向未来，继续发扬传承下去，这无疑是重要农业文化遗产保护价利用最有效的一种动态保护形式。

（三）遗产保护利用的实践举措——博物馆模式的引入

将现代博物馆管理模式引入重要农业文化遗产的保护利用中，是农业文化遗产系统保护与展示的新形式。根据1974年在哥本哈根召开的国际博物馆协会的定义"博物馆是一个不追求营利，为社会和社会发展服务的，公开的永久性机构。它为研究、教育和欣赏的目的，对人类和人类环境的见证物进行收集、保护、研究、传播和展览"。农业文化遗产正是人类与自然结合的最好表现形式，在现代博物馆中建筑是博物馆的一大特色，将博物馆模式引入重要农业文化遗产，首先就要跳出博物馆建筑的束缚，将这些重要农业文化遗产看成是一座座开放式的露天博物馆。重要农业文化遗产系统中的农作物产品就是这些露天博物馆的独有天然藏品，而在这片土地上世世代代劳作的传承人——农民，便是这座露天博物馆最佳的藏品保管人员，而各具特色的农业生长形式所呈现出的美丽田园景观是这座露天博物馆的独特展陈方式，吸引着远道而来的观众游客。

重要农业文化遗产的保护研究中将博物馆作为一种手段引入，这不仅有利于重要农业文化遗产的科学管理保护方式，对于博物馆而言这也是其在农业领域的一项新开拓创举。将博物馆的管理运营方式借鉴运用到重要农业文化遗产的保护利用中，作为其保护利用的一种手段。在现有的62项重要农业文化遗产中已有众多遗产建有与遗产地有关的博物馆，或以其为中心规划相关的主题公园。但是这些主题博物馆或公园都是通过在遗产地建造实体建筑来展示农作物的历史文化。

博物馆方面比如浙江庆元香菇文化遗产以其为主题建立的香菇的博物馆，以五个单元和一个临时展为主要内容来挖掘、弘扬香菇文化；再如宁夏中宁枸杞种植重要农业文化遗产在其遗产地建立的中宁枸杞博物馆，这是国内首座以枸杞文化展示为主题的博物馆，主要通过枸杞历史介绍、文化展示、加工流程、产品会展和全国销售情况这五个部分来陈列介绍；又如新疆奇台旱作农业系统重要农业文化遗产建立的奇台农耕文化博物馆，主要由石器厅、陶瓷器厅、铜器厅、木器厅、农具厅、字画厅等6个展厅组成，展示收藏的农耕文化藏品等。

另外建立的主题公园有江苏泰兴银杏栽培系统重要农业文化遗产建立的国家古银杏公园，该公园围绕古银杏建有水上风光带、功能区、主题园和多处景点，该园内村庄错落、银杏成林、果树成片，是省级古森林公园；另外四川苍溪雪梨栽培系统农业文化遗产建立的苍溪梨文化博览园，主要由梨文化展示区、梨乡民俗与农耕体验区、梨休闲养生文化区等三个各具特色的主题展示区组成，该园集中体现了农业观光旅游，是全国规模最大的梨文化主题公园；再比如江西万年稻作文化系统遗产建立的万年世界稻作文化公园，该园以实体构筑、雕塑造型以及稻作文化来展现稻作主题，极具有文化性、生态性、休闲性特点，适宜地诠释了万年世界稻作文化的悠久历史。

据统计现评选出的62项重要农业文化遗产有14家遗产地建有博物馆或主题公园，还有5项遗产地正在筹建。从这些已建的博物馆或主题公园来看，数量上还是占少数的，大部分的重要农业文化遗产并没有这方面的尝试，另外这些博物馆都是脱离遗产本身而另外选择地方建馆，其本身已与遗产地脱离，仍然是传统上的博物馆，虽然有少部分主题文化公园依托遗产本身自然条件为内容创建，但是占比还是比较少。其实这些重要农业文化遗产本身就是一座天然的田园生态博物馆，是一种露天式的博物馆。我们将博物馆引入到农业文化遗产中去并不是提倡鼓励各遗产地都建立这样的实体馆际建筑，而是要以这样的博物馆理念，将其活态引入到遗产中去，形成露天的自然田园博物馆。用博物馆的管理运营方式来管理运营这些重要农业文化遗产，这样既可以实现农业文化遗产中系统作物的保护功能，又可以将遗产推向世人实现其开发利用功能。

第七章　新时代乡村文化振兴的路径

当前乡村文化建设的重点是摆脱旧有文化建设的路径依赖，在新的时代背景下，重新思考乡村文化建设的路径。乡村文化建设应融入到社会主义新农村建设之中，与农村的政治、经济、生态发展同步进行，把农村社会建设成为"生产发展、生活宽裕、乡风文明、村容整洁、管理民主"的社会主义新型农村。文化是民族的血脉，是人民的精神家园。全面建成小康社会，实现中华民族伟大复兴，必须推动社会主义文化大发展大繁荣，兴起社会主义文化建设新高潮，提高国家文化软实力，发挥文化引领风尚、教育人民、服务社会、推动发展的作用。建设社会主义文化强国，必须走中国特色社会主义文化发展道路；坚持为人民服务、为社会主义服务的方向，坚持百花齐放、百家争鸣的方针，坚持贴近实际、贴近生活、贴近群众的原则；推动社会主义精神文明和物质文明全面发展；建设面向现代化、面向世界、面向未来的，民族的、科学的、大众的社会主义文化。

第一节　提高乡村文化主体的综合素质

农民是社会主义新农村建设的主体，农民科技文化素质的高低直接关系到农村的经济发展水平，直接关系到我国的社会主义现代化建设能否顺利进行，农民科学文化素质的提高是决定农业和农村经济顺利发展的重要因素。提高农民的整体素质，培养有文化、懂技术、会经营的新型农民，为社会主义新农村建设提供精神动力和智力支持，推动农村社会的全面发展。

一、加强农民的思想道德素质教育

一般认为，农民较为传统、封闭，不愿意接受新事物。当前乡村文化建设的重点是提供给农民学习的环境和机会。要重视农民的实际需求，给农民提供学习科学技术的机会，促使农民由传统型向现代型转变。全面提高公民道德素质，是社会主义道德建设的基本任务。要坚持依法治国和以德治国相结合，加强社会公德、职业道德、家庭美德、个人品德教育，弘扬中华传统美德，弘扬时代新风。推进公民道德建设工程，弘扬真善美，贬斥假恶丑，引导人们自觉履行法定义务、社会责任、家庭责任，营造劳动光荣；创造伟大的社会氛围，培育知荣辱、讲正气、做奉献、促和谐的良好风尚。深入开展道德领域突出问题专项教育和治理，加强政务诚信、商务诚信、社会诚信和司法公信建设。加强和改进思想政治工作，注重人文关怀和心理疏导，培育自尊自信、理性平和、积极向上的社会心态。深化群众性精神文明创建活动，广泛开展志愿服务，推动学雷锋活动、学习宣传道德模范常态化。

加强社会主义核心价值体系建设。社会主义核心价值体系是兴国之魂，决定着中国特色社会主义的发展方向。要深入开展社会主义核心价值体系学习教育，用社会主义核心价值体系引领社会思潮、凝聚社会共识。推进马克思主义中国化、时代化、大众化，坚持不懈地用中国特色社会主义理论体系武装全党、教育人民，深入实施马克思主义理论研究和建设工程，建设哲学社会科学创新体系，推动中国特色社会主义理论体系教材进课堂、进头脑。广泛开展理想信念教育，把广大人民团结凝聚在中国特色社会主义伟大旗帜之下。大力弘扬民族精神和时代精神，深入开展爱国主义、集体主义、社会主义教育，丰富人民的精神世界，增强人民的精神力量。倡导富强、民主、文明、和谐，倡导自由、平等、公正、法治，倡导爱国、敬业、诚信、友善，积极培育社会主义核心价值观牢牢掌握意识形态工作领导权和主导权，坚持正确导向，提高引导能力，壮大主流思想舆论。

第一，加强农民的思想理论教育。加强乡村文化建设，提高农民的整体素质，必须要加强农民的思想理论教育，广大农民群众的思想状况如何，直接关系到国家的发展前途，乡村文化建设要坚持用马克思列宁主义、毛泽东思想、邓小平理论和"三个代表"重要思想教育农民，不断提高农民的马克思主义理论水平。在乡村社会加强图书、报刊、广播、电视、互联网等媒体对党的基本理论和重大理论创新成果的宣传，组织专业人员编写农民易于理解的通俗理论读物，回答乡村干部和农民群众关心的热点、难点问题。加强宣传教育，注重培养农民的合作互助精神，提高农民的主体意识。要对乡村社会的指导者进行培训，让乡村社会的指导者起到领导农民的带头人作用，以身作则，引导农民培养自身的合作互助精神。

第二，加强农民的社会主义思想道德建设。要着眼于提升农民的思想道德素质，促进农民的全面发展。在乡村社会全面落实《公民道德建设实施纲要》，实施公民道德建设工程，把家庭教育、学校教育、单位教育和社会教育紧密结合起来，以社会公德、职业道德、家庭美德为着力点，大力倡导爱国守法、明礼诚信、团结友善、勤俭自强、敬业奉献的基本道德规范。对农民进行爱国主义、集体主义、社会主义教育及改革开放和现代化建设教育，引导农民群众树立正确的世界观、人生观、价值观。积极探索新形势下乡村社会道德建设的特点和规律，创新乡村社会道德建设的形式、内容、手段，增强乡村道德建设工作的针对性、实效性和吸引力、感染力，不断增强农民的道德素质。坚持教育与实践相结合，在乡村社会实践社会主义荣辱观，开展多种形式的社会主义荣辱观的实践活动，切实解决乡村社会风气中存在的突出问题，推动形成知荣辱、讲正气、树新风、促和谐的社会主义新农村文明风尚。

第三，增强农民的文化自觉，推动农村社会主义文化大发展大繁荣。文化是民族的血脉，是人民的精神家园。全面建成小康社会，实现中华民族伟大复兴，必须推动社会主义文化大发展大繁荣。关键是增强全民族的文化创造活力，树立高度的文化自觉和文化自信。文化自觉，是指党和国家及全社会在文化上的觉悟和觉醒，以及对文化的地位作用、发展规律和建设使命的深刻认识和准确把握。也就是对文化意义、文化地位、文化作用的深度认同，对文化发展、文化建设、文明进步的责任担当。文化自信，是一个国家、一个民族、一个政党对自身文化价值的充分肯定，对自身文化生命力的坚定信念；从根本上说，是对文化本质的信念、信心。

一个国家的强盛离不开民族的觉醒，一个民族的觉醒首先是文化的觉醒。只有对文化的地位作用、发展规律和建设使命进行深刻认识和准确把握，才会有高度的文化自觉，才有振兴中国文化的自觉行动。新的形势、新的任务，迫切要求我们进一步增强文化自觉。有了文化的自觉行动，有了对自己文化的坚定信心，才能有文化大发展大繁荣的坚定决心，才能有奋发进取的勇气和创新创造的活力，从而全面建成小康社会，实现中华民族的伟大复兴。

其一，推动社会主义文化大发展大繁荣，必须充分认识文化的地位作用，把文化建设作为全面建成小康社会的重要组成部分，突出战略地位。文化建设需要文化自觉。文化自觉是一种内在的精神力量，是对文明进步的强烈向往和不懈追求，是推动文化大发展大繁荣的思想基础和前提条件。有了文化自觉，才有对文化的重视，才有文化的应有地位，才有文化大发展大繁荣的正确方向、道路及必要的条件和保证。中国共产党正是有了高度的文化自觉，才有了自己鲜明的特征和显著优势，才始终走在时代前列，保持着旺盛的生机活力，团结、带领各族人民走上伟大的民族复兴之路。我们要充分认识到以下几点：一是文化对经济社会发展的作用不断扩大，在综合国力竞争中的地位日益凸显。"没有社会主义文化的繁荣发展，就没有社会主义现代化。"面对当今国内外形势和任务的新变化、新特点、新要求，文化是民族凝聚力、创造力的重要源泉，是综合国力竞争的重要方面，是经济社会发展的重要支撑。一个文明进步的社会必然是物质财富和精神文化共同进步的社会，一个现代化的强国必定是经济、政治、文化、社会、生态协同发展的国家。二是文化对于维系一个社会的团结和睦来说是一种强大的精神力量。改善民生、公平公正、幸福指数、生活质量如果没有文化作为衡量尺度、显著标志，就无从谈起。三是文化已渗透到经济发展的全过程，已成为国民经济的重要组成部分。随着科技的进步和知识经济的迅猛发展，文化产业日益成为经济发展的基础资源，文化创新日益成为价值创造的重要支点，文化形态日益成为市场竞争的关键所在。只有当文化表现出比物质和货币资本更强大的力量的时候，当经济具有更多文化含量的时候，经济发展才能进入更高层次、更高水平，才能具有可持续发展的后劲。因此，我们要把文化建设作为现代化建设总体布局的重要组成部分，上升到战略位置。

其二，推动社会主义文化大发展大繁荣，必须认真把握文化的发展规律，自觉遵循文化建设的客观规律，走科学文化建设路径。文化有其自身的特性；同政治、经济一样，具有自身的发展规律文化自觉，重要的是对文化的发展规律有理性的认识，并科学把握：文化的发展受经济基础和政治制度的影响，反映一定的社会政治经济背景，在不同社会发展时期，文化有不同的时代特征，文化内容丰富多彩，形式也多种多样，但在一定的社会发展时期，总有一种思想文化占据主导地位。当前推进我国文化建设，在多元文化发展中必须坚持弘扬主旋律。要坚持社会主义先进文化的前进方向，向着建设社会主义文化强国的宏伟目标阔步前进。文化需要历史的积累、长期的孕育。文化是人们情感的记忆、思维的习惯、精神的感悟，是人们历史的认知、观念的认同、理想的追求，需要长期的实践锤炼，中华文明、中华文化是中国社会五千年历史的沉淀。推进文化建设，既要继承传统，又要推陈出新；既要尊重历史，又要改革创新；既要有紧迫感，又要看到长期性、艰巨性，决不能急功近利，更不能采用急风暴雨的运动方式来进行文化建设。

其三，推动社会主义文化大发展大繁荣，必须深刻认识文化建设的使命和责任，自觉承担起推动文化大发展大繁荣这一重大历史责任。只有自觉，才能勇于承担责任我们要明确文化建设的使命，自觉担当下面的责任：一是必须自觉地用先进文化引领社会思潮，用先进文化促进和推动社会发展进步。二是义不容辞地把民族优秀文化发扬光大，有责任用民族优秀文化滋养民族生命力、激发民族创造力、铸造民族凝聚力，建设好中华民族的共有精神家园。三是自觉承担起保障人民文化权益和提高全社会文化生活质量的责任，让人民大众在先进文化的沐浴中生活得更加幸福。四是自觉承担提升国家文化实力的责任。没有文化的昌盛，就没有大国的崛起。我们要自觉兴起社会主义文化建设新高潮，提高国家文化软实力，发挥文化引领风尚、教育人民、服务社会、推动发展的作用。

其四，推动社会主义文化大发展大繁荣，必须有对独具特色、辉煌灿烂的中华民族文化的自信心和自豪感，进一步坚定我们的文化信念和文化追求。我们要坚信，中华民族上下五千年博大精深的传统文化，是中华民族最深层的精神追求，是中华民族最根本的精神基因，是中华民族独特的精神标识；源远流长、博大精深的中华传统文化是我们文化的根；其哲理智慧、理性价值和人文精神不仅为中华民族生生不息、发展壮大提供了丰厚滋养，也为人类文明进步做出了独特贡献。当然，我们也要认识到，受政治、经济等多元历史因素的局限，中国古代传统文化难免有糟粕，对中华民族的振兴有消极的影响，但与其博大精深的主体内容相比，显然是微不足道的。所以，我们要坚定中华民族传统文化的信念，广泛、充分地学习借鉴别国优秀文化，把我国传统文化中适应人类社会发展趋势的内容发扬光大，全面提高中华文化的国际影响力，推动社会主义文化大发展大繁荣。

二、加快乡村教育事业的发展

当前建设社会主义新农村，推动乡村社会经济的发展，不但要加强农民的思想道德建设，而且要促进乡村教育事业的发展，提高农民的科学文化素质。

第一，要加强乡村社会的九年义务教育，保证乡村社会适龄儿童的入学率。要进一步巩固和完善以县为主的农村义务教育管理新体制，建立健全农村义务教育经费投入机制，深化农村义务教育经费保障机制的改革。按照"明确分级责任、中央地方共担、加大财政投入、提高保障水平、分步组织实施"的基本原则，逐步建立中央和地方分项目、按比例分担的义务教育经费保障机制。在农村义务教育经费保障机制中，中央财政负责制定宏观政策以及给予贫困地区资金支持。省级政府统筹省、省以下各级政府的经费分担责任，合理安排中央财政的转移支付资金。县级政府要按照省级政府确定的比例承担经费。在此基础上，县级政府要多渠道融合资金，提高资金使用率，优化农村义务教育资源配置。

第二，要加强乡村社会的职业技术教育。推动职业技术教育向乡村纵深延伸。当前乡村社会结构中分化出两个主要阶层：农民劳动者和农民工人。通过乡村职业教育，开发农村的人力资源，职业教育和技能培训，使走出去的农民劳动力有较强的务工技能，留下来的农村劳动力能掌握先进的农业技术，增强农民适应工业化、城镇化和农业现代化的能力。地方政府要构建符合乡村实际的职业教育体系，将学历教育和职业培训相结合，多方面保证农民能够多渠道接受职业技术教育。职业学校必须面向市场，以就业为导向，服务"三农"；要提高教育教学质量，突出职业教育的办学特色，增强自身的吸引力。

第三，加大乡村教师队伍的建设力度。一是国家应建立中央财政和地方财政的联动机制，确保乡村中小学教师工资能够按照规定的标准及时、足额发放。二是县级政府应合理配置城乡教育资源，通过建立城乡学校对口支援等措施促使更多优质的教育资源流向农村，保证乡村中小学教师能够及时了解外来信息；各级政府还应组织好乡村教师的培训工作，通过多种途径提高乡村教师的整体素质。三是国家应出台相关的优惠政策，吸引更多的师范毕业生和社会上具有教师资格的人才到乡村任教，提高乡村教师的整体水平。国家还应积极组织开展乡村文化服务活动，鼓励大学生深入乡村从事教育工作，确保乡村文化服务活动的顺利开展。

三、加快乡村文化基础设施建设

要改变乡村文化设施落后的现状，就必须加强建设，结合城乡一体化和新农村建设的总体规划，构建乡村文化基础设施支撑体系，实现城乡文化统筹发展的目标。要坚持以政府为主导，以乡镇为依托，以村委重点，以农户为对象，建设县、乡、村公共文化设施和公共文化活动场所，构建乡村公共文化基础设施网络。整合社会各方力量，形成合力，并逐步建立起以规划为蓝本，政府为主导，社会力量广泛参与，农民主体意识较强，发展均衡、结构合理、服务周到、网络健全的乡村文化设施体系。

乡村文化设施建设是一项系统工程。建设前，政府需要广泛征求群众建议，组织专家考察评审。通过统筹规划，保证乡村文化设施建设工程具有前瞻性、现实性、实用性、科学性。要考虑文化活动场所的选定和规模是否与农村社区人口数量及分布相适应，文化器材的购买是否满足农民需求，建设资金投入和管理机制是否健全，乡村文化设施如何管理，考核机制是否建立等。要发挥政府的主导地位。政府不仅要加大公共财政对乡村文化设施建设的投入，建设布局合理、种类丰富、服务群众的硬件设施，还要充分发挥政府的人力、资源优势，加大对乡村文化设施建设的支持。政府的宣传、文化、体育、民政等部门和各类协会应根据自身的优势，延伸政府的服务职能，在乡村开展丰富农民生活的文化活动，加强乡村精神文明建设，满足农民对文化生活的需求，也使政府政策潜移默化地深入到社会组织结构的最底层。政府也可与社会力量紧密结合，通过多元化的投入和经营方式，整合社会资源，形成强大的合力。

经验告诉我们，政府在乡村文化设施建设中有大量工作需要做，政府也有能力去做。政府通过科学的规划，以较少的公共成本投入建设，最大限度地满足乡村文化建设要求。创新乡村文化服务机制，不断挖掘政府的服务潜力。不但可以组织丰富多彩的文化活动，拉近与群众的距离，还可提高政府的文化服务管理水平，使资源利用效率最高、社会文化效益最大、服务群众效果最好。经验告诉我们，只要建立起良好的机制，社会力量就会广泛参与乡村文化设施建设。通过赞助、捐赠、捐助、冠名、公办民营、民办公助等形式，社会力量参与乡村基础文化设施建设，以营利或非营利的方式开展文艺演出，创作更多更适合农民的文化节目，帮助乡村培养文化人才，培育和壮大民间文化团体，活跃乡村文化市场。

通过加强乡村文化基础设施建设，缩小城乡在基础设施方面的差距，形成乡村文化发展的长效机制。

第一，加强乡村教育基础设施建设，改善乡村教育条件。一是国家要增加全国农村义务教育阶段中小学校舍维修改造资金，加快农村中小学校舍改造。为保证实现"两基"目标，保障"两基"攻坚县扩大义务教育规模的需要，解决制约农村地区普及义务教育的瓶颈问题，中央和省级人民政府共同组织实施"农村寄宿制学校建设工程"。新建、改扩建一批以农村初中为主的寄宿制学校；同时，在合理布局、科学规划的前提下，加快对现有条件较差的寄宿制学校和不具备寄宿条件而有必要实行寄宿制的学校进行改扩建的步伐，使确需寄宿的学生能进入具备基本条件的寄宿制学校学习。二是国家要增加资金支持乡村中小学现代远程教育基础设施建设。三是国家要加强职业教育和农民培训基础设施建设。国家要加大对乡村职业教育的投资，帮助其改善办学条件，形成一批职业教育骨干基地和农民培训基地。

第二，加强基层文化馆、图书馆的建设。早年，国家发改委投资 4.8 亿元，用于扶持县级文化馆、图书馆设施建设，基本实现了"十五"期间县有文化馆、图书馆的建设目标。在此基础上，国家要继续增加对乡村文化基础设施的投资，坚持以政府为主导，以乡镇为依托，以村为重点，以农户为对象，发展县、乡镇、村文化设施和文化活动场所，构建乡村公共文化服务网络。

第三，加强乡村信息服务设施建设，提升乡村信息服务能力。国家要加快建设"三电合一"（电话、电视、电脑）的农业综合信息服务平台。在"十一五"期间，在乡村文化建设过程中，重点建设广播电视"村村通"工程——推进广播电视进村入户，充分利无线、卫星、有线、微波等多种手段，为广大农村地区提供套数更多、质量更好的广播电视节目，全面实现20户以上已通电自然村通广播电视。

在加强乡村信息服务设施建设方面，一方面，国家和各地政府要考虑到农民的经济能力、文化程度和实际需求状况，实现农业信息服务方式的多元化发展，提供给农民能接受的信息服务方式；同时要协调各方农业信息服务资源，通过整合向农民提供高度实用的信息内容，充分发挥政府在农业信息化中的资源支持作用。另一方面，国家和各级政府也要探索适合农业信息化发展的合理的商业模式。

农业信息资源的开发，不仅能够产生巨大的社会效益，而且能够产生巨大的经济效益。以商业化的手段来运营农业信息服务，通过引入专业公司，建立完善的信息采集指标体系，开发通用的信息采集软件，推行统一的数据标准，全面提升农业系统信息资源开发水平，满足农民多方面的信息需求。

繁荣社会主义乡村文化事业，开展乡村文化建设，最主要的是要有一支素质较高的乡村文化工作队伍。当前乡村文化工作队伍人才缺乏，队伍总体素质不高，已经影响了乡村文化建设事业的发展。所以，我们要根据新形势下乡村文化工作的新要求、新情况，采取措施保证乡村文化工作队伍人员的素质。

第一，进行乡村文化事业单位人事制度改革，建立完善的文化事业单位人员的任用制度。乡村文化事业单位在机构改革中要逐步建立和完善能上能下、能进能出的用人机制和科学合理的人事管理制度根据当前实际情况，乡村文化事业单位要逐步采取单位人员聘任制度和岗位管理制度，保证不同类型的优秀文化工作人员都能脱颖而出，提高乡村文化工作队伍的整体素质。

第二，重视乡村文化艺术人才的规划、培训和开发工作。鼓励和支持优秀文艺人才通过竞争进入关键岗位。努力改善乡村文化艺术人才的工作和生活条件，为中青年优秀人才进修深造和参加各种地区间、国际间文化交流活动创造条件。采取必要措施，吸引、鼓励优秀文化艺术人才到基层文化机构工作，加快建设文化艺术人才社会化服务体系，积极培育乡村文化艺术人才市场，通过建立文化艺术人才库、推行文化艺术人才网络化管理等手段，促进人才资源合理配置和有序流动。乡村社会中有大量有独特手艺的民间文化艺人，要尽量吸收他们到乡村文化工作队伍中来。这样不仅能够保证民间文化的传承性，而且能够充分发挥民间优秀文化资源的作用。

第二节　开展乡村社区文化建设

当前乡村文化建设的目的就是满足人民群众的精神文化需求，从而达到人的素质的全面提高随着乡村社会中人民物质文化生活水平和受教育程度的不断提高，群众已不再满足于被动地接受文化，单纯地欣赏文化，而是要求主动参与各种文化形式的实践。为了满足群众的这种文化参与需求，这就需要加强乡村社区文化建设。

社区文化是社区成员为保护、改善聚居地的条件、形态、氛围，并使自己与之相融而形成的精神活动、生活方式和行为规范的总和。因而，社区文化建设是一项复杂的工程，它包括社区的休闲文化、体育文化、科教文化、道德文化、生态文化、网络文化等，精神文化是社区文化的核心，其主要表现为社区成员的道德观和价值观。乡村社区文化建设也要从多方面入手，重塑乡村社区成员的道德观和价值观，尽快推动乡村文化建设。

一、开展丰富多彩的乡村社区文化活动

丰富多彩、形式多样的乡村社区文化活动是乡村文化繁荣的重要标志。乡村居民要利用街道文化活动中心、文化活动室、文化广场等现有设施，组织开展丰富多彩的乡村社区文化活动。

第一，开展多种形式的群众文化活动。群众文化活动要坚持文化大众化的方向，以满足乡村广大农民群众多样化的文化需求为目标，充分利用乡村的各种文化资源，为农民提供更多更优质的文化产品和服务。乡村文化活动要广泛发动和组织农民群众参与到各项文化活动中来，把重大节庆文化和日常文化活动结合起来，组织花会、灯会、赛歌会、文艺演出、劳动技能比赛等农民喜闻乐见的文化活动，让农民在休闲娱乐中受到教育、受到启发。乡村文化建设还应紧密结合农民脱贫致富的需求，组织科技文化工作者下乡，服务"三农"，为农民送去先进实用的农业科技知识，宣传普及卫生保健常识。群众文化活动应积极引导广大农民群众学文化、学技能，提高农民的思想道德水平和科学文化素质，形成文明健康的生活方式和社会风尚。加强乡村文化建设，应积极创新乡村文化活动的形式，从农民实际出发，构建社会主义新农村的文化基础。

第二，充分利用乡村传统文化资源，发展乡村民俗文化。乡村文化建设要积极发展具有民族传统和地域特色的剪纸、绘画、陶瓷、泥塑、雕刻、编织等民间工艺项目，戏曲、杂技、花灯、龙舟、舞狮舞龙等民间艺术和民俗表演项目；逐步建立科学有效的民族民间文化遗产传承机制。这些优秀的民间文化对于繁荣乡村文化市场、丰富乡村文化内容、丰富农民的精神文化生活具有重要的意义。在传承文化资源的同时，充分利用民间艺术资源，实施特色文化品牌战略，建立具有地方特色的文化村落，发展、创新民间文化资源，推动乡村文化建设。

第三，丰富人民的精神文化生活。让人民享有健康丰富的精神文化生活，是全面建成小康社会的重要内容。要坚持以人民为中心的创作导向，提高文化产品质量，为人民提供更多更好的精神食粮。坚持面向基层、服务群众，加快推进重点文化惠民工程，加大对乡村和欠发达地区文化建设的帮扶力度，继续推动公共文化服务设施向社会免费开放。建设优秀传统文化传承体系，弘扬中华优秀传统文化，推广和规范使用国家通用语言文字。繁荣发展少数民族文化事业。开展群众性文化活动，引导群众在文化建设中自我表现、自我教育、自我服务。开展全民阅读活动。加强和改进网络内容建设，唱响网上主旋律。加强网络社会管理，推进网络规范有序运行。开展"扫黄打非"，抵制低俗现象。普及科学知识，弘扬

科学精神，提高全民科学素养。广泛开展全民健身运动，促进群众体育和竞技体育全面发展。

二、发展公益性民间组织，增强乡村凝聚力

凝聚力是维系一个集体或社会的重要力量，也是集体和社会发展的重要力量。目前我国的乡村凝聚力薄弱，或者说还未形成乡村凝聚力。因此，在新时期下，尤其是在构建和谐社会的大背景下，增强乡村凝聚力显得格外重要，培养乡村凝聚力的根本就是要培育乡村精神，增进人们之间的互助合作意识。对此，乡村社区居民可以建设各种民间公益性组织（如老年协会、妇女协会等），把长期持有家庭本位思想和离散心态的人重新组织起来；在增进乡村群众相互了解的基础上，适当开展一些公益性活动，逐步培养群众之间的和谐关系；必要时还可以发挥集体的力量，培养组织成员对集体的归属感，进而使全体村民产生一种对本村本土的归属感。如老年协会的成立要本着从公益入手，从着力乡村公共生活空间的培养入手。老年协会可以定期组织老年人集中开会、聊天谈心、学习知识并开展适合老年人自己的娱乐活动。这一方面能够维护老年人的合法权益，充实老年人的精神生活，达到老有所乐、老有所养、老有所获的目的；另一方面，能够使老人与老人、老人与子女之间的关系变得融洽起来。这便又增强了和谐因素，增进了凝聚力。这所有的一切都在无形中加强了村民之间的联系，培养了乡村精神，使乡村的思想、观念、情感、习俗等精神文化生活方面都有了长处，增进了乡村凝聚力。

三、开展乡村社区文艺活动

文艺，作为文化一个不可或缺的部分，在乡村社区文化建设中也起着非常重要的作用。各种文艺活动的开展有助于改善村民的精神风貌，丰富村民的日常生活，满足村民的精神需求。在节日时开展文艺活动可以增添节日的喜庆气氛，给现在处于一潭死水状态的乡村增添许多乐趣和新意，调动村民的积极性，提高村民对公共生活的参与程度。另外，也可以利用文艺活动，宣传一些好的方针政策，弘扬优秀的中华民族传统美德，进而改变不良的社会风气针对目前乡村文化生活方面的现状，我们提出了组建乡村文艺队的想法。文艺队，作为一种民间公益性组织，可吸收社区中具有文艺特长的人员，并根据每人的兴趣和爱好，组建几个常规的文艺活动，以便在节日时开展。同时，文艺队还可以根据村民的口味，开发一些新项目。此外，妇女协会、老年协会也可以与文艺队联合，共同开展为本村群众所喜爱的精神文化活动。

四、注入现代文化新鲜血液，使社区文化与时俱进

社区文化活动虽然类型多样，但有一点是共同的：开展文化活动要有特色。尤其是乡村社区文化活动，必须有利于引导群众参与。如在冬季闲暇时，组织协调社区居民协作开展全民健身登山、风光摄影、戏曲、秧歌和现代舞比赛等一系列活动。另外，在社区建设中，将文化内涵较高的民间艺术资料提供给设计部门参考，以提高文化品位。比如将奇山怪石、溪流瀑布等人造景观与矗立在社区的石碑、名人手迹等人文景观结合起来，形成旅游、休闲、文化品评一条龙服务体系其次是挖掘民间艺术，为社区文化建设服务。如将根据民间传说，经整理和润色编纂成的民间故事、说唱、歌舞等编成剧目，在社区文艺活动中演出，并打印成册向游人推介，既增加了社区文化活动内容，又扩大了景区的知名度。又如，将富有地方色彩的秧歌和民间戏曲等艺术，经大胆的加工和提炼后，作为特色文化精品，定期去景区演出，供游客欣赏，以其特色形象招徒和吸引游客。通过社区文化这个媒介，把深藏在民间的文化艺术充分地挖掘和展现出来。

第三节　健全乡村文化市场体系

加强乡村文化建设，大力发展乡村文化事业和文化产业，就必须建立完备的乡村文化市场体系。

一、繁荣乡村文化市场

各地区要根据经济、社会和文化发展的实际，制定乡村文化市场建设、发展和管理规划，逐步建立与当地经济和社会发展水平相适应的内容丰富、健康规范的文化市场，生产、创新高质量的乡村文化市场产品。

第一，培育多元化的乡村文化市场主体。各地政府要根据国家政策规定，积极推进经营性文化事业单位转制，合理确定产权归属，明确出资人权利，形成一批坚持社会主义先进文化发展方向、有较强自主创新能力和市场竞争能力的国有文化企业主体。同时，各地政府也要及时调整市场准入政策，广泛吸收民营、个体、外资等非公有制经济参与乡村文化市场建设，积极培育多元化的乡村文化市场主体。

第二，多方面开发乡村文化市场。各地政府要加强对乡村文化市场的政策调控，按照普遍服务原则，运用市场准入、财税优惠等政策，引导各类市场主体在出版物发行、电影放映、文艺表演、网络服务等领域积极开发乡村文化市场。各地政府要根据自身经济发展水平，支持农民群众自筹资金、自己组织、自负盈亏、

自我管理，兴办农民书社、电影放映队、民间剧团等各种农民文化团体。各地政府还要根据自身特色，鼓励开发具有民族传统和地域特色的剪纸、绘画、陶瓷、泥塑、雕刻、编织等民间工艺项目，支持乡村民间工艺美术产业的发展。各地政府要通过各种有效的调控手段，把发挥市场机制的积极作用和构建乡村公共文化服务体系有机结合起来，努力使广大农民群众享有更加丰富、质优价廉的文化产品和服务。

二、加强乡村文化市场的管理

加强乡村文化市场的建设，管理是保障。各地文化管理部门要坚持"一手抓繁荣、一手抓管理"的方针，大力加强乡村文化市场的管理。各地文化部门要充实县级文化市场行政执法队伍，充分发挥乡镇综合文化站的监管作用，健全乡村文化市场管理体系。各地文化部门要完善文化市场的政策法规，深化行政审批制度改革，落实行政执法过错责任追究制，提高对乡村文化市场的依法行政能力。重点加强对乡村社会文化市场演出娱乐、电影放映、出版物印刷和销售等方面的管理，坚决打击传播色情、暴力、封建迷信等违法活动。地方各级人民政府要加强文化市场的管理机构和稽查队伍建设，落实人员编制和日常工作所需经费，采取培训等方式来不断提高执法队伍的业务素质和执法水平。各地文化管理部门要着眼于建立乡村文化市场的长效监管机制，大力推动乡村文化市场的电子政务和网络监控平台建设，建立现代化的乡村文化市场监管机制，确保乡村文化市场健康有序发展。

三、大力发展乡村文化产业

当前随着乡村社会经济的发展、农民生活水平的提高，农民除了满足最基本的生活需求之外，已经具备了进行文化市场消费的经济能力，但是当前乡村文化产业发展相对落后，不能满足农民的精神文化需求。因此，当前加强乡村文化建设，要大力发展乡村文化产业，繁荣乡村文化市场，满足农民群众日益增长的文化需求。要发挥市场机制作用，加强政策调控，积极发展文化产业，充分调动社会各方面力量参与乡村文化建设，提供更多更好的文化产品和服务。重点抓好文化产业体系建设，重塑市场主体，优化产业结构，确定重点发展的产业门类，培育文化产品市场和要素市场，形成以公有制为主体、多种所有制共同发展的文化产业格局。

第一，深化乡村文化体制改革。在市场经济机制的作用下，要建立市场化的乡村文化资产管理机制，通过乡村文化市场的进一步开放，建立起真正的现代企业和事业制度，实行规范的市场准入和退出制度，建立一批具有市场竞争力的乡村文化企业。运用市场经营和管理制度，大力发展乡村文化市场。

第二，壮大乡村文化产业主体。在国际文化市场大环境中，文化的竞争说到底是文化主体的竞争，因而要壮大乡村文化产业主体，使之在市场竞争中更具优势，更好地满足人民群众多样的文化需求，更好地推广和传播中华民族的优秀文化，更好地提高我国文化产业的国际竞争力。

壮大国有文化主体。随着国有文化单位改制的深入，国有文化主体将直接面对市场。由于传统惯性的影响，其需要有适应市场环境的过程。政府可通过扶持政策，帮助国有文化主体渡过转型期；可通过新建、改造、委托经营、租赁等形式，为改制企业提供相对固定的演出场所；可通过文化产业发展资金予以支持。有条件的地方可建立文化艺术发展基金，采取项目补贴、定向资助、贷款贴息和以奖代补的办法，加大对改制企业的资金扶持力度，完善税收减免政策，有效调动社会力量资助改制企业的积极性。可通过重组、合并、股份等多种形式，整合国有文化资源，实现优势互补，把文化企业做大做强。

壮大国内非公有制文化主体。非公有制更能适应文化市场的竞争，但长期以来面临资金不足和政策歧视的问题。政府及金融组织要加大对国内非公有制文化主体的支持，政府应制定公平的文化政策，使非公有制文化主体和国有文化主体具有同等的竞争平台，在项目审批、资质认定、融资等方面享受同等待遇。政府应进一步放开除涉及国家安全的其他文化产业领域，通过财政补贴、贴息、税收优惠等措施促进非公有制文化主体的壮大。金融组织应积极开发适合文化产业特点的信贷产品，加大有效的信贷投放；完善授信模式，加强和改进金融服务；积极培育和发展文化产业保险市场；大力发展多层次资本市场，扩大非公有制文化主体的直接融资规模，对有发展潜力、信誉度高、具有创新能力、产生良好社会经济效益的非公有制文化主体加大金融扶持力度。

壮大城乡文化社团组织。城乡文化社团组织具有行业性、地域性、灵活性、公益性等特点，可以与国有文化主体、非公有制文化主体相得益彰，共同发展繁荣中国文化产业文化社团组织由于自身"造血"能力较差，面临着资金紧张和技术、人才落后等问题。在壮大城乡文化社团组织问题上，政府应承担更多的责任。对于公益性较强的社团组织，可设立专项资金，成立文化基金组织，更新社团组织文化器材、设施，培训素质更高的文化人才，鼓励社团组织文化创新；对于具有营利性质的社团组织，政府可通过贴息、减税、补助等措施，减轻其经济负担，支持城乡社团组织的建设。通过捐助、赠送、冠名等形式，鼓励企业和个人对社团组织的资助。

第三，加大乡村文化市场人才的培养。政府有关部门要通过各级文化产业人才培训基地，积极推动文化产业理论的研究，加强对文化产业人才的培训，培养出一支高素质的乡村文化产业人才队伍，推动乡村文化产业的可持续发展，促进乡村文化建设的产业化。

近年来，中央政府对文化产业的发展越来越重视，出台了一系列政策措施，鼓励和支持文化产业的发展壮大。2009年，国务院出台了《文化产业振兴计划》。这是国家层面第一次对文化发展做出的规划。同年，文化部出台《文化部关于加快文化产业发展的指导意见》等配套政策。在政府和社会各界的关注和支持下，文化产业快速发展，呈现了欣欣向荣的景象，繁荣了文化市场，增强了国际竞争力。据统计，2004年以来，全国文化产业增长速度在15%以上，比同期GDP增速高6%，保持了高速增长的势头。2009年上半年，我国文化产业增速达到17%，大大高过了GDP及第三产业增长速度。因此，我们要引入竞争机制，推动公共文化服务社会化发展。

第四节　完善乡村文化建设的制度保障

乡村文化建设覆盖整个乡村社会，是一项系统的复杂工程。需要加强各级组织的领导，建立健全有效的机制，给乡村文化建设提供制度保障。

一、加强党和政府对乡村文化工作的领导作用

现阶段，加强乡村文化建设，必须加强党对乡村文化建设的领导作用。邓小平指出，"在中国这样的大国，要把十几亿人口的思想和力量统一起来建设社会主义，没有一个由具有高度觉悟性、纪律性和自我牺牲精神的党员组成的能够真正代表和团结人民群众的党，没有一个党的统一领导，是不可能设想的。那就只会四分五裂，一事无成"。在现阶段国际、国内形势复杂多变的情况下，更要加强党对乡村文化工作的领导，确保党在乡村文化建设中的领导地位。

第一，加强党委的领导作用。各级党委要把乡村文化建设纳入重要议事日程，在遵循文化自身的特点和发展规律、适应社会主义市场经济发展的要求基础上，制定乡村文化发展的切实可行的工作计划，并且要建立健全基层文化单位的评价机制，将服务农村、服务农民情况作为文化单位工作的重要考核内容，确保乡村文化建设各项目标任务的实现。

第二，重视政府在乡村文化建设中的引导作用。政府要加强对文化产品题材的选题规划和内容建设，加大对乡村题材重点选题的资助力度，把乡村题材纳入舞台艺术生产、电影和电视剧制作、各类书刊和音像制品出版计划，保证乡村题材文艺作品在出品总量中占一定比例。政府要加大对乡村文化宣传的资金投入。中央和省级党报、党刊、电台、电视台要加大农村和农业报道的分量，增加农村

节目、栏目和播出时间。各地电视台和电台都要把面向基层、服务"三农"作为主要任务，重视农业、农村节目的质量，挑选符合农民实际和农民亟须的农业科技知识和卫生保健知识。政府要加强"三农"读物的出版工作，开发、出版适合农村经济社会发展，农民买得起、看得懂、用得上的音像制品和图书等各类出版物。要实施"送书下乡工程"，重点向西部地区国家扶贫开发工作重点县的图书馆和乡镇文化站、乡村文化室配送图书，保证农民有书读。

第三，积极发挥党员干部的模范带头作用。邓小平指出，"在长期的革命战争中，我们在正确的政治方向指导下，从分析实际情况出发，发扬革命和拼命的精神，严守纪律和自我牺牲的精神，大公无私和先人后己的精神，压倒一切敌人、压倒一切困难的精神，坚持革命乐观主义、排除万难去争取胜利的精神，取得了伟大的胜利。搞社会主义建设，实现四个现代化，同样要在党中央的正确领导下，大力发扬这些精神"。党员干部要充分继承我国革命战争的优秀文化精神资源，在当前构建社会主义和谐社会过程中要大力发扬、创新，使其成为乡村文化建设丰富的文化资源。基层政权中党员干部的服务对象是广大的农民群众。如果党员干部能够以身作则、严于律己，以全心全意为人民服务为工作宗旨，自觉实践"八荣八耻"的社会主义荣辱观，就能在群众当中起到表率作用，能够用实际行动号召群众团结起来，赢得群众的拥护、支持；就能充分调动群众参与乡村文化建设的热情。

二、加强乡村文化法制建设

法治也是乡村文化建设的重要保障。当前乡村社会处在传统向现代的转型期，乡村社会共同体逐步解体，而乡村社会新的共同核心价值体系还未形成。"由乡村到城市的转变，用社会学的术语来说，就是从共同体到社会的转变。具体而言，共同体是由熟人组成的，认可共同的道德原则；社会是由陌生人组成的，缺乏共同的道德原则来维系，因此必须强调法治的重要性。"因此，在当前的乡村文化建设中，必须加强法治的保障作用，使乡村文化建设沿着法制化、规范化的轨道前进。邓小平明确指出，真正要巩固安定团结，主要的当然还是要依靠积极的、根本的措施，不单要依靠发展经济、发展教育，同时也要依靠完备的法制。经济搞好了，教育搞好了，同时法制完备起来，司法工作完善起来，可以在很大程度上保障整个社会有秩序地前进。因此，必须要加强乡村法制建设，保证乡村文化建设有秩序地进行。

第一，要加强文化立法。在立足我国国情的基础上，借鉴国外有益经验，加快文化立法步伐，抓紧研究制定非物质文化遗产保护法、图书馆法、广播电视传输保障法、文化产业促进法、电影促进法和长城保护条例。抓紧修订出版，管理条例、印刷业管理条例、音像制品管理条例、广播电视管理条例。国家加快文化立法工作，保障乡村文化工作有法可依。

第二，在乡村社会要深入开展文化法制宣传教育，做好普法宣传工作，增强农民的法制观念，提高农民依法维护文化权益的自觉性。各地政府部门要定期开展"法律知识下乡"活动，定期开展法律援助工作，提高农民的法律意识和依法办事的自觉性。

第三，加强对乡村执法活动的监督，规范执法人员的执法行为。各级政府要通过各种培训渠道提高乡村执法人员的文化水平和法律素质，增强执法人员的为民服务意识。各级政府还要建立有效的规范、约束机制，规范乡村执法人员的执法行为。

第四，加大对乡村社会违法犯罪活动的打击力度。各级政府和司法部门要严厉打击乡村社会的各种违法犯罪活动，坚持开展禁毒、禁赌斗争，保证乡村社会良好的社会环境，保证乡村社会稳定。只有乡村社会稳定，才能保证乡村文化建设的顺利进行。

三、建立多元化的乡村文化资金投入渠道

资金问题是乡村文化建设的难点问题。乡村文化建设耗资大、费时多，仅仅靠国家财政投入是远远不能解决问题的。需要多方筹集资金，建立多元化的乡村文化资金投入渠道。

第一，各级财政部门要统筹规划，加大对乡村文化建设的投入，扩大公共财政覆盖乡村的范围，不断提高财政资金用于乡镇和村的比例。国家要保证一定数量的中央转移支付资金用于乡镇和村的文化建设，加大对乡村文化基础设施的投资建设。中央和省、市三级要设立乡村文化建设专项资金，通过专款专用、专款配套、直接到村或农户等方式，确保乡村重点文化建设的资金需求。

第二，国家要制定政策，鼓励社会各界尤其是企业为乡村文化建设投资。当前乡村社会文化产业具有很大的潜力。社会各界力量应坚持市场化运作方式，大力投资乡村文化产业，使双方共同受益。通过这种方式，社会各界尤其是企业获得了经济效益，乡村文化建设也获得了发展所需要的资金。国家要制定相应的税收政策，吸引和鼓励社会力量兴办公益性文化事业。

第三，乡村文化建设事业要保持可持续发展，最重要的是要建立自身资金积累的渠道。乡村文化建设要大力发展乡村文化产业，实现乡村文化产业化。发展文化产业化是社会主义市场经济的客观要求，因此乡村文化建设要按照市场运行机制搞好文化产业化发展的规划，培养文化产业增长点，大力发展文化产业，在坚持社会效益第一的前提下，实现社会效益和经济效益的统一。

第四，规范资金投入管理机制。统筹城乡文化建设需要政府财政和社会资金的充分投入。良好的资金投入管理机制不仅可以保障投入资金的充分利用，还可吸引社会资金对统筹城乡文化建设的投入，形成良好的资金投入氛围，促进统筹城乡文化建设的发展。首先，要健全政府对统筹城乡文化建设的持续投入机制。随着社会经济的发展、人民群众对文化需求的不断增长，各级政府越来越重视城乡公共文化事业的投入和文化产业的培养，并把发展文化产业作为拉动经济增长的重要手段。各级政府应制定严格的文化投入政策，将文化事业投入与GDP增长速度、政府预算、政府财政支出挂钩，并明确所占的比例。文化事业投入要与GDP增长保证相应的速度，占政府预算和政府财政支出的比例要稳定，不能出现绝对投入增加、相对投入倒退的现象。政府财政对各项文化事业建设要合理分配，对乡村文化事业建设要有所倾斜，保证资金分配的科学性和透明性。同时，还要明确各级政府在财政投入中所应承担的比例，防止出现相互推脱、相互扯皮的现象，并建立完善的资金投入考核机制，保证文化事业建设资金到位。针对文化建设中的重点工程，设立文化发展专项资金，如城乡文化资源信息共享工程的建设由专项资金予以支持；建立专项资金跟踪问效制度，对专项资金使用情况进行跟踪反馈，检查资金使用效果。当前文化投入不足和浪费现象并存。其次，在增加财政投入的同时，要加强财政资金的使用管理和监督。实施部门预算，进一步提高财政资金分配使用的科学性和资金分配的透明度，建立健全文化投入财政制度。凡是有财政资金运行的地方，要有相应的制度约束对文化资金使用进行监督。除了财政部门、审计部门直接监督外，还要充分发挥主管部门、社会中介机构和人民群众的作用，落实事前、事中、事后监督，将日常监督和重点监督相结合，建立文化资金投入使用绩效评价体系和监控机制，杜绝和防止贪污、挪用、浪费行为发生，使有限资金真正发挥最大的使用效益。再次，在确保政府财政对城乡文化事业投入的主体地位的基础上，鼓励社会力量和社会资源参与城乡文化事业建设，完善多元化的投入机制，建立健全社会资金投入管理机制。实施优惠的文化经济政策，调动社会力量对文化事业投入的积极性，建立完善多渠道筹资、多种投入主体、多种所有制形式的文化事业投融资机制，增加文化事业投入。建立文化投资监控体系，实时监控文化资金的流向，引导社会资源投向。出现投资错误时，政府及时给予指导，防止社会资源的浪费，保证社会资金投入的可控性。政府制定具体的财政政策，通过贴息、补助等措施，对民间文化团体和组织建设给予资金支持，培育农民自己的文化团体和组织。

第五，引导社会对文化建设的投入。我国文化产业发展具有起较晚、规模小、技术落后等特点，与国外文化产业发展相比，仍有很大差距。推动文化产业的发展，政府要发挥主导作用，积极引导社会参与文化产业建设，扩大社会参与文化产业发展的行业领域，拓宽融资渠道，进一步繁荣我国文化市场，提升我国文化产业的国际竞争力。

　　长期以来，我国文化事业具有计划经济体制的浓厚色彩。政府参与文化建设的各个领域，混淆公共文化事业和收益性文化业的关系，因而出现了角色失位、管理混乱、政府垄断等现象。近年来，政府不断放开文化产业领域，让非公有制经济更广泛地参与文化事业建设。2009年，我国出台了首个文化产业投资指导目录——《文化部文化产业投资指导目录》，该文件把文化产业划分为鼓励类、允许类、限制类和禁止类等四类，方便国内投资主体了解文化产业发展的方向，引导社会投资政府鼓励的文化产业。鼓励类主要是针对具有良好的经济和社会效益、市场前景好、技术含量和附加值高、有利于产业结构优化升级及能够扩大内需、增加就业、扩大文化产品出口的产业。对于鼓励类文化产业的投资，政府将提供相应的优惠政策。《文化部文化产业投资指导目录》的出台，明确了国内资本投资的方向，起到了很好的引导效果，但也应看到政府对一些文化产业领域进行限制。比如，国内资本主体不得投资国内大型动漫游戏会展、大型文化活动等领域。国外资本主体投资领域与国内资金主体投资领域相比，制约性更大。因而，在保证国家安全的前提下，要进一步放开非公有制经济体对文化产业的投资领域。只有良好的竞争才能促进行业的健康发展，才能促进文化产业的大发展大繁荣。

　　政府不但要对社会投资文化产业领域进行指导，也要对社会资本进行引导。对于文化产业投资、融资体制，国外具有较为成熟的体系，我国在吸收国外经验的基础上形成我国较为完善的文化产业投资、融资体制。2010年，中央宣传部、中国人民银行等九部门下发《关于金融支持文化产业振兴和发展繁荣的指导意见》，该文件对金融支持文化产业振兴和发展繁荣提出了指导意见，政府鼓励银行通过完善授信模式、扩大融资渠道、培育和发展文化保险市场等形式加大对文化产业的支持。同时，政府要运用财政预算补助、财政贴息等财政手段，引导社会资金投向文化事业；要实行更合理优惠的税收政策，鼓励社会企业单位、海外华人华侨甚至外资企业投资文化事业；鼓励文化事业单位采取股份合作、联营、重组、合资经营等方式发展文化事业，加快文化事业产业化步伐，吸引更多的资金投向文化建设。可成立文化事业发展基金会，建立健全文化奖励措施，调动各方积极性，奖励对城乡文化建设做出突出贡献的单位和个人，奖励对文化事业发展做出创新和创作贡献的单位和个人。

第五节　创新文化管理体制的工作机制

　　建设社会主义文化强国，关键是增强全民族的文化创造活力。要深化文化体制改革，解放和发展文化生产力，发扬学术民主、艺术民主，为人民提供广阔的文化舞台，让一切文化创造源泉充分涌流，开创全民族文化创造活力持续迸发、社会文化生活更加丰富多彩、人民基本文化权益得到更好保障、人民思想道德素质和科学文化素质全面提高、中华文化国际影响力不断增强的新局面。

一、加快乡村文化体制改革

乡村文化体制存在权责不清、相互推诿、多头管理、公益文化事业与文化产业相互混淆等问题。要加快乡村文化事业的发展，首先要进行乡村体制改革，厘清关系，权责分明，分清公益文化事业与营利性文化产业，使政府行为有所为也有所不为，改革基层文化组织人事、工资分配制度。

乡镇政府掌握文化站的人事权和财政权；县文化馆、图书馆等文化事业单位对文化站具有业务指导关系，对文化站进行监督、检查。这就造成权责不清，遇到困难相互推诿，遇到成绩相互争抢。我们可以建立垂直型管理模式，人事权、工资发放、业务技术指导、监督检查都由县级文化部门负责，乡镇文化站只对县级文化部门负责。这样可以使乡镇文化干部更专心于文化事业工作，不受乡镇政府部门的干扰，促进乡村文化事业的发展。由于县级文化部门对乡镇文化站具有领导关系，负责对其监督检查，县级文化部门制定的文化政策、组织的文化活动就能落到实处，而不会草草应付、浮于表面，因为县级文化部门掌握着人事权、业绩考核体系。文化系统采用垂直型的管理模式具有可行性，一是因为文化系统相对政府的国土、税务、交通、建设等系统属于"清水衙门"，很难立竿见影地为地方经济创造效益。财政负担较重的乡镇政府对文化部门的垂直管理阻碍相对小些。二是政府对文化系统的投入相对较少，文化系统实行垂直型管理，并不会大幅度增加县级政府的财政压力，推行的阻力也不会太大。三是文化系统的垂直型管理，不代表乡镇政府对乡村公共文化事业不再投入，而是制定相应政策以确定县、乡对文化事业的投入比例，投入资金由县财政统一管理，不得挪用。

由于现在的基层文化系统的人事、工资分配制度还是沿用计划经济的制度，论资排辈，办事效率低下，工作人员的工作积极性无法调动起来。应制定相应制度政策，改革文化系统内部人事、工资分配制度，把职位的升降、工资的分配与学历、个人能力、个人贡献挂钩，建立科学的考核体系，建立奖罚措施。

长期以来，政府对文化建设包办包揽，没有理清公益性文化事业与营利性文化产业的关系。对于需要政府投入的公益性文化事业，政府投入不足；对于应该建立在市场经济运营机制基础上的文化产业，政府乱插手。在乡村文化建设中，政府要有所为有所不为。政府、社会组织、农民各自发挥自己的优势，形成联动机制，政府要大力建设乡村基础文化设施，组织开展公益性的文化活动，推动公益性文化事业发展，服务于广大农民群众；政府对乡村文化产业主要行使管理职能，制定相应的规范政策，对乡村文化市场进行监督管理，引导文化产业朝着正确健康的方向发展，扮演裁判者的角色。

二、加大政府公共政策倾斜

农村人口众多，而获得政府财政投入的乡村文化建设却与之不成正比。上文已对政府财政近年投入全国文化事业与投入乡村文化建设的情况进行了比较。政府是乡村公共文化事业发展的主导力量。要实现城乡文化统筹发展，必须加大政府公共政策对乡村文化发展的倾斜，加大政府财政对乡村文化建设的投入。

中国共产党第十七次全国代表大会政治报告中提出建设和谐文化，重视城乡、区域文化协调发展，着力丰富农村、偏远地区、进城务工人员的精神文化生活。2009年，国务院发布《文化产业振兴规划》。这是国务院针对文化产业第一次做出规划。2010年，国务院、中国人民银行等部门联合发文《关于金融支持文化产业振兴和发展繁荣的指导意见》，针对振兴文化产业要求金融行业加大对文化产业的投入。而《文化产业振兴规划》及配套的《关于金融支持文化产业振兴和发展繁荣的指导意见》对乡村文化事业的发展都没有涉及。要统筹城乡文化建设，政府必须出台相关的乡村文化政策、加大对乡村公共文化事业的政策支持，政府应制定乡村文化事业发展规划，并出台配套措施以确保目标的实现；通过税收、奖励等政策，鼓励社会力量参与乡村公共文化事业建设，培育和引导民间文艺团体的成长；制定政策以规范乡村文化市场，整顿乡村文化市场中存在的低俗、落后的文化现象。

加大政府对乡村文化事业的财政投入，增加中央财政对乡村文化事业投入的比例，通过转移支付等形式增大对乡村文化事业发展的支持。同时，加强监督地方政府对乡村文化事业的投入，建立严格的考核体制，制定奖罚措施，确保政府对乡村文化事业的投入落到实处。在保证政府财政支持的基础上，也要整合社会资源与民间文艺团体力量。政府搭建相应的平台，吸收社会力量，与政府力量优势互补、形成合力，可加快改变乡村文化建设滞后性的局面。民间文艺团体是乡村文化建设的生力军，政府可通过补贴、奖励等形式，引导民间文艺团体服务于乡村文化事业，也可使政府财政投入达到效益最大化的目标。

三、加强政府的组织管理

除了健全的机制、完善的政策，如果没有科学的组织管理，有限的资源不会发挥最大的社会效益，造成人、财、物的浪费，因而要加强政府的组织管理。各级政府要根据本地情况，制定明确的文化发展目标，明确的发展目标使文化建设工作更具前瞻性、针对性、连续性、系统性，不会因为暂时的困难或领导的更替而搁置。建立健全的反馈机制，定期或不定期对文化建设工作情况进行检查、监督，发现存在的问题，总结成功的经验，对存在的问题要及时改正，对成功的经验要推广学习，对为建设工作做出贡献的单位和个人进行表扬奖励，对工作不力、影响文化建设工作的单位和个人要批评和惩罚。充分发挥政府工作人员的积极性，不断探索如何更好、更快、更周全地服务群众，推广社区图书"一卡通"，建设"流动图书馆"。这不仅使群众更方便快捷地借阅图书，满足农民群众阅读的需求，也使图书资源发挥最大的效益——资源共享，提高了图书的利用率。

针对乡村乡风日下、低俗文化泛滥、封建迷信抬头等现象，政府也要加强行政管理和公共服务职能，净化乡村文化市场，形成文明、健康的社会风尚。乡村道德的缺失有其必然性，是社会转型期的必然产物。政府要加强引导，在乡村开展有意义的文化活动，比如举行孝顺老人、文明家庭、道德模范等评选活动，让农民在活动中认清真善美，在参与中反省自己，摒弃错误的价值观念，树立正确的思想导向。针对乡村存在的低俗文化、"黄、赌、毒"、封建迷信，政府要加大打击力度，对农民群众进行科普教育，开展丰富多彩的文化活动，让农民认清其危害性，设立举报奖励措施，让先进的文化思想占领乡村文化阵地。

改革开放以来，农民自发组织了一些乡村文化团体，服务于乡村文化市场。由于乡村文化团体有其局限性，比如财力不足、文化知识相对较低、文艺技能有待提高、对团体发展定位不准确等，政府或行业协会要给予帮扶，加强引导。政府或行业协会可通过定期召集相关文化团体相互交流、提供信息支持、给予财政补贴、协助业务培训等形式让乡村文化团体茁壮成长。加强对乡村文化团体的支持引导，壮大乡村文化队伍，演艺更贴近农民生活的文化节目，不仅可以规范乡村文化市场，还可缓解政府在乡村文化建设中的压力，达到授之以渔的目的。

四、引入市场化文化管理机制

由于中国文化体制改革较慢、文化产业起步晚等原因，中国虽拥有丰富的文化资源却没有对其进行充分的开发。这不仅造成了中国文化资源的浪费，也使中国对外展现中国文化，让世界更全面地了解中国错失了机遇。因而，我国要加快文化产业发展的步伐，参与国际竞争，提高我国发展的软实力，从而推动我国经济发展，对外充分展现中国文化的魅力。中国文化产业要参与国际竞争，仅仅依靠政府对外的文化宣传是不够的，更多的是要依靠企业、社会组织的参与，因而我们必须尽快实现文化产业的市场化。只有形成良性的、持续的、竞争的、开放的、统一的、公平的文化市场体系，才能最大限度地发挥市场在文化竞争中的作用，更好地发挥市场在文化资源配置中的基础性作用，使文化产品和生产要素合理流动，使城乡文化市场统筹发展，拓展文化消费领域。

健全的政策支持，是实现文化产业市场化的基本保障。中央政府在推动文化产业市场化的过程中，不断建立完善中国的文化产业政策，为建立市场化文化管理体制提供政策支持。中央政府出台了一系列文化产业政策，加快了文化产业体制改革的步伐，为培育文化产业市场发挥了保障性的作用。文化产业市场化的过程是一个循序渐进的过程，不可一蹴而就，因而这一系列的文化政策对文化产业的市场开放程度仍有所保留。随着文化产业的发展和时机条件的成熟，政府仍要出台文化产业政策，继续深化文化体制改革，进一步提高文化产业对国内非公有制经济体和国外资本主体的开放程度，加强与国际文化产业发展接轨的步伐。

建立现代企业制度，是实现文化产业市场化的必要条件。文化企业只有成为独立的产权主体，才能独立地生产经营，与其他经济主体进行文化产品交换，根据市场需求调整企业发展方向，更合理地配置文化资源。长期以来，绝大多数国有院团仍保留事业体制，没有形成与市场对接的体制机制，没有成为市场主体，缺乏通过市场竞争做大做强的内在动力。政府应加快改制工作步伐，积极培育新型市场主体，并针对改制规定改革的内容、政策支持、改革目标等方面内容。只有把文化单位推向市场，参与市场竞争，提供市场需求的文化服务，才能改变文化事业单位僵硬的人事制度、财政制度、竞争机制，使文化单位在竞争中不断发展壮大，在国际竞争舞台上更加具有竞争力。

转变政府管理职能，是实现文化产业市场化的重要手段。在现代文化产业化背景下，政府要做到有所为有所不为，实现国有文化单位的产权和经营权的分离。政府要退出直接参与文化市场的竞争活动，并凸显政府的服务管理职能。政府要对文化产业进行规划、引导、监督，鼓励和引导国内外资金投入到政府鼓励类文化产业领域中；培育文化市场，提高开放程度，形成健康、有序、公平的文化市场环境；加强文化立法，保护文化遗产和企业、个人知识产权，营造促进文化产业发展的良好环境。

第六节 新时代中国乡村文化振兴的对策建议

着眼国家重大战略需要，面对新时代乡村文化振兴中的现实困境，需要立足当前乡村文化振兴中的五对突出矛盾，以习近平关于乡村文化振兴的理论为指导，运用马克思主义的立场观点方法，以实际问题为导向，提出有效的应对之策。

一、在党的领导下推进多方主体有效参与

无产阶级的事业必须由共产主义正当的正确领导，必须依靠广大的无产阶级

和人民群众。新时代乡村文化的振兴要坚持党的领导、坚持农民的主体地位，更要发动全社会的参与，广泛培育和吸纳各类人才，在社会范围内推进多方主体的有序参与，使各个主体最大化的发挥自身力量，在协同合作中凝聚全党全国全社会振兴乡村文化的强大合力。

（一）进一步强化党的根本领导

中国共产党领导是中国特色社会主义最本质的特征，党管农村工作是我们的传统，也是乡村文化振兴的基本原则。必须不断强化党的集中统一领导，加强党管乡村文化工作的思想意识和政治站位，健全党管乡村文化工作领导体制机制，完善相关的法律法规，明确各级党组织在乡村文化振兴中的主要任务，做好乡村文化振兴在全面推进乡村振兴工作中的总体规划。

要确保党对于乡村文化振兴中其他主体的领导，重点加强党对于乡村企业的领导，加强新兴的文化产业组织，如相关企业、协会等组织中的党建工作，根本上避免"经济指挥，党靠一边"的现象；要强化农村基层党组织在文化工作中的战斗堡垒作用，通过开展定期学习马克思主义经典著作、系统学习习近平新时代中国特色社会主义思想、常态化开展"两学一做"学习活动、定期开展各类主题教育等方式，加强乡村党组织的思想建设，培养作风过硬、本领高强的乡村文化建设干部队伍；坚决维护党的权威，加强党的政治引领，强化乡村基层党组织的政治建设；要做好乡村党员的发展工作，严把乡村群众入党关，严守入党标准，吸收乡村群众中的优秀群体，重视乡村党员在文化振兴工作中的主体地位，加强乡村党组织队伍质量，推进乡村党员在乡村文化工作中的示范作用；加强乡村党组织与农民群众的联系，促进临近乡村间党组织的横向联合，强化乡村基层党组织与乡村群团组织、乡村其他民主党派的协同互动，推动乡村党组织深入群众、了解群众需求、为群众服务；要完善好乡村党组织的工作条例，严格开展好自治生活，完善好监督问责机制，牢牢掌握党在乡村意识形态工作中的领导权，充分发挥党在乡村文化工作中总揽全局、协调各方的政治保障作用。

在强化党的领导的基础上，要充分发挥各级政府对乡村文化振兴的主导作用。政府的文化职责是管理、指导、组织各种文化工作，常充当着授权者、服务者、引导者和监督者的角色。作为乡村文化工作决策和推进的主体，各级政府尤其是乡村政府机构必须坚持以群众为中心，以农民的精神文化需求为出发点，积极推动乡村文化供给，推进乡村文化资源保护工程，在保障乡村群众最基本的文化需求充分满足的前提下，引导乡村文化市场体系合理发展，促进农民群众文化需求多元化多层次多方面的满足。充分发挥乡村政府的自主权，在制定乡村经济发展规划的同时，兼顾文化建设的规划和管理，立足乡情制定文化振兴的长期规划和年度安排，设立专门的领导班子和相关部门制定具体的实施方案与方法，完善文化专题工作会议机制，定期总结文化振兴工作发展状况，落实经费来源，细化具体任务，完善政策法规，充分形成主要领导带头抓、分管领导具体抓的工作机制，引导和调动其他主体积极参与到文化振兴中来。

（二）增强农民群众的主体力量

2018年的中央一号文件《中共中央国务院关于实施乡村振兴战略的意见》中对推进乡村振兴做了明确系统的规划，强调要坚持农民主体地位，切实发挥农民在乡村振兴中的主体作用。农民群众作为文化振兴的核心主体，必须深刻分析农民群众的基本构成，采取合适手段提升其主体意识、丰富其能力素质，为乡村文化振兴增强主体力量。

首先，要深刻分析当前乡村农民群众的具体构成，充分了解其主体作用的现实情况。当前，以乡村居民的职业类型为主要标准，可将农民分为从事或半从事农业生产、整体文化水平较低的农业劳动者，作为城乡各类企业雇工的农民工阶层，没有城镇户口、文化水平较高、在乡村从事智力型职业的乡村知识分子群体，自己从事某项专业劳动或经营小型的工商服务行业的乡村个体工商业劳动者，经济收入和文化素质皆较高的乡村私营企业主，参与到乡村治理中的乡村社会管理者，掌握乡村传统手工艺、艺术文化的乡村艺人，有一定知识、能力和权威的乡贤等群体。同时，随着乡村社会多元化发展，这些群体之间并不是完全闭合独立的，而是存在着双重或多重的重合，如部分乡村居民在农忙时节从事农业生产，但在平时可能又作为个体工商业劳动者或乡村企业的雇工。

其次，在深入分析乡村农民群众不同群体特征的基础上，找准问题，分类施策，激发农民群众在乡村文化振兴中的积极性、主动性和创造性。要多方面加强乡村教育和宣传，具体包括：进一步提升乡村义务教育的质量，将乡土文化融入到义务教育中，积极开展乡村文化的理论与实践教学，从小培养农民群众的主体意识和对乡村文化的认同与自信；推进成人教育和乡村职业技能培训，以文化水平较低的农业劳动者、农民工群体等为重点，提升农民整体的科学文化水平，根据市场需求和农民群众自身需要提供多样化的职业技能培训教育，降低农民群众参与培训的成本；加强乡村思想政治宣传，结合农民对美好精神文化生活的需求，丰富乡村思想政治宣传的具体内容，创新思想政治宣传的形式与载体，显性手段与隐性教育相结合，激发农民的主体意识，激发乡村私营企业主回馈乡村文化发展的精神动力，在乡村形成人人共建文化振兴的良好氛围。要不断完善对乡村传统工艺、文艺的政策保障和资金投入，适当调整对乡村传统文化艺人的政策倾斜和扶持补贴，借助新媒体手段积极宣传乡村传统工艺、文艺，开展相关传承人培养计划，推进传统文化与现代产业结合，充分激发乡村艺人的创造活力。深入挖掘和传承乡贤文化，大力培育新时代乡贤群体，通过广泛宣传、物质激励、制度支撑等方式推动乡村教师、乡村文化工作者等乡村知识分子充分发挥作用，吸引退休国家工作人员、企业家、知识分子回归乡村、扎根乡村，造就一股有学识、有道德、有能力、知乡村、懂乡村、爱乡村的新乡贤力量。

（三）重视社会力量的作用发挥

激发全社会力量，聚天下人才而用之，是当前推进乡村文化振兴的重要环节，2018年中央一号文件指出，要"鼓励社会各界投身乡村建设"。

要重视各类社会组织、团体、机构、资本等社会性力量在文化振兴中的功能发挥，一方面要充分挖掘乡村文化振兴与社会力量的适配性，找寻社会力量参与乡村文化建设的最佳程度和功能性定位，将乡村文化的传承发展和繁荣振兴放在第一顺位和最终导向上，避免社会力量的喧宾夺主，探寻二者结合且正向发展的可能性。

另一方面要通过政府组织、政策引导、民间自主联系、扩展助乡渠道等方式，保障和促进二者的有效连接和作用发挥。通过各级政府组织引导城市党政机关、企事业单位、社会团体等，与乡村开展结对共建活动，帮助乡村建设公共文化基础设施、治理村容村貌、改善文化条件；设立乡村文化建设基金和捐助机构，为热心于乡村文化建设的社会力量提供捐助渠道，并公开资金物品的使用和监管情况；加强与各类学校的联系合作，传统文化资源丰富独特的乡村与高等院校或研究所合作建立乡村传统文化研究机构，利用高校的科研资源推动对乡村传统文化的传承与创新，依托乡村的传统文化资源、革命文化资源等建立传统文化教育基地、红色文化教育基地等，为各类学校提供素质教育场所；制定有利于各类文化艺术类专业学生、文化艺术工作者奔赴农村的激励政策，为乡村文化振兴输入来自社会的新鲜血液；要在等价交换前提下，吸引企业参与到乡村文化建设中来，以帮助企业树立品牌形象、扩大知名度等条件换取为乡村文化建设项目募集资金，加强乡村文化与社会企业的合作，推出吸引人的乡村特色文创，实现乡村文化发展和企业经济效益的双赢。

（四）以综合性人才培养促进多方主体协同参与

在推进各类主体自身力量最大化的同时，还需通过综合性的人才队伍培养和主体间协同机制的构建，推动多方主体之间资源的有效整合、路径的高效衔接，激发乡村文化振兴的最大合力。

一方面，要围绕乡村文化振兴需要，全方位培养各类人才，打造综合性人才队伍。习近平总书记强调："乡村振兴要靠人才、靠资源。"多方主体协同参与乡村文化振兴必须充分挖掘人才资源，推进综合性人才的培育和使用。在人才来源方面，要建立自主培育与对外引进相结合的人才培养机制，拓宽人才来源渠道，一方面要大力培养既充分了解乡土文化和乡村状况、又掌握先进发展理念和技术的本土人才，开展农村实用人才、新型农民的培育，探索"政企村校"合作培养模式，推行一对一、一对多、多对多的专家、企业与本土人才的帮带模式，不断增强乡村本土人才质量；另一方面坚持国家重大人才工程、人才专项优先支持农业农村领域，组织编制涉及乡村文化振兴的引才目录，科学制定乡村文化工作引才规划，依托各级党校培养基层党组织干部队伍，加强乡村与高等院校、职业院校、科研院所合作，按规定为乡村地区"订单式"培养了解乡土文化、专业技能高超的人才，集聚"高精尖缺"农村文化工作高层次人才，支持企业、培训机构参与乡村文化人才培养，为乡村文化振兴提供智力支持。在人才培育方面，既要加强学历教育、技能培训、实践锻炼等多种措施相结合的人力资源开发机制，也要针对不同地区、不同类型的乡村文化振兴模式实施差别化的人才培养政策措施；既培养各方面能力均衡发展的综合性人才，也着重培养各领域顶尖的专业性人才，满足乡村文化振兴各主体对人才的多元化需求。在人才保障方面，加强各级党委对文化振兴人才的组织领导，深化文化振兴人才培养、引进、管理、使用、流动、激励等制度改革，营造良好的乡村环境，吸引各类人才不断提升能力、扎根乡村。

另一方面，要完善多方主体协同参与乡村文化振兴的机制体制，促进各类人才效用充分发挥。首先，要继续完善党的乡村文化工作领导体制。实行中央统筹、省负总责、市县抓落实的乡村文化工作机制，强化"五级书记抓乡村振兴"的制度安排，深化各级党委农村工作领导小组在乡村文化工作中牵头抓总、统筹协调等作用，一体承担巩固拓展文化脱贫成果、推进乡村文化振兴议事协调职责，建立健全乡村文化振兴重点任务分工落实机制，强化决策参谋、统筹协调、政策指导、推动落实、督导检查等职责，以党的领导把控其他文化振兴主体的发展方向。其次，要完善乡村文化振兴中多方主体的参与机制。在发挥农民主体力量方面，设立农民群众意见征求机制，党和政府在制定乡村文化发展规划、开展乡村文化建设工作时，必须充分了解农民群众的意愿，听取农民群众意见建议；完善乡村文化建设过程监督和评价反馈机制，通过专题网站、微信公众号等定期公开乡村文化建设事宜，扩大农民群众参与乡村文化振兴的渠道。在发挥社会力量方面，建立健全相关组织机构，在乡村基层组织中设立负责与社会多方主体对接的领导小组，在各社会主体中健全对接乡村文化工作的相关机构，促进二者的高效联合；完善有关社会组织、社会企业参与乡村文化建设的法律法规、政策条例，明确各社会力量参与乡村文化振兴的步骤程序、服务范围、运作机制等，为各类社会主体发挥作用提供保障。

二、促进乡村传统文化的现代转化

习近平总书记曾指出:"中华民族在几千年历史中创造和延续的中华优秀传统文化,是中华民族的根和魂",而兴文化,"就是要坚持中国特色社会主义文化发展道路,推动中华优秀传统文化创造性转化、创新性发展。"面对乡村文化传承发展的深层次要求与当前文化传承浮于表面的矛盾,要在守护民族文化根脉的基础上,立足乡村文化振兴的现代化要求,运用中华优秀传统文化的精髓,将创新摆在核心地位,推动乡村优秀传统文化创造性转化、创新性发展,走创新驱动乡村文化振兴之路。

(一) 坚持新理念引领文化发展

理念是行动的先导,引领发展实践,决定着发展结果。习近平总书记强调:"发展是解决我国一切问题的基础和关键,发展必须是科学发展,必须坚定不移贯彻创新、协调、绿色、开放、共享的发展理念。"乡村文化要振兴,就要保护发展乡村传统文化,要坚持以新发展理念引领乡村文化的高质量发展。

第一,以创新理念推动乡村文化的现代化转换。在乡村发展方向上,要充分意识到文化振兴在乡村全面振兴中的重要作用,坚持走物质文明与精神文明协调发展之路,改变经济为主、文化为辅的发展理念,加大宣传力度,在乡村形成文化建设的良好氛围。在乡村文化传承发展上,要深入挖掘乡村传统文化,结合新时代的具体特点和新发展阶段的具体要求,以马克思主义文化观和习近平新时代中国特色社会主义思想为指导,遵循乡村文化发展客观规律,赋予其新的时代内涵和表达形式,探索其新的时代功能和作用,并通过乡村民众熟悉的话语体系表达出来,增强其生命力、影响力和感召力。例如,充分发掘来源于乡村的中医文化,将之与健康中国战略和新冠疫情常态化防控的现实情况相结合,将中医文化中"人命至重,有贵千金"价值理念与党和国家"人民至上、生命至上"的价值追求相结合,丰富拓展其时代价值,推动中医药和西医药相互补充、协调发展,推动中医药事业和产业高质量发展。

第二,以协调理念优化乡村文化的发展布局。乡村发展要求各环节、各方面、各领域的协调。一方面,要加强乡村传统文化发展与乡村文化其他领域发展乃至乡村其他领域振兴的有效结合。以乡村优秀传统文化为重要资源推动农民精神风貌的提升和乡村文化生活的丰富,在提升农民精神风貌、丰富乡村文化生活的过程中促进乡村优秀传统文化的传承发展;深入挖掘乡村传统文化中的产业要素、生态理念、教育资源、治理文化,推进乡村全面振兴。另一方面,要着重补足乡村文化的发展短板,重点突破偏远落后地区的文化传承发展,加大对这些乡村地区的公共文化服务基础设施建设，保障其基本文化需求，对该地区即将消失的语言文字、工艺习俗进行研究保护；重点把握留守老人、儿童、残障人士等弱势群体的文化需求，补足不同群体间的文化差距。

第三，以绿色理念净化乡村文化的发展环境。乡村是生态文明的宝库，生态理念蕴含在乡村的各个组成要素之中，涵盖了生产方式、生活方式、社会关系以及包括信仰、习俗在内的乡村文化等各个方面。一方面，要传承弘扬乡村绿色文化，推动乡村文化永续健康发展。中国几千年农耕文明的发展涵养了丰富的生态文化智慧，形成了"天人合一""道法自然""仁爱万物"等观点，反映了人与自然和谐共生的关系。要将这些生态文化理念融入到乡村发展规划中，融入到明确的法律法规、乡规民约中，推动乡村民众养成绿色生活习惯，构筑绿色乡村社会风气与环境。另一方面，要坚持乡村文化绿色发展之路，在文化传承发展中注重保护稀缺文化资源，减少对于历史建筑、生态环境的破坏损害；排弃唯GDP论，以文化创造力为核心，挖掘乡村文化特色，着重打造优美的田园风光等生态产品和乡愁寄托、农耕文化等精神产品，复兴农耕文明；加强宣传教育，抵制不良消费方式，引导乡村民众树立绿色的文化消费观。

第四，以开放理念推动乡村文化内外互鉴。新时代背景下，要依托国内国际双循环的新发展格局，改变乡村地区封闭保守的旧观念，以开放理念推动乡村文化在交流互鉴中传承发展。一方面，要积极推动乡村文化"走出去"，要提升农民群众的乡村文化自信，加深农民群众对自身文化的正确认识，使其乐意将自身文化传播出去；在保持乡村文化特色的基础上，打造符合跨地域需求的乡村文化产品，提高乡村文化的竞争力与吸引力；要打破地理局限，建立包括需求调研、组织宣传、资金引入、效果评估等在内的乡村文化传播机制，组建专业化的乡村文化传播团队，积极参与其他城市或国家的文化交流活动，利用"一带一路"等对外交流合作项目，向世界展示传播中国乡村优秀文化。另一方面，要促进更多优秀文化"引进来"，通过政策引导、机制架构、人才培养、物质条件支持等手段进一步加强乡村社会开放环境的构建；要推进乡村文化在村与村、城与乡的交流碰撞，完善文化交流机制，通过联合举办文艺演出、文化研讨会、展览展示、实地考察调研等方式，推进乡村文化、城乡文化之间的互相借鉴学习，在保持原有文化个性的基础上吸纳其他文化的丰富养分。

第五，以共享理念推动乡村文化的共商共建。共享理念实质就是坚持以人民为中心的发展思想，乡村文化发展要以全面共享、全民共享为目的，在过程中注重共建共享、渐进共享。一方面，要充分调动农民群众的积极性、主动性和创造性，集全民之力推进乡村文化发展建设事业。另一方面，要将乡村文化发展成果合理分配，完善乡村文化成果共享的制度化和规范化建设，让乡村文化振兴的实绩和社会主义制度的优越性充分体现，让乡村民众有更多的获得感和精神动力。

（二）塑造新空间拓宽文化应用

乡村文化空间是村民参与文化生活的重要场所，是连接人与人、人与社会、人与文化的重要桥梁。乡村文化空间从广义上来说，整个乡村社会都是乡村的文化空间，农民群众在乡村社会的生产生活中形成伦理道德、传承家风家训、开展民俗活动；从狭义上来说则是指乡村中的祠堂、学校、图书馆、博物馆等开展文化教育、传播文化艺术的特定场所。在推进乡村文化振兴的背景下，面对传统乡村文化空间衰落萎缩等问题，我们要结合时代要求和现实条件，改进已有文化空间，不断塑造新空间，推动乡村文化在新时代下传承发展、充分利用。

第一，由传统空间向现代空间转型，满足时代需求。塑造乡村文化新空间，要推动乡村传统文化空间现代化转型，一方面充分保留和夯实传统空间的基础作用，保留保存乡村传统的节日民俗、历史建筑、文艺体育活动；另一方面在保留乡村传统特色的基础上，对乡村文化空间进行现代化的转型升级，改造利用乡村的祠堂、私塾、礼堂等传统文化空间，将其改建为博物馆、文化景点等，配之以现代化设施和功能，打造新型乡村文化地标；按需按比在乡村修建学校、图书馆、文化馆、文化广场、活动中心等满足农民群众基本文化需求的现代化文化场所，并完善相关文化基础设施；同时根据农民群众日益提升的思想意识和审美水平，在满足农民群众基本文化需求的基础上，立足农民群众更高层次的文化需求，合理利用乡村中的闲置空间，通过农民群众自主改造、专业团队设计文化景观、引进更高质量更多元化的文化服务与产品等方法，激发农民群众的文化创造欲望，将乡村文化融入乡村空间，使乡村中的每一处场景都蕴含着乡村地域的优秀文化。

第二，由分散空间向聚合空间发展，推进乡村文化地区平衡。当前乡村社会出现了很多错综复杂的新情况新问题，但归结起来就是一个"散"字。一方面，强化乡村文化空间功能聚合。充分认识到乡村文化空间的整体性，认识到乡村文化空间包含着农民群众日常生活生产活动和环境，不能片面单一地只重视其某一种文化价值而忽略掉其他文化内容、只重视文化功能而忽视掉其他方面的功能，而是要打造功能聚合型空间，充分展示和传承各类文化，发挥以文化人、以人养文、人文融合共进的价值功效，同时将乡村旅游产业、美丽乡村民生工程、乡村干部队伍培养、行政办公场所设置与乡村文化空间建设相结合，实现乡村文化空间的多重功能。另一方面，强化乡村文化空间地域聚合。针对乡村文化资源地区间分布较为分散的现象，以及部分乡村地区文化发展动力不足、条件有限等问题，可通过周边乡村联合发展、建立各功能分区、打造文化乡村集群的方式，构建聚合型乡村文化空间，形成合力推动乡村文化资源在更大范围内充分流动应用，促进乡村文化发展的区域平衡。

第三，由现实空间向虚拟空间扩展，补足文化发展短板。一方面，重视乡村精神文化空间的建设。乡村文化空间不仅是由各类具有地域性的村落建筑、工艺技术、戏曲曲艺、服饰民俗等物质文化构成的空间，是凝结在各类物质文化中的乡愁乡情和社会关系所构成的村民与村民、村民与城市居民间的精神空间。要充分利用这条精神纽带，凝聚农民群众共同奋斗的精神力量，塑造其崇善向上的公共精神和共同价值观，共同构筑乡村精神文化家园，为推动人才回乡建设、回乡消费提供平台。另一方面，重视乡村文化网络空间建设。随着时代发展和互联网在农村社会的普及，网络空间成为乡村文化传播发展和乡村思想文化阵地建设不可忽略的重要空间。既要加强乡村网络设施建设，有计划组织农民群众学习网络操作技术，通过网络平台扩展拓宽视野、展现乡村文化，也要积极引导农民群众正确辨别网络内容，加强乡村地区网络监管，努力打造清朗健康的网络空间；既要充分利用各类技术手段，充分展示乡村文化、乡村风貌，让原本内向型的乡村文化空间向外扩展延伸，也要充分利用网络空间打破地域局限性的优势，积极开展文化交流，吸收借鉴其他积极元素。

第四，由乡村空间向城市空间延伸，抓住县城这一重要载体。当前，城市的同质化发展使得城市文明相对单一、城市特色逐渐消退，因此要在不断完善乡村文化空间的基础上，以乡村文化带动城乡融合发展，坚持"修旧如旧"的城市建设理念，采用"微改造"的"绣花"功夫，将城市精神与乡村文明融合，在城市建设中既充分推进现代化的进程，又树立和突出各民族共享的中华文化符号和中华民族形象、弘扬和发展中华优秀传统文化，让人民群众享受到现代社会的便利和舒心，又能保护传承传统文化的历史风貌，在保障民生的同时留住乡愁，推动乡村文化传承发展，使城市建设形神兼备。同时，重点把握当前县城在我国城乡融合发展中的关键作用和重要意义，重点把握县城的文化建设。《关于推进以县城为重要载体的城镇化建设的意见》中明确指出县城具有连接城市、服务乡村的重要作用。县城地区是农村人口转移集聚、新型城镇化推进的重要场域，乡村文化的传承发扬必须考虑这一重要空间。一方面，要遵循国家政策、立足具体区位资源，挖掘和培育一批文化资源优渥、以文化传承保护、文化旅游、文化产业等为主要功能的文化性县城；另一方面要充分发挥县城作为乡村与城市之间过渡地区的重要优势，畅通城乡间连接通道，既把握好农民群众在新环境下的精神文化需求，充分利用和引入乡村文化资源，又积极引入城市的先进资金、技术、人才、基础设施等资源，使之有效结合，在县城地区文化建设充分发展起来的。同时，提高县城辐射带动乡村文化振兴的能力，推进县城文化基础设施、公共服务等向乡村延伸覆盖，促进县乡之间的文化建设衔接互补。

（三）运用新技术促进文化建设

立足新时代国情农情，要将数字乡村作为数字中国建设的重要方面，加快信息化发展，整体带动和提升农业农村现代化发展。从文化领域看，以数字技术为代表的新技术打破了以往文化传承的时空等条件限制，是以技术创新带动乡村文化振兴的重要内容，我们要充分运用这些新技术，打造乡村文化传承发展的新气象。

第一，完善数字乡村基本保障，弥合城乡"数字鸿沟"。自数字乡村提出以来，我国数字乡村建设不断推进，但仍有一定缺陷。针对城乡数字化信息化差距大的现状，面对新征程上对乡村振兴数字化提出的更高要求，要不断增强数字乡村适配性保障。要加强政府统筹规划，制定相关政策，推动电信公司向落后偏远的农村地区投资和投入数字化基础设施建设，同时合理布局乡村数字化基础设施建设，在较落后的地方有限满足最基本的设施建设，而后进行分批逐步完善，不断扩大农村数字设施覆盖面；在基础设施较完善的乡村地区，要根据技术发展和现实要求不断进行设施更新，提高数字设施的质量和性能。要适度加大乡村数字发展财政投入，开展一定程度的惠民政策，视情况降低农民群众的信息使用费用，使较为落后地区的农民群众也能够享受到信息资源、感受到数字乡村的便利性，尤其是在新冠肺炎疫情等重大突发事件发生时，面对农村学生在线学习等需求，能够提供硬件上的保障和一定程度的补贴。要注重培育数字时代新农民，通过将信息教育融入农村学校教育、在乡村组织开展数字技术专项培训、以乡村广播等传播渠道开展信息知识宣传等多样化的方式，加强对乡村民众的信息、数字、网络方面认识水平和技能提升，并在此过程中要尤其注重年龄较大、文化水平较低等群体的技能掌握，在宣传教育中提高细心耐心，使农民群众广泛掌握基本的信息化技能，促进自身文化水平提升，展现新的精神风貌。

第二，繁荣发展乡村网络文化，推进乡村"互联网+"。要充分发挥数字技术和网络工程在传承发展乡村文化中的重要作用，通过"互联网+思想政治工作"，构建农村网络思想文化阵地，利用各类网络平台弘扬和传播中国特色社会主义文化、社会主义思想道德，以线上主体党课团课、微电影、微视频等形式助推乡村思想政治工作，同时也要注意加强网络监督巡查，打击网络不良信息和消极文化。通过"互联网+乡村文化资源"，打造和完善历史文化名镇、名村和传统村落数字文物资源库、数字博物馆，运用数字影像、虚拟现实等技术复刻乡村自然人文景观、保存各类文化资源，尤其是具有濒临消失的语言文字、工艺技法等等，推动乡村文化的保护和弘扬。通过"互联网+文化服务与产品"，带动乡村文化服务和产业的有效供给和兴旺发展，通过微信、抖音、微博、淘宝等社交软件和网络平台能够使乡村民众自主学习交流各类文化艺术、购买用于满足自身精神文化需求的产品，也能够将乡村的工艺品、歌曲舞蹈、美食小吃等文化产品以网络直播的形式向外界展示、传播和销售，以"云旅游""云赏花"等形式提高乡村文化的影响力。通过"互联网+文艺创作"，支持了解农村、热爱农民的创作者们进行"三农"题材的网络文化优质内容创作，让更多的人了解乡村、了解乡村文化，吸引更多的人来到乡村、感受乡村。通过"互联网+示范基地"，建设互联网助推乡村文化振兴示范基地，总结优秀的网络技术带动文化振兴经验，发挥先进案例的示范作用，开展相关技术帮扶、经验分享，为其他乡村的文化发展提供有益借鉴。

（四）打造新业态推进文化赋能

习近平总书记曾指出："要围绕国家重大区域发展战略，把握文化产业发展特点规律和资源要素条件，促进形成文化产业发展新格局。"文化产业是传承乡村文化、满足农民精神文化需求、推动乡村文化振兴的重要载体，要充分推进文化产业赋能乡村振兴工作，发挥文化产业的多重功能价值和综合带动作用，构建乡村社会新业态。

第一，要明确乡村文化产业发展方向，将社会效益放在首位。乡村文化产业是将文化发展和产业振兴相融合的产物，其所生产资料和产品服务除了带来经济价值，还有一定的意识形态属性。要充分意识到乡村文化产业、产品、服务的特殊性，把握好乡村文化产业的意识形态属性和产业属性，明确文化产业发展质量和水平的最重要的评判标准不是其经济效益，而是其社会效益，是看其能否助力乡村文化的传承发展，能否提供更丰富更优质的满足人民精神文化需求、增强人民精神力量的文化服务和文化产品。要坚持将乡村文化产业的社会效益摆在首位，通过国家宏观政策制定和兜底保障，把控乡村文化产业的发展方向，推动国有企业进入乡村文化产业链条，鼓励各类非公企业发挥优势，将中国特色社会主义文化与乡村特色文化充分结合，推动社会效益和经济效益相统一。

第二，要挖掘乡村文化产业丰富资源，促进复合型业态发展。要充分认识乡村文化资源，挖掘和探索乡村文化产业化的可能性，从创意设计、演出产业、音乐产业、美术产业、手工艺、数字文化、其他文化产业和文旅融合等八个重点领域赋能乡村振兴，活化乡村优秀传统文化资源，在内容上打造包括乡村文艺体育、民间技艺、乡土风貌、田园风光、生产生活等全领域的产业内容；在形式上构建物质文化产品制造、乡村文艺技能教育教学、民俗风情互动体验等复合型业态；在技术手段上充分利用先进技术，全面推进文化产业数字化转型升级，带动乡村文化传播展示消费，培育新型文化业态和文化消费模式；同时要鼓励各地立足文化资源禀赋，在区域特征、文化特点、民族特色上下功夫，构建自身独特的文化产业品牌，通过推动农村种植业、林业、畜牧业与农村茶、中医药、传统美食等特色文化产业相对接，推动文化业态与乡村旅游深度结合等方式，培育打造地方特色鲜明、文化内涵突出、一二三产业有机融合的文化业态，避免"复制粘贴"式的乡村文化产业格局，努力提供更加全面丰富的优质文化产品和服务，更好满足人民多样化、多层次、多方面文化需求。

（五）完善新机制保障文化传承

习近平总书记强调："全面推进乡村振兴，必须用好改革这一法宝。"推进乡村文化传承发展，要不断完善机制体制，推进重点领域和关键环节改革，保障新理念、新空间、新技术、新业态的充分落实和作用发挥。

第一，健全现代乡村文化市场机制体制。要着眼于农民群众对于美好生活的向往，健全完善现代乡村文化市场体系，推动各类文化市场的主体发展壮大。深入贯彻落实《中共中央国务院关于加快建设全国统一大市场的意见》等相关政策，从机制体制着眼，完善乡村文化的产权保护、市场准入、公平竞争、社会信用等机制体制。在文化产品和服务上，建立健全乡村文化产品质量体系，从文化产品的社会价值、经济价值等多方面完善相关标准和计量机制。在文化市场监管方面，健全乡村文化市场监管规则，根据乡村文化产品的特殊性质和乡村文化新兴产业、新兴技术发展的新需求完善市场监管立法工作和程序设置，推进线上线下一体化监管；强化文化市场监管执法，根据乡村文化发展涉及主体和领域多的特点，建立综合监管部门和行业监管部门联动的工作机制，积极开展联动监管和执法，充分利用大数据等新的技术手段，推进智慧监管，提升监管能力，进一步打击新业态下的乡村文化垄断、区域间文化发展壁垒等不当市场竞争行为，为乡村文化发展打造良好的市场氛围与环境。

第二，建立汇聚各方资源的有效机制。乡村传统文化的传承发展需要多方面的资源充分涌流，要充分遵循《关于推动文化产业赋能乡村振兴的意见》等政策导向，打造汇聚各方资源的有效机制。要根据乡村文化现状，通过政府指派、自愿申报、动态管理、重点扶持等原则，遴选一批乡村文化传承发展重点项目，并通过差别税率、税金减免、贷款贴息、项目补贴等方式方法加大对其扶持和服务力度。推动国家开发银行等金融机构、投资机构根据乡村文化发展要求和乡村社会现状因地制宜、创新产品，为乡村文化传承发展提供综合性优质金融服务、信贷支持。要强化城乡文化融合发展机制体制，鼓励文化领域智库、研究机构、行业协会及各类公益组织、公益基金等积极参与乡村文化振兴工作，推进城市的人才、创意、资金、管理经验、消费需求等要素充分向乡村地区流动，与乡村地区的文化资源相结合，内外结合激活乡村文化产业的内生动力。要深化乡村文化企业改革，采取与乡村发展现状相适应的股份制改造，充分调动企业的积极性，并且促进乡村文化企业与政府、金融机构、市场及人民群众的有效对接，更好地提供符合主流价值观、满足农民群众实际需求的乡村文化产品和服务。

第三，强化乡村文化保护与发展协同机制。对于乡村优秀传统文化必须坚持在有效保护的基础上合理利用。要完善乡村文化发展规划机制，根据全面推进乡村振兴的总体要求统筹考虑土地利用、历史文化传承、产业发展、人居环境整治和生态保护，合理规划和布局乡村文化传承发展空间，强调文化和旅游开发建设严禁违法违规占用和过度开发耕地湿地林区，强调要在符合生态环境保护的根本原则下进行开发利用，强调注重对自然环境、传统格局、特色风貌等方面的保护和管控。在有效保护的基础上，探索乡村文化资源合理利用的有效机制，将保护传承乡村文化与建设美丽乡村、改善农村人居环境、发展农村特色产业等相结合，充分发挥乡村文化的多重作用。

三、打造乡村文化发展的鲜明特色

在谈及如何实施乡村振兴战略时，近平总书记曾强调："科学把握乡村的差异性，因村制宜，精准施策，打造各具特色的现代版'富春山居图'。"立足各地乡村的特色文化资源，因村制宜，构建乡村文化振兴特色模式，是有效解决文化振兴过程中"千村一面"现象的有效途径。

（一）挖掘自身特色，开辟差异化发展道路

我国乡村地区辽阔广袤，乡村文化因其地理位置、资源禀赋、历史渊源的不同而千差万别、特色鲜明。不同乡村在推进文化振兴的过程中，要科学地把握各地差异和特点，区分乡情特质，充分挖掘自身资源，找寻最能够代表自身的文化特点，走特色化、差异化、品牌化的发展道路。

具体而言，要将乡村文化融入乡村规划，充分梳理乡村发展的宏观背景，把握从国家到乡村各级规划对乡村发展的定位，在此基础上做好乡村发展的顶层设计。在规划过程中要将掌握科学理论的"洋专家"与对乡村文化熟悉了解的"土专家"结合起来，将自下而上的建议与自上而下的政策结合起来。要充分了解分析乡村所处的地域环境，从乡村居民独特的生活方式、生产方式和乡村景观中入手，从历史建筑、传统习俗、人文风光等大类出发，不断细化，探寻不同乡村的特色文化资源，深入挖掘不同乡村的文化内涵，选择一个或多个最具有代表性、最独特的文化属性，充分发挥这一得天独厚的文化资源优势，打造本地与众不同的个性文化品牌。如陕西省袁家村利用自身独特的饮食文化作为发展基点，将餐饮类产业与饮食文化相结合，以"食"为主打造出最能传递关中民俗文化的"关中印象体验地"；贵州省镇山村利用与花溪风景名胜毗邻和自身民族村寨的资源优

势，以自然生态为底色，以民族风情为特色，打造以"游"为主的乡村文化振兴模式；浙江省乌村则以村内特有的吴越文化和江南农村生活印记，设立一系列配套的服务设施，打造高端休闲度假村落，形成以"闲"为主的乡村文化振兴模式。

（二）融合自身资源，打造乡村田园综合体

2017年的中央一号文件首次提出"田园综合体"这一概念，其主要是针对农业问题而言，构建集循环农业、创意农业、农事体验于一体的田园综合体，但在乡村文化振兴的过程中这一概念同样适用。

乡村文化振兴走特色化发展道路，强调要因地制宜挖掘自身的特色文化资源和产业，避免乡村发展不切实际、同质化的弊端，但决不意味着孤立地开发特色文化内容而忽略整体发展，而是要以特色文化为关键点，融合自身资源，实现乡村地区的功能完善、模式转换、产业转型、价值转变，使乡村从原有的简单农业功能到集合农业经济、生态保护、文化传承的复合功能，从农业模式转变为农业、文旅、社区合一的综合发展模式，从单一的农业生产转变为综合的产业链条，从经济价值转变为经济、文化、生态、社会等价值的有效统一。具体而言，就是要在夯实农业基础的前提下，精准找寻乡村文化振兴的核心定位，从一个或多个特色文化核心主题进行发散，融合自身及周边各项区位资源，对其进行内容与业态的丰富和扩展，既将乡村文化融入到乡村的各个功能分区中，又以乡村特色文化资源为中心打造完整全面的发展链条，推进乡村文化一体多面、综合发展，以文化振兴带动全方位乡村振兴。例如以美食文化为特色的陕西省袁家村，将以"食"为主体的文化内容作为串联起乡村发展的主线，进而形成了"种植、养殖、加工一体，看、玩、吃、买、住全套"的综合发展模式；贵州省镇山村在以文化旅游为主要发展方向的基础上，促进文化旅游与农业生产、手工制造业、乡村空间布局和社会治理的融合；浙江省乌村立足"休闲度假"的发展定位，强调对生态环境、田园风光和传统民居的保护和合理开发，改善乡村基础设施的建设和人居环境的治理，带动相关产业的发展，形成了合理规划、综合发展的系统架构。

（三）扩展发展视野，吸收国内外先进经验

乡村地区虽然拥有丰富独特的文化资源，但由于经济发展水平的相对落后，造成了乡村文化发展在思想观念、技术手段等方面也都存在着一定局限，因此推进乡村文化振兴，不仅要借鉴优秀的乡村范例，更要扩展发展的视野，适当吸收借鉴城市文化建设和国外乡村文化发展的先进经验。

从城市方面看，我国城市文化建设起步较早，尤其在改革开放以后，城市文化建设在人民物质生活水平较大提高后更加受到重视，在城市建设规划和布局中成为重要取向。当前我国城市文化建设虽仍需要不断探索和发展，但在过去的发

展历程中取得了显著的成果，积累了丰富的文化建设经验：在总体规划上，提升文化建设重要性，将其摆在全局工作重要位置、纳入经济社会发展总体规划；在建设机制上，搭建了中国共产党领导、政府扶持、专业队伍支撑、广大市民参与的多元协同机制；在建设空间上，构筑了从城市整体到街道社区的层层递进、向基层拓展的文化建设方向；在发展理念上，探索清晰明确的文化品牌、设置科学合理的文化发展目标定位，成为提升城市文化竞争力的重要因素；在方式手段上，加强区域合作，构建大都市文化圈，通过城市之间合理分工充分发挥自身比较优势，推进区域整体文化竞争力成为城市文化建设的重要举措等。中国特色社会主义城市文化与乡村文化在本质上同根同源，城市文化建设的先进经验能够为乡村文化的振兴提供有益借鉴。

从世界范围看，习近平总书记曾指出："交流互鉴是文明发展的本质要求。只有同其他文明交流互鉴、取长补短，才能保持旺盛生命活力。"实现国家的现代化必须以农村的现代化为支撑，而实现农村的现代化避免不开农村文化的建设。我国的现代化起步较晚，深入了解发达国家在乡村文化建设方面取得的优秀实践成果，能够给新时代中国乡村文化振兴带来一定程度的启示。例如，美国农村再造计划中构建了系统完善且信息化的农村文化服务体系，以国家农业图书馆信息中心为核心的公共文化基础设施，能够通过免费电话、电子产品、网络及专门出版物等手段向广大、分散的农村地区提供与农村文化发展相关的教育、人文知识、经费资助等信息服务，为农村的公共文化服务提供充分物质保障。日本的"一村一品"运动则充分挖掘并发展了乡村特色文化，日本农村立足本地资源优势，充分挖掘自身的民俗文化优势，打造独具特色的文化品牌，发展具有地方特色的主导产品和产业，以推动自身发展。在战后文化遗产管理、国土政策、农村政策上，民俗技艺等日本农村传统文化作为在地区建设中发挥作用的区域资源不断受到关注。韩国新村运动在文化建设方面则主要针对朝鲜战争结束后农民消极情绪蔓延、普遍丧失积极性和凝聚力的问题，在目标上除了改善农村物质生活条件，还强调要提高农民的生活伦理水平。

无论是我国城市文化建设的先进经验，还是发达国家在乡村文化建设方面的成功实践，证实了文化建设在整体发展中的必要性，为新时代中国乡村文化振兴提供了丰富经验，同时也表明不同国家不同地区的文化建设必须立足于自身的国情村情，我国乡村地区在推进文化振兴时不可生搬硬套、盲目跟从，要符合具体实际、适当吸收借鉴，彰显出自身的文化特色与精神风貌。

四、提升乡村文化服务的供给效能

习近平总书记在谈及经济建设时指出："放弃需求侧谈供给侧或放弃供给侧谈

需求侧都是片面的,二者不是非此即彼、一去一存的替代关系,而是要相互配合、协调推进。"这一理论同样适用于解决乡村文化振兴的问题,面对乡村文化服务的供需矛盾,要在夯实乡村社会发展的经济基础既要从需求端科学引导、切实掌握,也要在供给端进行深入改革、提升质量,提升乡村文化服务的效能。

(一)夯实乡村物质经济支撑

习近平总书记指出:"党的十八大以来……经济发展取得了历史性成就、发生了历史性变革,并为其他领域改革发展提供了重要物质条件。"坚实的物质经济条件为乡村文化振兴提供了重要基础,尤其表现在能够丰富乡村公共文化服务,促进乡村公共文化产品与服务在供给规模、内容质量、供给效率等方面的提升,更好地满足农民群众的精神文化需求,因此要根据当前乡村文化发展现状进一步夯实乡村地区的物质经济支撑。

一方面,要始终坚持正确的乡村经济发展理念。坚持加强党对乡村经济工作的统一领导;坚持以农民群众为中心的发展思想,以农民群众对美好生活的向往为奋斗为目标,持续抓保障和改善民生工作;立足大局正确认识乡村经济发展形势,不简单以生产总值增长率为目标;坚持以问题导向部署乡村经济发展;坚持正确的工作策略和方法等。另一方面,要积极探索乡村集体经济发展的有效途径,发展壮大乡村集体经济。在思想上,要走出乡村集体经济的认知误区,避免出现乡村集体经济仍旧是走人民公社化、乡村集体经济与市场经济对立冲突等的错误认知;在深化改革上,要着重把握产权问题,制定科学合理的机制体制,明晰乡村集体产权,完善对乡村集体资产的经营与管理,充分保障农民群众的权益;在发展途径上,结合不同乡村的具体实际探寻农民劳动与集体所有生产资料结合的最佳方式,如社区股份合作社、土地股份合作社、农民专业合作社、多种方式相结合等,推动乡村集体经济的发展。

(二)科学把握农民文化需求

需求侧虽不是乡村文化服务供需矛盾的主要方面,但是其过程中不可缺少的必要环节,是文化服务供给精准有效的前提,因此要科学把握农民文化需求。

一方面,要完善农民文化需求的表达和反馈渠道。了解需求,才能因需而动精准供给。乡村文化服务在思想认识上转变思路,打破以往由上自下的固有思维模式,立足时代发展和具体实际,更加注重听取群众的文化诉求。在机制体制上,建立健全群众意见表达反馈机制,定期举行文化服务工作的述职汇报会议,引入群众参与,实时听取群众意见;建立健全干部走访调研工作机制,定期开展走访调研,倾听群众心声,了解群众需求;扩展群众需求表达渠道,保证信访、电话上访、意见簿等传统方式的畅通,结合时代进步拓宽群众表达途径,如利用微博平台、短视频平台等了解乡情民意；以数字科技为依托，搭建共享型文化服务平台，在符合法律法规、保障信息安全和个人隐私的前提下，利用大数据算法和互联网技术，构建乡村民众文化需求端动态数据库，充分掌握乡村民众的文化需求。在实际工作中，要保障各职业、各年龄、各阶层乡村民众的需求表达，着力参考重点群体的文化诉求，既要针对乡村老人、儿童以及其他文化水平较低群体等易失语的乡村群体开展专项调研和走访，也要重视对乡村有深入了解、能够反映大多数民众需求的乡村意见领袖、乡村带头人的诉求内容。

另一方面，要加强对乡村民众文化需求偏好的科学引导。乡村文化发展既要有阳春白雪，也要有下里巴人；但乡村民众的文化需求不能仅偏向于追求电视电影等娱乐性文化活动，也要有文艺体育、读书看报、技能培训等发展性文化需求。

因此，乡村政府要注重对于农民文化需求的价值引导，有选择性的满足农民文化需求，在乡村地区推广弘扬社会正能量、传递社会主义核心价值观的优秀文艺作品，利用乡村广播站、乡村出版物、乡村电视台等乡村媒体传播时政民生、科学知识等有益的文化内容，提升农民文化生活的质量，引导农民降低对不良文化活动的兴趣，并严厉打击一些与社会主流价值观相悖、不利于农民健康发展的文化活动，引导农民文化需求向着健康向上、科学文明的方向发展。

（二）深入文化服务供给改革

结构性矛盾是新的历史阶段下农业农村发展的主要矛盾，并突出表现为阶段性供过于求与供给不足并存。乡村文化服务方面的主要矛盾同样表现在供给侧，因此要深入促进乡村文化服务的供给侧改革，推进乡村文化服务转型升级、发挥效能。

第一，要丰富乡村文化服务供给形式内容。面对农民群众不断扩大的文化需求规模和多元化的文化需求种类，在供给方式上要不断创新，依托乡村文化资源建立乡村文化服务项目库，构建乡村文化服务网络体系，探索可复制、易推广的农村文化公共服务供给模式；组织开展乡村书画展、摄影展、运动会、曲艺比赛、村歌评选、村晚等娱乐活动，免费提供文艺体育、乡村工艺、职业技能、文化课堂等培训或教学，以灵活多样的形式推进乡村文化服务的全方位供给，满足不同年龄结构、不同兴趣爱好的农民群众的多元文化需求。在供给内容上，要与乡村经济社会发展现实条件和需要相协调，文化的供给是建立在一定的经济基础上并与其相适应的，不能过度重视文化需求、集所有资源满足文化供给而给经济带来危害；要依托新时代文明实践中心、县级融媒体中心，把控乡村文化服务的总体方向，统筹管理好各类文化服务实践；立足当地经济社会发展现状和优秀传统文化等元素，对优质文化资源和条件进行把握运用，发扬自身文化特色，创新文化供给内容，如依托乡村特色办好农民丰收节，举办具有本地特色的大型文化活动，打造乡村文化品牌，以及充分利用乡村的古宅、戏台等历史建筑，在保护的基础上适当改造后用于乡村特色文化活动的开展；加强文化服务的城市帮扶和村际互助，有效利用"三下乡"等长效机制和短期活动满足乡村文化服务短板，为乡村文化服务"输血"，但同时也要加强乡村文化服务自身的"造血"功能，变"送文化"为"种文化"，实现乡村文化服务供给的独立自主与持续发展。

第二，要促进提升乡村文化服务供给效率。首先，要加大乡村文化服务资金保障，在政府规划中加大对乡村文化服务的资金投入，设立文化服务专项资金，同时拓展文化服务的供给主体，引入相关企业、行业协会，扩展资金来源，确保资金充足、利用有效。其次，加强乡村文化服务的基础设施建设，不断完善乡村图书馆、文化活动室、广播站等传统公共文化基础设施，推进相关配置的更新换代，使其在新时代下发挥新功能，同时引进和普及网络化信息化的文化服务设施。再次，要建立供给与需求两端的有效连接机制，充分了解乡村文化服务的资源，建立健全生产端资源数据库；搭建供需信息共享对接平台，完善"需求征集-服务供给-评价反馈"的文化供需互动机制，变"大水漫灌"为"精准滴灌"，实现文化服务的精准供给，提升公共文化服务的供给质量；建立群众广泛参与的文化服务供给决策机制，推动农民在乡村文化服务中的共建共享；完善群众满意度测评机制，每一次文化服务活动或工作结束后及时调查农民满意程度，构建更加全面系统客观的评价指标体系和改进机制，优化乡村文化服务供给的质量。最后，加强乡村文化服务队伍建设，培养乡村文化服务领导干部，培养和引进高素质文化管理人才，建立文化服务志愿人才队伍，加强农村专职文化队伍和业余骨干队伍建设，为农村文化服务提供热爱文化、业务精湛的专业人才队伍。

第三，要充分发挥市场在文化服务中的作用。市场在资源配置中其决定性作用，要以市场需求为导向，深化乡村文化服务供给侧结构性改革，不断提高乡村文化服务的综合效益。一方面，加强文化服务供给市场化主体培育，在市场中引入各类企业、社会团体等社会力量，发挥政府主导作用，为这些社会主体进入市场制定相关标准，简化审批流程，加强政策帮扶，重点扶持农民需求大、文化效益好的企业；要深化乡村机构改革，将文化类事业单位逐步推入市场化运作机制，促进其提升自身的竞争能力，提高其文化服务水平。另一方面，建立完善乡村文化服务的市场化竞争机制，充分发挥政府在规划引导、政策支持、市场监管、法治保障等方面的积极作用力完善文化服务市场的招标投标、行业准入、扶持补贴等机制，避免行业垄断，充分激发市场活力，让市场主体在安全稳定的成熟市场下自由竞争，精准有效地满足农民文化需求，并最大化地让利于农民群众。

五、形成乡村文化治理的优良风尚

习近平总书记指出："健全自治、法治、德治相结合的乡村治理体系，是实现乡村善治的有效途径。"面对当前乡村社会主流思想健康向上与歪风邪教渗透侵蚀之间的矛盾，要夯实乡村文化综合治理的根基，打牢乡村思想文化阵地，走自治、法治、德治"三治合一"的文化治理道路，在乡村铸牢抵御各类歪风邪教的铜墙铁壁。

（一）建强乡村思想工作阵地

习近平总书记强调："我们在集中精力进行经济建设的同时，一刻也不能放松和削弱意识形态工作。"推进乡村文化振兴，不仅要以文化繁荣为乡村经济社会发展提供智力支持和内生动力，更要把握好乡村思想政治工作的生命线，建强乡村社会意识形态阵地，保证乡村振兴在中国特色社会主义的正确道路上不断前进。

首先，要深入推进乡村社会思想政治工作。首先，要充分认识到经济基础决定上层建筑、上层建筑对经济基础具有反作用的社会规律，依托乡村社会不断发展的物质基础进一步加强乡村思想政治工作，牢牢掌握乡村意识形态工作的领导权、管理权、话语权，以围绕中心、服务大局为基本职责做好农村思想政治工作，使农民群众在面对各类意识形态、社会思潮、宗教邪教、舆论信息时能够明确辨别并且旗帜鲜明反对抵制各种错误思想，坚守正确方向；使全党全社会能够统一思想、凝聚共识、鼓舞斗志、团结奋斗，凝聚全面推进乡村振兴的强大力量；营造主流思想巩固壮大、坚决同阻碍乡村振兴的消极因素作斗争的乡村氛围。其次，要坚持党性与人民性相统一，既要坚持党管农村思想政治工作不动摇，强化政治意识，站稳政治立场，积极宣传党的理论，尤其是与农业农村农民息息相关的路线方针政策，深入宣传中央关于乡村振兴的各类工作部署；又要以农民群众为中心，充分了解农民群众的思想状况和现实需求，把服务农民与教育引导农民相结合，把满足农民需求与提高农民素养相结合，将推进乡村振兴、实现民族复兴与广大农民群众的自身发展需求和切实利益紧密结合起来，把体现党的主张和反映人民心声统一起来。再次，要利用乡村特色资源开展思想政治教育，既要在乡村地区广泛开展中国特色社会主义和中国梦宣传教育，弘扬民族精神和时代精神，加强爱国主义、集体主义、社会主义教育，加强党史、新中国史、改革开放史、社会主义发展史和形势政策教育，加强马克思主义唯物论和无神论教育，增强忧患意识、发扬斗争精神；也要充分挖掘乡村地区优秀传统乡土文化，从农村社会天人合一的生态伦理、勤劳淳朴的社会风气、耕读传家的家风家训、邻里守望的乡风民俗、丰富厚重的革命文化等中深入挖掘思想政治教育资源，赋予其新的时代内涵，加强其道德教化作用，引导农民群众爱党爱国、向上向善，打造农民群众坚实的思想堡垒。此外，还应在开展乡村思想政治工作的过程中不断总结经验规律、分析实际情况、加强队伍建设、完善机制配置，推动乡村思想政治工作的不断强化，促进乡村思想阵地的巩固。

其次，要着重加强乡村地区社会主义核心价值观培育。习近平总书记强调："世界上各种文化之争，本质上是价值观念之争。"各乡村要依托乡村农耕文明和传统文化，结合乡村社会的热点难点问题，挖掘乡村传统美德与社会主义核心价值观的内在逻辑，将社会主义核心价值观与乡村优秀传统文化和传统美德资源进行创造性整合，结合乡村具体特点进行宣传教育，加深乡村民众对社会主义核心价值观的理解与认同，引导人们把社会主义核心价值观作为明德修身、立德树人的根本遵循。要丰富社会主义核心价值观的宣传教育形式，改变单一机械的灌输式教育，构建"科学技术+日常生活+社会主义核心价值观"的宣传教育模式，利用现代科学技术创新社会主义核心价值观的宣传手段，坚持将社会主义核心价值观贯穿结合融入、落细落小落实到日常生活，打造适应农村特点、符合乡村社会生产生活的话语表达体系，促进社会主义核心价值观在乡村地区进村入户，在农民群众中入脑入心，形成和弘扬适应乡村振兴战略和农村现代化发展要求的思想观念、精神面貌、文明风尚、行为规范，使农民群众面对农村社会的歪风邪教和思想观念上的沉痛旧疾时能够明确辨别、敢于亮剑、善于斗争。

最后，要密切关注农民群众思想动态，加强农民群众心理疏导。习近平总书记曾在应对新冠肺炎疫情工作时强调："要加强心理干预和疏导，有针对性做好人文关怀。"在农村思想政治工作开展过程中，同样要密切关注农民群众的心理状态和思想动态。农村地区的非法宗教、歪风邪教、不良思潮和别有用心的意识形态在时间上往往会利用社会重大事件发生、群众出现焦虑恐慌等心理情绪的档口进行散步传播，在人群上会针对思想文化水平较低、家庭出现困境、生活遭受重大挫折、思想容易陷入极端、遭受周围人群排挤打压等方面的群体进行重点渗透，这类人群也比较容易被错误思想观念所侵蚀。因此，要将掌握思想动态、加强心理干预纳入农村思想政治工作整体部署，提高农村心理健康服务水平，并将之与农村社会保障机制相结合，结合不同农村群体的特点，采取有针对性的心理疏导和人文关怀，对个人或家庭遭受重大打击的农民群众在提供一定物质帮扶的同时，加强精神关怀，对偏离正确方向的思想苗头进行及时遏制和教育引导。

（二）健全乡村社会自治机制

自治是乡村文化治理体系建设的主要架构，习近平总书记曾强调："要以党的领导统揽全局，创新村民自治的有效实现形式。"基层是歪风邪气、恶黑势力分布最普遍的地方，要健全乡村社会自治机制体制，推动乡村社会文化治理和服务重心向基层下移，提升基层文化自治能力。

一方面，要在党政引领下，规范乡村基层文化自治机制。乡村基层党支部和村委会是乡村基层自治的重要载体，要明确和充分发挥其在乡村文化工作中的重要功能，提高二者对文化进行正确的角色定位和思想认知，构建好乡村文化自治的重要组织平台。要进一步完善村民会议制度和民主议事制度，规范村级民主决策的形式和程序，贯彻落实民主集中制，推进乡村社会民主选举、民主协商、民主决策、民主管理、民主监督的具体实践，保障乡村民众的决策权、参与权、知情权和监督权，使农民群众的各项文化权益能够得到充分保护。要充分发挥乡村自治组织的文化引导作用，规范村民代表会议、乡村红白理事会、道德评议机构等乡村自治组织的运行机制，完善对这些自治组织成员的准入标准、专业培训，加强对这些自治组织进行移风易俗主题的技能培训，开展基层党组织领导下各自治组织共同参与的移风易俗实践。

另一方面，要丰富村民议事协商形式，推动构建各具特色的乡村文化自治模式。各地要立足自身实际，积极探索村民议事协商渠道，不断创新自主管理、自主协商形式，丰富各类自治组织，完善村民自治章程，加强村民自治的科学化、规范化管理；要充分利用村规民约、乡贤文化等乡村传统的内生性公共规范，依据现实需要对其进行丰富和改造，使其在中国特色社会主义思想文化下剔除不符合新时代发展要求的封建落后内容，如摒弃重男轻女、封建等级等旧观念，融入现代的民主科学、平等开放等思想，推动村规民约与基层治理相融合，完善新乡贤组织机构，使新乡贤参与到乡村自治组织管理与实践中为其提供智力支持，挖掘其解决邻里矛盾、敦化社会风俗的乡村自治功能，充分汲取地域文化中蕴藏的治理智慧，使其在推进移风易俗、增加乡村文化认同、培育自治文化、凝聚乡村社会共识中发挥作用。

（三）落实乡村社会法治约束

习近平总书记指出："法治是乡村治理的前提与保障。"面对乡村社会陈规陋俗的根深蒂固和歪风邪教的侵蚀渗透，要将乡村文化工作纳入法治化轨道，加强乡村法治宣传教育，完善乡村法治服务，严厉打击危害农民思想意识、阻碍乡村社会发展的邪风邪教，落实乡村社会文化发展的刚性约束。

一方面，要加强法治乡村建设，提高乡村民众法治意识，为主流思想的巩固发展构建稳定的法治环境。要坚持科学立法，立足乡村文化发展实际，以《中华人民共和国乡村振兴促进法》为核心，加强乡村文化工作各方面的专项法律法规的完善补充，为乡村文化振兴提供全局性、系统性的法律保障，推进乡村自治组织机制的法治化建设，提升法治乡村建设水平。要加强执法队伍建设，推进乡村综合执法改革，细化量化处罚标准和条件，建立综合执法网格体系，实现执法事项无缝隙监管，严格规范文明执法，杜绝人情监管、选择执法、执法不公、暗箱操作等现象，推进严格执法和司法公正，在乡村社会培植浩然正气。要深入开展乡村法治宣传教育活动，依据《农业农村系统法治宣传教育第八个五年规划（2021—2025年）》，充分发挥乡村爱国主义教育基地和公共文化机构等的法治文化阵地作用，创作具有乡土文化特色、能够引发农民群众强烈共鸣的法治文化作品，因地制宜开展丰富多彩的农业农村法治文化活动，加强农村学法用法示范户、民主法治示范村的榜样引领作用，推动法治文化与民俗文化、乡土文化融合发展，扩大法治文化的覆盖面和影响力，并将普法教育融入立法执法全过程和日常服务管理中，提升乡村民众的法治意识，在乡村社会形成杜绝不良风气、打击歪风邪教、弘扬主流思想、遵守法律法规良好风尚。

另一方面，要强化歪风邪教治理，深入推进移风易俗实践，为乡村文化环境的和谐稳定扫除障碍。要从领导干部入手，明确权力运行的边界，在健全完善法律法规的基础上，将涉农政策制度梳理成"村级权力清单"，明确村级权力事项名称、责任主体、来源依据、运行流程、结果公开、责任追究等内容，同时健全权力监督制度，强化监督执纪问责，对各级权力运行实施痕迹化管理，发挥民主监督作用，编印《村务监督委员会工作指导手册》向农民群众积极普及，确保村级权力运行有程序、有规范、有依据、有监督，扫除乡村干部队伍中的不良风气。大力开展乡村地区扫黑除恶专项斗争，健全完善防范打击长效机制，从根部打击农村恶黑势力。加强农村地区拒毒防毒宣传教育，依法打击整治毒品违法犯罪活动，通过讲解毒品危害、普及法律法规、模拟吸毒体验等方式提高乡村民众警觉戒备意识。依法打击农村地区非法宗教与邪教，把邪教与非法宗教乡村治理工作纳入法治化轨道，严厉禁止和依法处理利用宗教、邪教干涉农村治理的行为，大力整治农村滥塑宗教造像、乱建宗教活动场所等乱象，制定完善农村宗教活动相关法律法规，同时将防范与转化结合，将反邪教宣传教育与宗教中国化宣讲结合，强化农民群众的思想教育。在遵循国家法律法规的基础上，因地制宜合理完善村规民约，使村规民约成为改善社会不良风气的重要推手，打造构建相应的监督和奖惩机制，对不良行为进行合理的规范约束。

（四）营造乡村社会德治氛围

德治是乡村文化综合治理的内在支撑。习近平总书记指出："要在实行自治和法治的同时，注重发挥好德治的作用，推动礼仪之邦、优秀传统文化和法治社会建设相辅相成。"要进一步加强乡村思想道德建设，强化乡村民众道德培育，营造向上向善的乡村文化环境，让歪风邪教无处遁形。

　　一方面，要推进乡村传统道德与时代适应，提倡符合乡村发展的道德风尚。我国农耕文明源远流长，乡村地区历史悠久，乡村社会的很多村规民约、风俗习惯等保留有浓厚丰富的优秀传统文化基因，蕴藏着在今天仍然发挥重要作用的伦理道德，要充分挖掘和弘扬其中与推进乡村振兴、实现社会主义现代化相适应的部分。在把握农村文化振兴方向的基础上，加强对民俗文化、村规民约、家风家训的挖掘整理，对其中蕴含的个体道德规范、家族道德伦理和政治伦理规范进行现代化转换与重构，发掘和弘扬其中忠国家、爱父母、重集体、尚和睦等传统道德元素，剔除其中腐朽愚昧的部分，增加现代思想文化中的公平正义、人民至上、公民权利等内容要素，使其既同中华民族传统美德相承接，又与中华民族伟大复兴的时代要求相适应，充分发挥道德的协调、约束、凝聚功能，提升乡村社会的文明程度。

　　另一方面，要发挥乡村道德模范的引领作用，促进乡村到的治理的实践养成。道德自觉具有一定程度的不稳定性和不确定性，个人的道德往往易受外在因素的影响而产生变化，因此需要依靠引导和示范在乡村民众中形成道德共识，发挥乡村思想道德先进典型教育人、引导人、鼓舞人的示范带动作用。充分利用乡村社会涌现出的好人好事，大力开展文明村镇、五好家庭等创建活动，农村道德模范、最美邻里、身边好人等选树活动，树立一大批事迹感人、品德高尚的道德楷模，以召开表彰大会、举办先进典型系列报告会、开展道德模范事迹展览、制作光荣榜等方式，对先进典型进行事迹进行宣传展示，鼓励道德典型参与到乡村文化治理中来，在乡村社会形成"人人学习模范、人人争当典型"的良好氛围，使道德建设与法治建设、自治机制有机结合，共同形成乡风文明的社会沃土，铸牢抵御歪风邪气侵蚀渗透的铜墙铁壁。

第八章　新时代乡村文化振兴的未来发展

在把握乡村文化振兴的总体状况，探究分析当前乡村文化振兴的显著成效、突出矛盾并提出解决措施的研究过程中，能够总结出当前乡村文化振兴的经验启示，对新时代背景下乡村文化振兴的未来发展提出新的展望。

第一节　新时代中国乡村文化振兴的经验启示

当前，我国乡村文化振兴进入更高程度的发展阶段，第二个百年目标的战略部署为乡村文化振兴的发展提出了更艰巨繁重的任务，国际形势继续发生深刻复杂变化为乡村文化振兴带来了挑战，需要深刻把握新时代中国乡村文化振兴的重要经验启示，走中国特色社会主义乡村文化振兴道路，以应对乡村文化发展所面临的各种机遇挑战，继续推动乡村文化振兴在新征程上的不断前进。

一、坚持党的领导与多方参与相统一

乡村文化振兴是一项意义重大、内容繁多的复杂工程，其涉及的领域广泛，参与主体多元，且随着时代发展目标与要求不断提高，遇到的机遇与挑战不断变化，需要坚持党的领导与多方参与相统一。

自新民主主义革命时期起，中国农村文化建设就在中国共产党的领导下发端并不断深入开展。党在领导农民进行农村文化建设的过程中，大力开展扫盲运动，破除农民思想上的枷锁，提升农民群众思想文化水平和政治水平，不断提升和发挥农民群众的主体力量。社会主义革命与建设时期，我们党领导农村文化建设的各类主体，完善乡村社会在道德革新、教育普及、文娱改造和体育卫生事业上的各项工作，推动乡村文化工作实现从新民主主义到社会主义的转变。改革开放以来，我们党继续领导和推动各类主体积极参与农村文化建设，完善农村文化工作

机制体制，推进乡村教育事业、乡村文化传承发展、乡村公共服务体系建设等各项事业的发展。党的十八大以来，以习近平同志为核心的党中央毫不动摇坚持和强化党对乡村文化振兴的统筹领导，不断夯实完整有效的党管农村文化工作体系，不断完善多方主体协同参与机制，在为乡村文化振兴提供根本的政治保证的同时，努力发挥乡村文化振兴多方主体的最大合力。

在新征程上深入推进新时代中国乡村文化振兴，必须继续坚持党的领导与多方参与相统一，毫不动摇地坚持党对乡村文化振兴的根本领导，充分发挥多方主体参与乡村文化振兴的最大效益。

一方面，中国共产党是领导乡村文化振兴的核心力量。中国人民和中华民族之所以能够扭转近代以后的历史命运、取得今天的伟大成就，最根本的是有中国共产党的坚强领导。中国共产党成长于乡村，以科学理论为指导，代表着最广大农民群众的根本利益，为社会主义的实现提供根本保证，这其中当然包括实现乡村文化的社会主义现代化。党管农村文化工作是在党领导人民群众夺取一项项伟大成就的过程中形成的优良传统，也是乡村文化振兴的最大优势。面对乡村文化振兴本质上是振兴中国特色社会主义文化的要求和乡村文化领域实现中国特色社会主义现代化的目标，针对当前乡村社会思想文化的复杂现状，新时代中国乡村文化振兴必须要坚持以无产阶级的文化思想来领导，必须要坚持中国共产党的根本领导，从而确保乡村文化振兴的社会主义性质和方向，维护好最广大农民群众的文化权益，有效协调乡村文化振兴各类主体的高效协同和各项工作的系统推进，更好地推进乡村文化振兴不断向前发展。因此，必须毫不动摇地坚持党的根本领导，坚持发挥各级党组织在乡村文化振兴中总揽全局、协调各方的作用，切实保障农村党支部在农村文化工作中居于领导核心地位，不断加强农村基层干部的培育与管理推动建强党的农村文化工作机构建设完善。

另一方面，乡村文化振兴需要多方主体的积极参与和作用发挥。乡村的自然地域丰富多样，乡村文化振兴涉及的工作领域纷繁复杂，党的根本领导能够为乡村文化振兴提供根本的政治保证，但在具体的工作推进中国需要发挥多方主体的不同功能，推动乡村文化各类元素的充分发展，推进乡村文化振兴各项目标的具体实现。例如，各级政府作为行政机构，能够在政策制定和落实上规划乡村文化振兴的具体内容，管理和负责乡村文化振兴的事务和资源；农民群众作为乡村地区最广大的主体，是乡村文化振兴的主力军，对乡村文化有着最深刻的了解和掌握；高校、研究机构能够深入挖掘与研究乡村文化，助力乡村文化的保护与传承；各类企业能够为乡村文化振兴带来资金、技术等资源，并与乡村文化相结合促进其发展创新，带来经济效益与社会效益；各类社会组织、艺术团体能够为乡村文化事业带来新的发展等等。因此，要在坚持党的根本领导前提下，强调农民群众的主体地位，尊重农民的自主意愿，发挥农民群众的首创精神，同时完善各类主体参与乡村文化振兴的机制与途径，充分激发各类主体参与乡村文化振兴的活力，推动乡村文化振兴的多元发展。

二、坚持尊重历史与立足现实相统一

习近平总书记强调："我们要善于把弘扬优秀传统文化和发展现实文化有机统一起来，紧密结合起来，在继承中发展，在发展中继承。"乡村文化振兴最重要最突出的资源就是在浩瀚历史长河中形成的乡村优秀传统文化，在推进过程中需要在尊重历史的基础上，立足当前的具体实际，对乡村文化进行传承发展，探索乡村文化与时代结合的方式方法。

回顾过去，在一段时间内我们忽略了乡村文化的厚重历史，将传统与现代简单对立起来，一味追求乡村经济效益的提高和现代化的发展。工业化、城市化、现代化的进程使我国传统村落急剧减少，乡村传统文化生活空间和生活形态的消失使乡村优秀传统文化的传承难以为继，也使当代中国人普遍是去传统文化的精神归依。二十一世纪以来，乡村传统文化大量消失的严重性逐渐被人们所意识，各类保护性措施日益增加。新时代以来的中国乡村文化振兴尤其重视对乡村优秀传统文化的挖掘与保护、对中华文明传统根系的复原与守护，在乡村地区开展中华优秀传统传承发展工程、建立传统村落保护名录等一系列重大工程，在尊重历史的基础上对其进行修缮改造，立足时代发展进行赋予其新的时代内涵，推动乡村传统文化在新时代展现魅力和风采。

在全面建设社会主义现代化国家的新征程上进一步深入推进乡村文化振兴，必须继续坚持尊重历史与立足现实相统一，要看到乡村传统文化的重要作用，充分挖掘乡村传统文化的基本内涵，保留乡村传统文化的优秀精华，并立足乡村文化发展的现实要求，坚持将乡村传统文化与现代文明、现代技术、现代生活相融合，促进传统与现代的和谐共生。

一方面，要保护传承乡村文化的历史底色。习近平总书记强调："农耕文化是我国农业的宝贵财富，是中华文化的重要组成部分，不仅不能丢，而且要不断发扬光大。"农耕文明是中华文化的重要内容，是中华文明生生不息的重要因素，蕴含着中华民族的思想智慧和精神追求，蕴含着浓郁的乡情乡愁。深入推进新时代中国乡村文化振兴必须坚持以尊重历史为基础前提，按照真实性、完整性的保护要求，适应活态遗产特点，全面保护好乡村古代与近现代、物质与非物质等历史文化遗产，深入挖掘并传承乡村社会的核心理念、道德伦理、人文精神，保护并利用乡村地区各具特色的宅院民居、农业景观、节庆民俗、民间艺术等，最大限度的保留和传承乡村文化中的风土人情、历史风貌，全方位地展现乡村文化在中华民族悠久连续的文明历史中的不断变迁。

另一方面，要不断推动乡村文化的现代化发展。习近平总书记指出："学习、研究、应用传统文化时坚持古为今用、推陈出新，结合新的实践和时代要求进行正确取舍，而不能一股脑儿都拿到今天来照套照用。"乡村文化在其形成和发展过程中，不可避免会受到当时人们的认识水平、时代条件等局限性影响而存在陈旧过时的东西，也会因为时代发展和社会进步所提出新的要求而萌生出现代性。在理念上，要摒弃只重视经济发展、忽略精神需求，只知保护、忽略利用的发展理念，以创新、协调、绿色、开放、共享的新发展理念推动乡村文化振兴，走乡村文化兴盛之路，以文化振兴推动文化效益、经济效益、生态效益和社会效益的综合提升。在内容上，要在尊重历史的基础上，结合时代特征和人民群众对美好生活的需要，以社会主义核心价值观为引领，充分挖掘乡村文化中的优秀精华，创造出更多的时代性文化元素，使之同现实文化相适应、与现代社会相协调。在振兴手段上，要充分利用现代化的科学技术，实现先进科技与乡村优秀传统文化的融合，推进数字化乡村文化振兴手段，完善乡村文化基础设施，使乡村文化公共服务、乡村文化产品、乡村文化产业、乡村艺术工艺、乡村文化旅游等在形式、内容、传播渠道等方面更加多元化、规模化、便利化。

同时，要坚持在城乡文化共同繁荣中推进乡村文化历史与现实的融合发展。要走城乡文化融合发展之路，将城乡文化融合发展作为乡村文化发展的重要路径。明确认识城市与乡村的互相促进、互生共存关系，并且看到当前乡村文明建设相较于城市文明的差距，一方面要坚持文化发展领域的以城带乡，利用城市先进的文化发展理论、经验、技术、资源等带动乡村文化的发展，并注意城乡文化在本质上的差异性，把握和保留城乡文化各自的本质特征；另一方面要推动乡村文化走向城市，在城市规划和建设中注重文明传承与文化延续，融入乡村传统文化的历史风貌，唤起城市居民的乡情乡愁，推动形成城乡文化互补融合、共同繁荣的新型关系。

三、坚持探寻共性与彰显个性相统一

我国乡村地域广阔，各地自然资源、社会发展的独特性使得不同乡村文化的地域差异显著、形式内容丰富多样、个性特色鲜明；但同时各地的乡村文化振兴又在党的根本领导和立足人民需求下有着统一的目标要求和前进方向。因此，在乡村文化振兴的过程中需要坚持探寻共性与彰显个性相统一。

新中国成立以来，党和国家就注重乡村文化的发展工作，不断加强乡村文化的"百花齐放、百家争鸣"，推动各类乡村文学艺术、文化产品的丰富发展，但也存在着对乡村文化重视程度不足、发展模式同质化等问题。新时代中国乡村文化

振兴工作开展以来，面对乡村文化发展过程中出现的"千村一面"、形式主义等问题，以习近平同志为核心的党中央强调在把握乡村文化振兴总体要求和根本方向的前提下，走特色化、差异化的乡村文化发展道路，造就了一批具有代表性的乡村文化振兴特色模式。

新的发展阶段上持续推进乡村文化振兴要继续坚持探寻共性与彰显个性相统一，遵循乡村文化振兴的根本要求，总结和借鉴优秀案例的先进经验，同时挖掘并结合自身独特优势、特色资源，因地制宜、量体裁衣，着力勾画"各美其美、美美与共"的乡村文化振兴新局面。

一方面，要遵循乡村文化发展的根本规律，探寻不同乡村文化振兴模式的共性特征。乡村文化是发展的，随着乡村经济基础的发展改变，总会从一个相对低级的状态向高级状态发展，也会反过来推动乡村经济基础的发展。从这一角度来看，新时代推进乡村文化振兴的根本目的，就是要推动乡村文化与中国特色社会主义现代化的经济基础相适应，达到相对应的理想状态。细化到当前各乡村文化振兴的具体工作中来，就是要聚焦于"产业兴旺、生态宜居、乡风文明、治理有效、生活富裕"的宏观要求和"文明乡风、良好家风、淳朴民风"具体目标，把握住政治性、主体性、差异性、长期性的基本特点和原则，以包括中华优秀传统文化、革命文化和社会主义先进文化的中国特色社会主义文化为主要内容，以提升农民精神风貌、弘扬优秀传统文化、丰富乡村文化生活为主要任务，以社会主义核心价值观为引领、以传承发展乡村优秀传统文化为重点、以乡村公共文化服务体系为载体，不断建构完善包括人才队伍、机制体制、有效平台在内的乡村文化保障体系，推动乡村文化繁荣振兴。

另一方面，要因村制宜，着力展现乡村文化特色亮点。乡村之美，美在特色。推进乡村文化振兴既不能照搬照抄城镇建设的模式，丢失乡村风貌；也不能所有农村按照一套公式、一种风格发展文化，丢失乡村自身的特色。要在遵循乡村文化发展规律和坚持新时代中国乡村文化振兴的政治方向、价值导向、发展指向的前提下，挖掘和保留不同乡村的文化特色，在布局规划时考虑区域性，根据乡村文化的地域分布，科学布局文化振兴空间形态，根据乡村文化内容和发展程度的不同层层细化发展目标、任务和举措，力求体现乡村文化的区域特色，形成大中有小、错落有致的整体布局；在具体发展时突出差异性，立足乡村自身的自然条件、历史脉络、资源禀赋和民俗风情，找寻自身文化个性优势，注重突出自身文化独特亮点，以特色地方文化引导当地特色产业发展，打造属于自身文化振兴的创意内容和个性品牌，做到"一村一特色、千村千面貌"的差异化发展。同时，也需要总结国内外先进的乡村文化发展经验，抽离出其取得优秀成果的路径方法，并与自身村情交融、整合、贯通、转化、创新，既促进乡村文化的整体兴盛发展，又使乡村文化的个性充分彰显。

四、坚持系统推进与重点突破相统一

乡村文化振兴是一项目标明确、原则清楚、逻辑顺畅的系统性工程，由多项工作任务与内容构成，在这些工作内容中既有亟待解决的紧迫任务，也有需要在较长时间内逐渐完成的任务，在紧迫任务中也有需要首先完成的重点内容和相对较松缓的次要任务，需要坚持系统推进与重点突破相统一。

在推进农村文化建设工作的过程中，党和国家始终坚持在整体性规划、全局性规划和系统性推进的同时，抓住主要矛盾和矛盾的主要方面、抓中心工作、抓重点内容。在建国初期毛泽东就将提高人民文化生活与改善人民物质生活放到同等高度，以提高人民群众科学文化水平为重点，大力开展扫盲运动；改革开放以来，邓小平进一步提出要农村工作要物质文明和精神文明建设两手抓，大力发展农村文化生产，以满足农民群众日益增长的物质文化需要，江泽民、胡锦涛继续将这一观点落实到农村文化工作的具体实践。新时代以来，以习近平同志为核心的党中央运用系统科学、系统思维、系统方法，把握乡村文化振兴的整体性布局，致力于乡村文化发展不平衡不充分的主要问题，形成了乡村文化振兴与乡村全面振兴统筹推进、乡村文化振兴内部各要素协调高效发展的良好局面。

新征程上稳步推进乡村文化振兴，要继续运用唯物辩证的科学工作方法，坚持系统推进与重点突破相统一，统筹兼顾、综合平衡，以系统发展的观念做好乡村文化振兴的总体规划，同时突出中心、突破重点，紧紧抓住乡村文化振兴的主要矛盾和矛盾的主要方面。

一方面，要立足全局系统推进乡村文化振兴。习近平总书记指出："党的十八大以来，党中央坚持系统谋划、统筹推进党和国家各项事业，根据新的实践需要，形成一系列新布局和新方略，带领全党全国各族人民取得了历史性成就。在这个过程中，系统观念是具有基础性的思想和工作方法。"具体到乡村文化振兴，就是要将其放在乡村振兴的战略全局进行分析。新时代中国乡村振兴是要实现乡村全方位全领域的振兴，产业、生态、文化、组织、人才振兴五个方面既相对独立，又相互联系相互影响，决定着乡村振兴的整体进程。只有乡村文化的振兴不能称之为乡村振兴，没有乡村文化的振兴，乡村其他方面也无法振兴；反之，乡村文化的振兴能够与其他四个方面的振兴有效整合，为其提供精神动力和智力支持，促进乡村振兴的全面推进。因此，必须从整体性出发，从乡村全面振兴的战略高度上深入推进新时代中国乡村文化振兴，在总体规划中加强与其他四个方面振兴的有效联系。同时，乡村文化振兴本身作为一个多要素组合的整体工程，在进行乡村文化振兴总体规划、推进乡村文化工作开展的过程中要尊重乡村文化发展的规律，注意把握各要素之间的联系，处理好各要素之间的关系，系统推进各项内容，既做好对乡村文化的传承发展，也要加强对农民思想文化水平的培养提升，更要加强文化与人的高度适配融合，实现文化育人、人兴文化的良性互动氛围。

另一方面，要重点突破乡村文化振兴的主要矛盾。新时代我国社会的主要矛盾已经转变为人民日益增长的美好生活需要和不平衡不充分的发展之间的矛盾。乡村文化振兴的主要矛盾是我国社会主要矛盾在乡村文化领域的具体体现，主要表现为农民群众日益增长的美好精神文化生活需要和当前乡村文化不平衡不充分的发展之间的矛盾。这一矛盾是渗透到当前乡村文化发展的各个方面的，具体涉及到乡村文化的发展与乡村其他方面的发展不平衡，乡村文化资源的自然分布不平衡，人才、技术、资金等文化发展条件的城乡、地区间分配不平衡，不同群体受到的文化供给不平衡，对乡村文化的保护利用、传承发展不充分，乡村文化产品与服务的有效供给不充分，乡村文化振兴各主体潜力与动力释放不充分、乡村文化创新转换不充分等等，突出表现在乡村群众的文化需求与乡村文化的供给不匹配不对称。因此，必须在把握乡村文化振兴全局的同时，牢牢抓住这些紧迫任务和重点内容，着力解决好乡村文化发展不平衡不充分的矛盾，大力提升乡村文化振兴的质量和效益，更好地实现乡村群众的美好生活需要。

五、坚持团结积极力量与打击消极势力相统一

中华民族伟大复兴，绝不是轻轻松松、敲锣打鼓就能实现的。乡村文化振兴使命光荣、任务艰巨、挑战严峻，在其推进过程中既有各类积极性因素和力量的助力，也会遇到各种风险挑战、歪风邪气等消极因素的破坏，坚持团结积极力量与打击消极势力相统一。

回望历史，中国乡村文化建设一直是在团结发展积极力量、与消极势力进行艰苦斗争中不断发展的。从新民主主义革命时期党在农村地区弘扬和传播马克思主义思想和无产阶级先进文化观念，领导农民群众同封建主义、官僚资本主义和帝国主义的思想文化作斗争。新中国成立后，虽然推到了压在农民群众身上的三座大山，但由于长期的封建统治，乡村文化中依然存在着浓厚的封建落后残余，党带领农民不断加强乡村精神文明建设，弘扬中国特色社会主义文化，打击乡村思想文化中的落后部分。进入新时代以来，党和国家积极推动乡村文化振兴，创造了乡村主流文化不断健康发展的良好趋势，也看到了新形势下乡村社会思想文化鱼龙混杂、社会思潮复杂多样、西方意识形态浸染渗透、邪教歪风时常作乱的现状，大力加强乡村社会移风易俗行动，严厉打击这些影响乡村文化向上向善的不良因素，取得了显著成效。

持续深入推进新时代中国乡村文化振兴，要继续坚持团结积极力量与打击消

极势力相统一，团结一切可以团结的积极力量，促进乡村文化的繁荣发展，同时敢于和善于打击一切破坏乡村文化振兴的消极势力。

一方面，要充分激发乡村文化振兴中一切可以激发的积极因素。乡村文化发展的涉及要素复杂多样，在涉及主体上有党内党外、村内村外乃至更细致的区分，在文化内容上有物质的、非物质的区分，在具体任务上有侧重于人、侧重于文化、侧重于人与文化相结合等等的区分，在助力要素上还有产业、生态、组织、人才等力量。新时代中国乡村文化振兴要做好团结一切可以团结力量工作的实践要求，在坚持中国共产党根本领导的前提下，引导各民族、各党派、各阶层、各方面人民积极参与到乡村文化振兴的实践中，巩固和发扬他们在乡村文化振兴中的共同思想政治基础，挖掘和探索他们的共同利益，在求同存异中凝聚共同推进乡村文化振兴的共识；健全和完善激发一切可以激发因素的制度机制，关注各参与主体的具体需求，看到各涉及要素的积极力量，了解各项任务开展面临的困境，不断健全相关法律、政策、制度，促进乡村文化自治、法治、德治的有效统一，使这些积极因素和力量在和谐互动中充分涌流。

另一方面，要直面乡村文化振兴的风险挑战，不断提升自身能力，对破坏乡村文化的消极要素进行精准且严厉的打击。"党和人民取得的一切成就，不是天上掉下来的，不是别人恩赐的，而是通过不断斗争取得的。"斗争性是马克思主义的显著特征，敢于斗争是中国共产党百年奋斗的宝贵历史经验。具体到乡村文化振兴领域，首先就是要敢于指出乡村文化振兴过程中存在的消极因素和错误干扰，要能够分辩随着时代发展不断进行新的伪装的破坏性力量，站在广大农民群众的立场上，深入分析乡村社会中的各类思想文化、村规民俗、社会思潮、宗教文艺、意识形态，哪一部分阻碍乡村文化繁荣发展就对哪一部分进行打击和改造。其次要掌握一定的方法、增强自身的本领。要培养造就一支经过格的思想淬炼、政治历练、实践锻炼的有斗争精神和高超本领的高素质人才队伍，在涉及乡村文化发展的根本性、原则性问题上毫不动摇，对于乡村社会积极健康的主流思想文化进行大力弘扬、科学培育，对于处于灰色地带、尚未造成不良影响的风气习俗密切关注、积极引导，对给乡村社会带来危害的不良陋习、错误思潮、黑恶势力、歪风邪教、对立意识形态进行严厉打击、力求根除，同时对乡村文化所面临的各种风险挑战保持高度警惕，风险不消除决不放松、问题不解决决不放过、打击不胜利决不罢休，为新时代中国乡村文化振兴扫除障碍，构建稳定和谐的乡村文化发展环境。

第二节　新时代中国乡村文化振兴的未来展望

新征程上，要坚持乡村文化振兴的重要启示，充分发挥乡村文化振兴在全面推进乡村振兴、促进城乡协调发展、建设社会主义文化强国、推动全球乡村发展的重要作用，为扎实推动共同富裕、实现中华民族伟大复兴提供强大助力。

一、以持续性保障推进乡村全面振兴

文化振兴作为乡村振兴中不可或缺的一环，是乡村振兴的铸魂养根之基、引路领航之舵、内生动力之源，不仅繁荣发展乡村文化，提升农民精神风貌，并深入贯穿于产业、人才、生态、组织四个振兴之中，为推进全面乡村振兴提供重要保障。

就文化领域而言，乡村文化是中华文化的根脉所在，蕴含着中华民族的灵魂，是乡村振兴的精神之基。乡没有村文化的高度自信和繁荣兴盛，就不能说实现了乡村全面振兴。乡村文化振兴以社会主义核心价值观为引领，深入挖掘和倡导农耕文化蕴含的优秀思想观念、人文精神、道德规范，巩固农村思想文化阵地；在保护乡村传统文化的前提下对其进行创造性转化与创新性发展，不断剔除乡村社会文化的糟粕，赋予其时代内涵和新的表现形式；建立健全公共文化服务体系，增加优秀乡村文化产品和服务供给，活跃繁荣乡村文化市场，为农民群众提供丰富优质的精神文化食粮，从而实现加强农村思想道德建设、弘扬中华优秀传统文化和丰富乡村文化生活三个方面的具体目标，以繁荣向上的中国特色社会主义文化转变理念、积蓄力量、凝聚人心，让乡村居民提升文化素养、摆脱精神贫困，让乡村文化在新时代里彰显新气象，为乡村振兴提供了根本上的价值导向和源源不断的内生动力。

从其他四个方面的振兴来看，文化振兴同样发挥了至关重要的作用。文化振兴为产业振兴提供关键要素。一方面，通过弘扬乡村文化中的勤俭节约、勤劳淳朴、诚信重礼等精神品质能够和谐的市场环境与氛围，塑造良好的企业精神与文化；另一方面乡村文化中源远流长、独具特色的传统工艺、传统建筑、地理人文、节日民俗等文化资源是乡村独有的宝贵财富，乡村文化振兴能够进一步促进这些文化资源与现代消费有效连接，形成融合一二三产业、彰显乡村价值的特色文化产业，推动乡村产业的繁荣兴旺。

文化振兴为人才振兴提供浓厚氛围。繁荣发展的乡村文化能够凝结浓厚的人文情怀和乡村情结，以文化底蕴和文化服务供给等为人才振兴营造良好环境，以积极的乡村文化吸引人、凝聚人、激励人，培养出高素质的本土人才，留住有能

力的外来人才，为乡村振兴培养造就具有崇高理想信念和懂农业、爱农村、爱农民的高素质"三农"工作人才队伍。

文化振兴为生态振兴指引价值方向。一方面，我国传统农耕文明中蕴含着天人合一、仁民爱物、取用有节、勤俭节约等丰富的生态文明思想，乡村文化振兴能够推崇这类生态理念，倡导绿色的生产和生活方式，为美丽乡村建设提供价值引领；另一方面，乡村文化振兴能够深入挖掘乡村特色文化符号，盘活乡村丰富多彩、独具特色的自然和人文资源，保留乡村原始的建筑风格和村落布局，塑造舒适闲逸、充满乡土气息和乡情乡愁的人文环境和居住环境，重现原生田园风光，将文化体验与生态涵养、休闲观光等农业农村的多重功能紧密结合，促进人与自然和谐共生。除此之外，文化振兴还通过科学技术的创新和专业人才的培育，推动生态产业的发展升级。

文化振兴为组织振兴提供多重助力。习近平总书记曾指出："办好农村的事情，实现乡村振兴，基层党组织必须坚强，党员队伍必须过硬。"乡村文化蕴含着我们党领导人民在革命、建设与改革中创造的革命文化和丰富的治理文化，乡村文化的振兴进一步弘扬了立党为公、忠诚为民的人本理念，坚定理想、百折不挠的奋斗精神，与时俱进、继往开来的创新精神，知行合一、科学理性的实践精神，规范严肃、清正严明的纪律文化，党民相依、人民至上的群众观点等，为发挥好党组织的战斗堡垒作用提供文化助力。同时，乡村文化中历经千百年而凝结成伦理文化、乡贤文化、治理规范、道德标准等，是引导乡村风气健康发展，推进乡村社会组织、自治组织规范运行和蓬勃发展的重要力量。

新征程上，要结合新发展阶段下的乡村振兴的新境遇，进一步明晰乡村产业、人才、文化、生态、组织振兴的新要求，从乡村振兴整体性布局的角度出发，探索乡村文化振兴与其他四个方面振兴在新机遇下紧密结合、互相促进的方法手段，有效应对新挑战、解决新问题，使文化振兴贯穿于乡村振兴全过程，进一步推进乡村全面振兴。

二、以深层次要求促进城乡协调发展

随着改革开放后国家将经济建设的发展重心定于城市，乡村发展受到一定局限，城乡经济发展差距被逐渐拉大，随之而来的是城乡文化关系的断裂和二元对立结构的出现，造成了城市文化中心化、乡村文化边缘化，城市文化地位高、乡村文化地位低，城市文化公共服务供给体系完善、乡村文化公共服务体系不健全等现象。城市经济的高速发展吸引了大量乡村劳动力，造成村庄空心化、农村老龄化等问题，使得优秀乡村文化传承发展缺乏人才和动力。城市文化向乡村的传播在为农村带来了先进理念的同时，也侵占和排挤了优秀传统文化的发展空间，扩散了利益至上、拜金主义等不良风气，造成城乡文化差距不断扩大的恶性循环。当前和未来一段时间内，乡村地区依然是我国发展不平衡不充分表现最为突出的地方，而城乡文化发展差距较大也依然是其中的显著表现之一。

乡村文化振兴，服务于乡村，着眼于文化领域，是"党中央立足社会主要矛盾变化，着力解决好城乡文化发展不平衡和农村文化发展不充分的战略选择"。新征程上，缩小城乡文化差距，推进城乡协调发展，必须以乡村文化振兴为重要的突破口，对乡村文化发展提出城乡一体化发展的深层次要求，充分发挥乡村文化软实力的重要作用。一方面要有效利用城市资源、吸收借鉴城市文化建设经验带动农村文化建设，实施提升农民思想道德和文化素质、传承发展中华优秀传统文化、健全乡村文化服务体系等的一系列措施，深入挖掘乡村文化的价值功能，培养农民群众的文化自觉与自信，从而改善和解决城乡文化地位不平等、文化公共服务供给不均衡、教育等资源分配不对等、乡村文化产业发展不充分、农民观念相对滞后等问题，补足乡村文化发展的短板，重塑乡村发展的新风貌。另一方面，要大力弘扬中国特色社会主义文化，积极培育中华民族共同体意识，从思想上消除城乡对立的观念冲突，构筑城乡价值相等、功能互补、互动融合的新关系，在发展方式上不仅注重城市对乡村文化发展的借鉴帮扶作用，也要充分发挥乡村文化对城市建设的重要功能，更好、更快、更高效地推动城乡政治、经济、社会、生态的一体化协调发展。

三、以坚实基础助力建设社会主义文化强国

习近平总书记曾明确指出"没有中华文化繁荣兴盛，就没有中华民族伟大复兴"，并多次强调要"要坚定文化自信，推动中华优秀传统文化创造性转化、创新性发展，继承革命文化，发展社会主义先进文化，不断铸就中华文化新辉煌，建设社会主义文化强国。"乡村文化是中国特色社会主义文化的重要组成部分，新征程上要进一步以乡村文化振兴为重要基础，深入推进社会主义文化强国的建设。

一方面，建设社会主义文化强国离不开乡村文化的振兴繁盛。中华文化的根脉和发源地在乡村，乡村文化的繁荣发展、乡村居民精神世界的极大丰富和精神领域的共同富裕是社会主义文化强国的必要前提和追求目的。从客观历史来看，中华文化从优秀传统文化到革命文化再到社会主义先进文化的丰富发展、与时俱进的过程离不开乡村这一重要载体，并根据不同乡村的区地理区位与人文条件促进了中华文化的形式多元、特色鲜明。从主观情感来看，中华文明是几千年农耕社会孕育的农耕文明，乡村是世代国人人文情怀的重要寄托和乡愁情结的情感皈依。新征程上，要通过乡村文化振兴在乡村地区更好地传承中华优秀传统文化、革命文化，更好地发展社会主义先进文化，引导农民群众对中国特色社会主义文

化的了解认识、感受运用，满足乡村居民不断增长和不断提高的精神文化需求，提高农民群众对中华文化的情感归属和价值认同，从而坚定乡村社会的文化自觉与文化自信，为全国各族人民不断前进提供坚定的思想保证、坚实的精神力量和丰厚的道德滋养。

另一方面，乡村社会是抵抗不良思想文化、建设社会主义文化强国的重要阵地。当前，我国社会，尤其是乡村社会中依旧存在"以洋为尊""以洋为美""唯洋是从"等思想。乡村更是西方国家借助宗教信仰等文化手段对我国进行"去思想化""去价值化""去历史化"等意识形态渗透的重灾区。新征程上，要进一步通过乡村文化振兴挖掘和保护中华民族的文化资源，传承和发展中华民族的文化瑰宝，热爱和弘扬中华民族的物质文明与精神文明，弘扬乡村文化中蕴含烙印着代表中华民族的民族属性的物质文化和精神内核，使文化自信深入人心、融入日常生产生活，构筑文化领域的坚硬铠甲。

四、以中国智慧推动全球乡村发展

乡村在人类文明发展进程中占据着不可忽略的重要部分，并且随着世界人口的不断增多、世界经济的发展与动荡、各国现代化进程的具体形式，乡村治理与发展越来越成为世界所有国家共同面临的重要问题。当前我国的乡村文化发展模式已经为世界提供了重要经验，新阶段下世界格局出现新变化、全球治理出现新问题，我国在乡村文化振兴稳步推进的过程中不断实现的新成就和总结出的新理念能够为全球乡村发展提供中国智慧。

一是，为解决全球乡村贫困提供重要方案。乡村是贫困人口聚集的主要地域，我国未实现脱贫攻坚之前，90%的贫困人口在乡村。在奋力打好脱贫攻坚战的过程中，乡村文化振兴发挥了重大的精神支撑作用。习近平总书记曾指出"下一代要过上好生活，首先要有文化，这样将来他们的发展就完全不同"，并带领党和国家总结出"扶贫先扶志，扶贫必扶智，治贫先治愚"的文化扶贫道路。通过乡村文化建设和发展教育开展精神脱贫，为其树立克服困难、摆脱贫困的勇气与信心，树立强大的脱贫意识和自力更生、艰苦奋斗的精神品质，提高贫困人群的科学文化素质和职业技术能力，激发贫困群众的内生动力，重振贫困地区的精气神。同时，通过文化振兴挖掘乡村丰富深厚的文化资源，抓准实际消费需求，结合国家政策优势，打造独特文化产业，吸引企业、组织等入驻，带动贫困地区的经济发展。这种以乡村文化振兴为重要手段进行内部"造血"、外部"输血"的脱贫模式，不仅使我国顺利打赢脱贫攻坚战，也为贫困地区脱贫之后如何长远发展、避免返贫作出了合理有效的规划，能够为世界减贫事业做出中国贡献。

二是，为其他国家乡村现代化建设提供重要借鉴。我国在中国共产党的领导下，以和平发展的方式，仅用短短几十年完成了发达国家几百年走过的工业化历程，创造了举世瞩目的发展奇迹，取得了中国式现代化的一定成就。乡村是现代化进程中至关重要的一环，农业农村现代化是现代化建设中的重要组成部分。乡村文化振兴通过多种方式加强农民思想道德和文化素养、创新农业发展新科技和新产业、重塑农村文化沃土和精神风貌，为我国乡村现代化建设在精神动力、人才素质、技术手段、物质资源、环境氛围等方面提供了重要支撑，也为其他国家的乡村现代化建设提供借鉴。此外，我国乡村文化中和合大同、和谐共生、团结一致的核心理念，决定了我国的现代化进程走的是和平发展的道路，绝不同于西方化的侵略扩张，能够为其他发展中国家拓宽走向现代化的方法与道路。

三是，为社会主义国家乡村发展提供重要指引。我国的乡村文化振兴在实质上是中国特色社会主义文化在乡村的振兴，其中既包括了在我国历史发展进程中形成的独特的中华优秀传统文化、革命文化等，也包括了具有社会主义性质的先进文化，社会主义的根本属性没有改变，一切为了人民的根本立场没有改变。在实现乡村文化振兴的过程中，我国始终坚持马克思主义的指导地位，坚持党的根本领导和农民的主体地位，坚持在乡村地区做好意识形态工作，并结合国情乡情的具体实际，在实践中运用辩证唯物主义和历史唯物主义的科学方法论，充分挖掘和发挥中国优秀传统文化对农民群众思想领域的重要功能，走出一条独具特色、灵活变通的乡村文化发展之路，并且在推动城乡共同发展、满足人民群众物质与精神需求、扎实推动共同富裕上不断探索和总结新经验，能够为其他社会主义国家的乡村发展指明方向。

参考文献

［1］张晓东.乡镇图书馆助力乡村文化振兴研究［J］.图书馆工作与研究，2020（9）：7.

［2］安亚琴.基于乡土记忆视角的乡村文化振兴研究——以台州为例［J］.黑龙江粮食，2021（7）：62-63.

［3］原继斌.书法文化普及与乡村文化振兴研究［J］.视界观，2021（18）：1.

［4］张建荣，毛娅楠.马克思主义文化观视域下新时代乡村文化振兴研究［J］.山东行政学院学报，2019（6）：7.

［5］李斌.新时期乡村文化振兴耦合性研究［J］.核农学报，2021，35（8）：7.

［6］柳宾.青岛市乡村文化振兴对策研究［J］.2021（5）：14.

［7］朱嘉梅.推进乡村文化振兴的研究与思考——以奉贤区为例［J］.上海农村经济，2020（1）：3.

［8］赵志东.新时代下河北省成安县乡村文化振兴研究［D］.舟山：浙江海洋大学，2020.

［9］刘忱.文化是乡村振兴的灵魂——乡村振兴战略与乡村文化复兴［J］.2022（25）：1.

［10］胡萍丽.新时代乡村振兴视域下的文化振兴思路探讨［J］.赤子，2018（30）：286-287.

［11］黄小兰.公共图书馆参与乡村文化振兴研究：现实困境和路径选择［J］.中文科技期刊数据库（全文版）图书情报，2022（6）：4.

［12］刘程程，魏浩天.乡村文化振兴视域下红色文化研究——以山东省聊城市莘县为例［J］.现代商贸工业，2023，44（4）：27-28.

［13］俞睿江.马克思主义意识形态引领乡村文化振兴研究［J］.西昌学院学

报：社会科学版，2022，34（1）：5.

[14] 刘金宁.文化自信视域下乡村文化振兴研究 [J].农村农业农民，2023（6）：52-55.

[15] 胡远棋.基于乡村文化衰落下的乡村文化振兴研究 [J].区域治理，2021（16）：2.

[16] 吴佩芬，初春华.十九大以来我国乡村文化振兴研究回顾与趋势解析 [J].中共济南市委党校学报，2020（4）：7.

[17] 何志海.新时代乡村文化振兴研究 [J].农民致富之友，2020（29）：1.

[18] 张化峰，周鑫.职业教育服务乡村文化振兴研究 [J].中外企业家，2019（18）：2.

[19] 龙文军，张莹，王佳星.乡村文化振兴的现实解释与路径选择 [J].农业经济问题，2019（12）：6.

[20] 许昕然，龚蛟腾.政策工具视角下的乡村文化振兴政策文本量化研究 [J].图书馆论坛，2023，43（4）：69-78.

[21] 宋小霞，王婷婷.文化振兴是乡村振兴的"根"与"魂"——乡村文化振兴的重要性分析及现状和对策研究 [J].山东社会科学，2019（4）：6.

[22] 宋娜.文化自信视域下红色文化推动乡村文化振兴的价值研究 [J].农业经济，2022（8）：67-68.

[23] 汪圣，田秀娟.乡村文化振兴中的基层文化机构参与策略研究 [J].图书馆，2019（12）：6.

[24] 许雅斐.乡村振兴战略视域下农村文化建设研究 [J].农业经济，2022（7）：56-57.

[25] 门献敏.关于推进乡村文化振兴的若干关系研究 [J].理论探讨，2020（2）：6.

[26] 张倩，刘文龙.乡村文化振兴路径研究 [J].菏泽学院学报，2022，44（1）：1-4.

[27] 崔涛，黄振.农科教融合助推乡村文化振兴的路径研究 [J].湖北农业科学，2021，60（15）：4.

[28] 张敬燕.新时代乡村文化振兴的路径研究 [J].中共郑州市委党校学报，2023（2）：4.

[29] 张宗芳.乡村文化振兴下农村社区的文化治理研究 [J].云南农业大学学报：社会科学版，2022，16（4）：7.

[30] 刘国，黄婷婷.乡村振兴背景下乡村文化的时代价值研究 [J].山西农经，2022（14）：38-40.

［31］崔欢瑶.乡村文化振兴的困境及路径研究［J］.经济研究导刊，2022（19）：3.

［32］付予鹏.数字乡村建设背景下乡村文化振兴发展研究［J］.中国建设信息化，2022（5）：3.

［33］宋晓敏，陈敏.乡村振兴战略下助推乡村文化振兴的路径研究［J］.山西农经，2022（3）：28-30.

［34］冯庆.高校参与乡村文化振兴的路径研究［J］.四川师范大学学报：社会科学版，2022，49（3）：96-105.

［35］郭秋玲.乡村振兴与农村文化产业协调发展研究［J］.农业经济，2021（11）：77-78.

［36］孙溪晨，周杰林，冉茂裕，等.文化自信视域下乡村文化振兴的路径研究［J］.农村农业农民，2022（18）：48-50.

［37］谈冬妮.乡村振兴背景下党建引领乡村文化振兴策略研究［J］.理论观察，2022（4）：50-52.

［38］董桂霞.乡村振兴中乡村文化建设研究［J］.中文科技期刊数据库（全文版）社会科学，2022（3）：3.

［39］李敬.新时代推进乡村文化建设全面振兴的路径研究［J］.山西农经，2022（13）：12-14.

［40］张艳，刘轩男.乡村文化振兴的现实困境与突破路径研究［J］.文化产业，2022（36）：3.

［41］张光葳.乡村振兴战略中乡村文化发展的研究［J］.木工机床，2022（3）：46-48.

［42］何静.新时代乡村文化振兴路径建构研究［J］.文化产业，2021（32）：26-28.